JN103850

知覚・認知心理学入門

芝田征司・山本絵里子　著

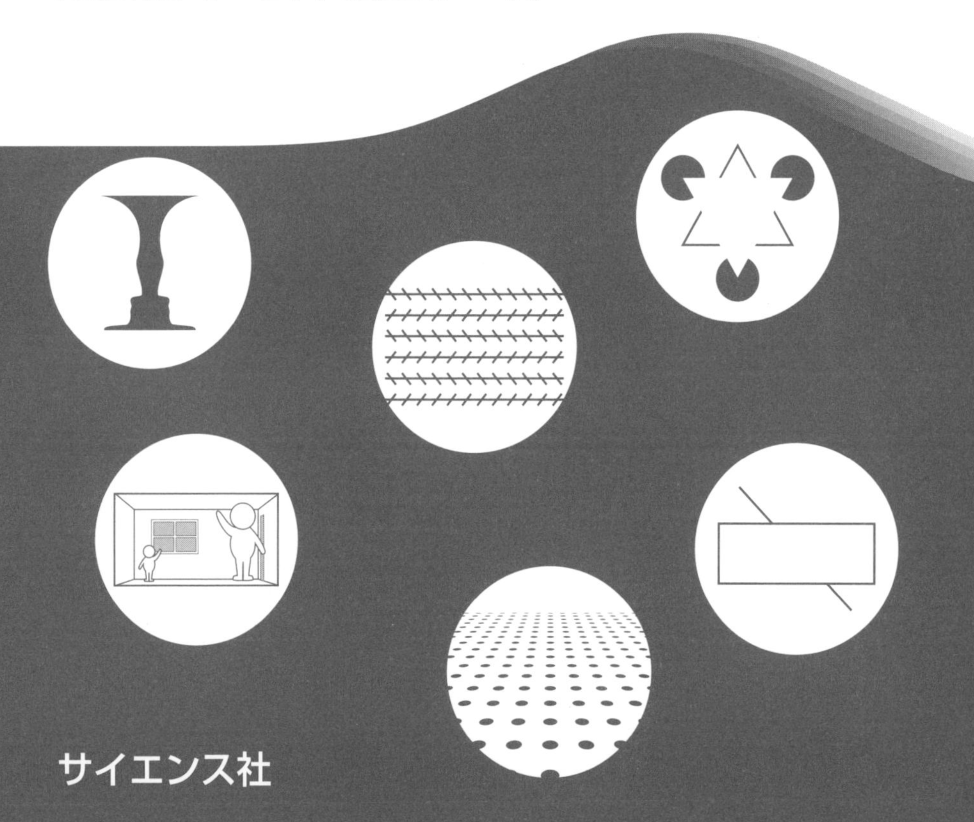

サイエンス社

はじめに

知覚・認知心理学は，私たち人間がどのように外界の情報を受け取り，処理し，解釈しているのか，その過程について探究する分野です。情報の処理や解釈というと難しく聞こえるかもしれませんが，つまりは，ものを見たり音を聞いたりする仕組み，そして見たものや聞いたものを認識し，理解する仕組み，そのようにして得た外界の情報を記憶して貯蔵したり，それらを使用して思考したりといった，私たちの心の働きのもっとも中心的な部分についての心理学だということです。これらの働きは，そのほとんどが自動的で無意識的なものであり，日常生活の中で私たちがどのように対象を認識し，理解しているのか，その過程について自分自身で気づくことは困難です。そのため，知覚・認知心理学は，人間の行動や思考について理解を深めるためには欠かせないものといえます。

このように，知覚・認知心理学は私たちの心の働きにおける中心的な部分を扱う心理学なのですが，それらの働きは私たちの脳や身体の構造・機能との関連が強いため，生理学的，神経科学的な説明が多くなりがちで，初学者にとって難解に感じられることの多い分野でもあります。そこで本書は，この知覚・認知心理学で扱われる幅広い研究テーマの中から，中心的なもの，代表的なものを取り上げ，それらについて図表やイラストを用いてわかりやすく解説することを目指しました。

本書は，大学の授業での教科書としても使用しやすいように章立てを行いました。大学の授業は半期 15 回というのが一般的ですが，多くの場合，最後の第 15 回は，それまでの授業内容の総括や振り返りに使われることでしょう。そこで，本書は全 14 章から構成されています。

まず，本書の前半（第 7 章まで）では，主な知覚過程，つまり私たちがどのように対象に関する情報を取得し，認識するのかについて解説しています。また，第 8 章では，それらの知覚過程において生じるさまざまな錯覚について取り上げ，その基本的な仕組みや特性について説明しています。その際，古くから知られている代表的な錯覚だけでなく，より新しいものも含めるように努めました。

第9章では，情報の選択や処理の集中において重要な働きを担う注意の過程について，第10章以降は情報を貯蔵し理解して知識として獲得する過程，それらの知識を用いて思考し判断する過程について解説しています。また，知覚・認知心理学は，公認心理師カリキュラムの指定科目の一つでもあることから，最後の第14章では知覚・認知機能の代表的な障害についてまとめました。

各章の末尾には簡単な確認問題が用意してありますので，基本的な内容についての理解を確認しながら，読み進めることができるようになっています。また，より深く学びたい場合の参考図書のリストを用意してあります。とくに興味・関心をもった内容がある場合には，ぜひそれらの図書にもふれてみてほしいと思います。

なお，知覚・認知心理学は非常に広範な分野であり，また，その知見は常に更新され続けています。著者は20年以上にわたって大学で知覚・認知心理学の授業を担当してきましたが，知覚や認知そのものを専門的に研究しているわけではないため，最新の情報をカバーしきれていないかもしれません。そこで本書では，相模女子大学の同僚で発達認知科学を専門とする山本絵里子先生に，一部の章の執筆をお願いしました。また，著者の担当章については，同じく相模女子大学の同僚で動物の認知過程を専門とする後藤和宏先生に依頼し，時代遅れな内容や不正確な記述が含まれていないか確認していただきました。山本先生と後藤先生には，お忙しい中，ご協力いただきましたことを心より感謝いたします。

2023年11月

芝田　征司

目　次

1 知覚・認知心理学とは

公認心理師法で「公認心理師となるために必要な科目」として定められている『知覚・認知心理学』は，知覚心理学と認知心理学という2つの心理学領域の内容を含むものになっています。知覚心理学では，主に人の感覚や知覚の仕組みについて扱います。これに対し，認知心理学は人の記憶や思考など，より高度で複雑な認知機能について扱います。

1.1 感覚・知覚・認知

感覚や知覚を扱うのが知覚心理学，認知について扱うのが認知心理学だとすると，感覚と知覚，認知は何がどう違うのでしょうか。一般に，**感覚**（sensation）は環境中のさまざまな情報を「感じとる」仕組みや働きをいいます。たとえば，目に光を当てたとき，それ感じることができるかどうかが感覚です。これに対し，感覚の情報を処理し，それらを意味のあるまとまりとして認識する働きが**知覚**（perception）です。たとえば，目でとらえた光の情報から，その対象が赤色である，丸い形をしている，などと認識するのが知覚です。

そして，知覚された情報を記憶したり，解釈したりなど，さらに複雑な処理を行う働きが認知です。たとえば，この赤くて丸いものは危険を知らせる信号だ，など，得られた情報を自分のもっている知識と照らし合わせて解釈するのが**認知**（cognition）になります。

これら感覚と知覚，認知の違いをまとめたのが表 1-1 です。このように，感覚→知覚→認知となるにつれ，処理がより複雑で高度になっていきます。ただし，感覚と知覚，認知の区別はあくまでも便宜的なものであり，どこま

表1-1 感覚と知覚，認知の違い

感覚	知覚	認知
光が見える	その光は赤色である	その赤色は「危険」を知らせている

でが感覚でどこからが知覚かといった厳密な線引きはできません。これらの処理は連続的で，お互いに関係し合っているからです。

なお，心理学用語としての「認知」には，対象の認識処理だけでなく，記憶や思考，問題解決など，人間の知的活動全般が含まれますので，認知心理学が扱う内容は非常に幅広いものになります。

1.2 感覚の仕組み

人間を含む動物にとって，自分の周囲の環境を知ることは，その環境に適応していく上で不可欠といっていいほど重要です。食料があるか，身の危険が存在しないかといったことを感知できなければ，厳しい生存競争の中で生き残ることはできないでしょう。私たちの日常生活で考えても，段差があることに気づけなければ歩いていて転倒し，けがをしてしまうでしょうし，交通信号や自動車の動きを認識できなければ，命に関わる事故に遭う危険性もあります。

この周囲の環境を知る働きにおいて，もっとも基本的な部分といえるのが感覚です。私たちは，眼や耳，鼻など，**感覚器**と呼ばれる器官によって周囲のさまざまな情報を収集しています。こうした情報収集の働きがなければ，周囲の危険に気づくことすらできません。そして，光や音といった情報を神経信号に変換し，脳に伝えるのが感覚の役割です。

人間にはさまざまな感覚がありますが，その中でもとくに中心的なものは視覚，聴覚，嗅覚，味覚，触覚（皮膚感覚）で，これらは一般に**五感**と呼ばれています[1)]。**表1-2**に示したように，これらの感覚はそれぞれ特定種類の刺激にのみ対応しており，それらが脳に伝えられた際に生じる体験は，感覚

表 1-2　**感覚の種類と刺激，体験の関係**

感覚の種類	感覚器	対応する刺激	体験
視覚	眼	電磁波（光）	明るさ・色など
聴覚	耳	振動（音波）	音・声など
嗅覚	鼻	（空気中の）化学物質	におい
味覚	舌	（液体中の）化学物質	味
皮膚感覚	皮膚	圧力・熱など	痛み・温かみなど

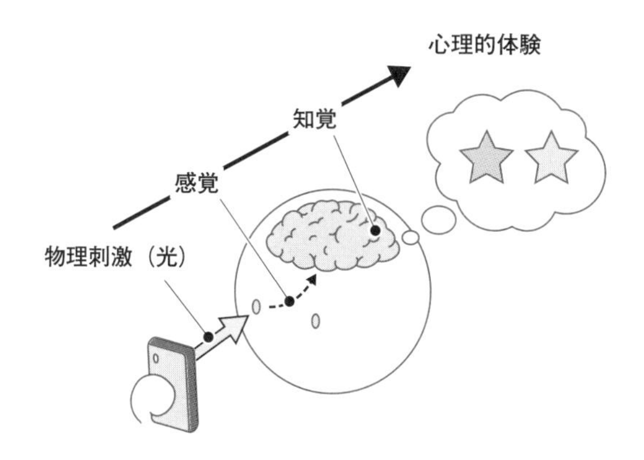

図 1-1　**感覚と知覚**

の種類によって異なります。こうした感覚ごとに異なる体験様式は，**感覚モダリティ**と呼ばれています。

いずれの感覚も，感覚器から感覚神経を通して脳に情報が伝えられます。そして，脳内でさまざまな処理が行われることによって，知覚体験が生じます。つまり，普段私たちが経験している色や音，味などは，感覚器によってとらえられた光のような物理的刺激が，感覚・知覚過程を通じて心理的（主観的）体験へと変換された結果なのです（図 1-1）。

では，それぞれの感覚において，環境中の情報はどのようにして変換され，脳へと伝えられるのでしょうか。ここでは視覚を例に，感覚が情報を脳に伝

---

[1] これ以外の感覚としては，**平衡感覚**や**内臓感覚**などがあります。

える仕組みをみてみましょう。それ以外の感覚については，それぞれ該当する章の中で説明します。

1.2.1 視覚情報の経路

視覚の中でも中心的な役割を担うのが，眼の網膜にある**視細胞**と呼ばれる細胞です。視細胞は，光に反応して神経信号を発生させます。この視細胞によって，光という物理的刺激が神経信号に変換されるのです。視細胞が発した信号は，神経節細胞などを経て視神経に伝えられます（図 1-2 の（a））。なお，この視細胞には**錐体細胞**と**桿**（かん）**体細胞**の 2 種類があり，網膜の中心部には錐体細胞が，周辺部には桿体細胞が多く分布しています。錐体細胞は色の認識に用いられますが，十分明るい場所でないと活動できません。これに対し，桿体細胞はごくわずかな光でも検出可能ですが，色の認識はできません。

視神経に伝えられた信号は，脳の視床を経由して，大脳の後頭葉にある **1 次視覚野**と呼ばれる領域に送られます（図 1-2 の（b））。このとき，右眼と

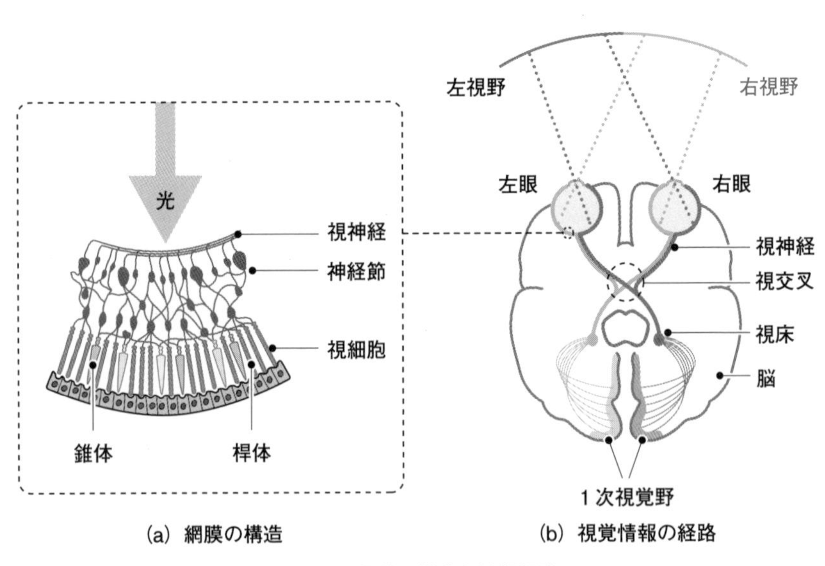

図 1-2 視覚の構造と情報経路

左眼から送られてくる情報は，途中で内側半分が交差する形になっています。顔の正面右側（右視野）の情報は脳の左半球へ，正面左側（左視野）の情報は右半球へと送られるのです。こうした仕組みは，第4章で扱う奥行きの知覚において重要な役割を担っています。

1次視覚野では，送られてきた情報に含まれる線の傾きや色などについての基本的な分析が行われます。そしてそこからさらに脳の複数の部位で処理が行われて，「形」や「色」といった知覚体験が生じるのです。

1.3　知覚の仕組み

感覚器から脳に送られてくる情報は，そのままではいわゆる「ビッグデータ」のように，大量の雑多な情報の羅列でしかありません。そこで，この情報の中から意味のあるパターンを見つけ出す働きが知覚です。感覚情報の処理過程では，さまざまな形で情報の統合や調整が行われています。こうした働きのおかげで，受けとった情報を意味あるものとして知覚できるのです。知覚の仕組みについてはこれ以降の章でテーマごとに詳しくみていくことになりますが，ここでは情報を効率よく知覚するための働きとして，特徴的なものを2つ紹介しておきましょう。

1.3.1　盲点の充塡（じゅうてん）

まず1つ目は，盲点の充塡です。私たちの眼の網膜には，視細胞がまったくない盲点と呼ばれる直径1 mmほどの領域があり，その領域にある光の情報は，脳にはまったく伝えられません。1 mmぐらいと思うかもしれませんが，これは観察距離によっては数cm大の対象がすっぽり収まるほどの大きさです。これほどの大きさがあるにもかかわらず，日常，私たちがこの盲点の存在を意識することはありません。なぜなら，片方の眼の盲点に位置する部分の情報は，もう片方の眼でとらえた情報を使って自動的に埋め合わせているからです。左右の眼の盲点は中心よりやや鼻寄りに位置しているため，

図 1-3 **盲点**

1つの対象が同時に両方の眼の盲点に入ることはありません。

では，対象を片側の眼だけで観察した場合はどうでしょうか。この場合も，盲点の存在が意識されることはありません。この場合，盲点の部分の情報はその周囲の情報を使ってうまく埋め合わされるのです。実際にこれを体験してみましょう。図 1-3 には，侍と忍者が描かれています。左眼を閉じた状態で，右眼の真正面に侍がくるようにして図を見てください。このとき，左右の位置だけでなく，上下の位置にも注意しましょう。そしてその状態から，視線を動かさないようにしながら本書を顔の正面およそ 20 ～ 30 cm 程度の距離を目安に近づけたり離したりしてみてください。すると，ある地点で忍者が見えなくなるはずです。

もちろんこれは忍術で消えたわけではありません。忍者のイラストが，ちょうど右眼の盲点に入っただけのことです。このとき，盲点の部分にぽっかり穴が空いているようにではなく，まるで何も描かれていないかのように見えるのは，その周囲の情報をつかって盲点の部分を埋め合わせているからです。

1.3.2 サッケードと知覚抑制

もう一つの例は，私たちが広い範囲を見る際に行われる知覚処理です。私たちの眼は，視野（見える範囲）の中心部分は視力が高く，くっきりと見ることができるのですが，周辺部分はぼんやりとしか見ることができません。くっきりと見ることのできる範囲は，視野全体のごく一部でしかないのです（図 1-4）。そのため，私たちの眼は，1秒間に数回という頻度でサッケード

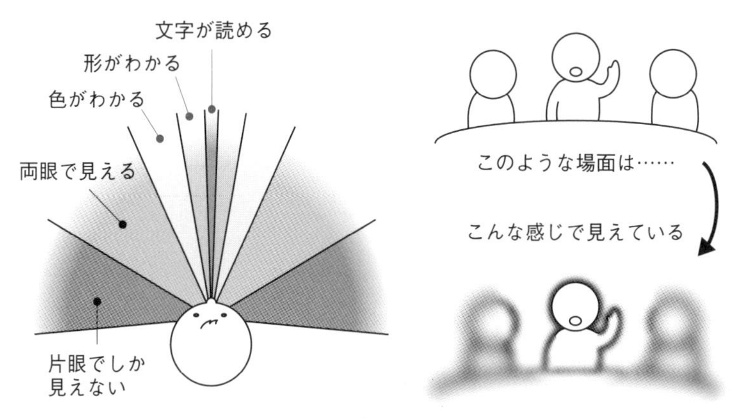

図 1-4　**視野の範囲**

と呼ばれる高速な移動によって広い範囲の情報を集めています。

このとき，本来であれば眼球が急速に動くことで視界の映像にぶれが生じるはずなのですが，そのようなぶれが意識されることはありません。なぜなら私たちの知覚過程では，知覚される像にぶれが生じないように，その間の情報が遮断されるようになっているからです。このように，私たちの知覚には，感覚器から得た情報を効率的かつ安定的に認識するためのさまざまな仕組みが備わっています。

1.4　認知の仕組み

知覚の働きのおかげで，私たちは自分を取り巻く環境を意味あるものとして認識できます。しかし，その場の環境を意味あるものとして認識できるだけでは，自分の家と他人の家を区別したり，ATM で暗証番号を入力して出金したりはできません。場面に応じた適切な行動をとるためには，自分がもつ知識に照らし合わせて判断する必要があるからです。そこで，感覚・知覚過程で得た情報を効果的に活用するための働きが認知です。

1.4.1 スキーマ

過去の知覚体験をただ寄せ集めただけでは，それらの情報をうまく活用できません。これは，英単語をたくさん覚えただけではなかなか英文を読めるようにならないのと同様です。

知識の構造については第11章で説明しますが，経験から得た知識を効果的に利用するためには，それらを互いに関連づけたりする必要があります。また，いつ，どの場面で何をどう用いればよいのかの判断など，それらを適切に利用するための仕組みも必要になります。心理学では，こうした情報の整理や利用効率化のための仕組みのことを**スキーマ**と呼びます。

私たちがもつスキーマにはさまざまな種類のものが想定されているのですが，そのうちの一つである「場面のスキーマ」についてみてみましょう。たとえば，旅行先で見つけた手頃そうなレストランに入ったとします。このとき，たとえそこがはじめて入るお店であったとしても，私たちは問題なく食事を済ませることができるでしょう。これは，「レストランで食事をする」という場面には，「席につく」「注文する」など，決まりきった行動パターンが複数あり，私たちがそれらを知識としてもっているからです。

シャンクとエイベルソンは，「レストランで食事をする」「映画館で映画を見る」など，さまざまな場面で繰返し経験される出来事についての知識をス

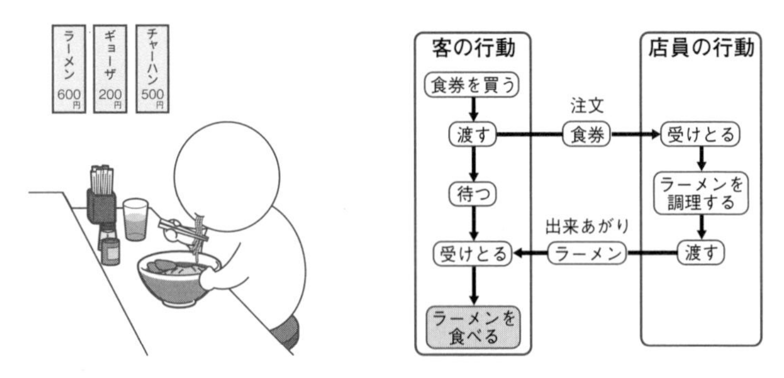

図1-5 「ラーメン屋での食事」のスクリプト

クリプトと呼び，こうしたスクリプトによって，さまざまな場面における行動やその理解が効率化されていると考えました（Schank & Abelson, 1977）。スクリプトがあれば，その場面の様子を一部始終観察しなくても，そこで起きていることを理解できるのです。

たとえば，**図 1-5** にはラーメン屋でラーメンを食べている人物が描かれていますが，このたったワンシーンを見ただけで，この人物がラーメン屋の客であり，そこで注文したラーメンを食べているということを自然に理解できます。こうした理解が可能なのは，「ラーメン屋での食事」についてのスクリプトがあるおかげといえます。

1.4.2　メタ認知

日本，カナダ，ニウエのそれぞれの首都はどこかと聞かれたら，どう答えるでしょうか。まず，日本については迷わず「東京」と答えるでしょう。では，カナダの首都はどうでしょうか。どの程度自信をもって答えられるでしょうか。ニウエの首都は？　カナダについては正解できても，ニウエについては難しかったでしょう[2)]。

このように，ある質問に対して答えるとき，その答えに自信たっぷりなこともあれば，そうでないこともあります。また，「知っているはずなのに思い出せない」という場合もあるでしょう。さらには，自信をもって「知らない」と判断できる場合すらあります。このような，記憶の「確からしさ」について，私たちはどのように判断しているのでしょうか。

このような，記憶の確からしさについての認識は**メタ記憶**と呼ばれる働きです。「メタ」というのは「より上位の」という意味で，その人がもつ「記憶」の状態について認識したり，コントロールしたりする働きをもつことからこう呼ばれます。こうした「メタ」な働きは，記憶だけでなく思考や判断

[2)] カナダの首都はオタワ，ニウエはニュージーランドの北東にある比較的新しい国で，首都はアロフィです。

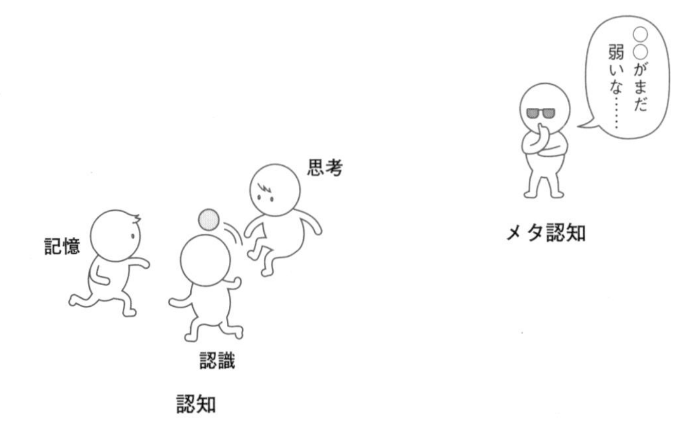

図1-6　**メタ認知は各種の認知機能を監視し，制御する**

など人の認知活動全体において存在すると考えられており，自身の認知活動に対する認識は**メタ認知**と呼ばれます。なお，メタ記憶は「記憶のメタ認知」であり，メタ認知の働きの一部です。

こうした働きは，私たちの認知活動にとって非常に重要です。私たちが，「もう少しで理解できそうだ」などと理解の程度を認識できたり，「苦手な部分を重点的に復習しよう」というように行動の方針を立てることができたりするのも，メタ認知の働きのおかげなのです。たとえるなら，メタ認知はスポーツチームのコーチや監督のようなものです。チーム（認知機能全体）や選手（個別の認知活動）の状態を把握し，適切な戦略を立て，采配を振るうのです（図1-6）。

1.5　まとめ

本章では，知覚・認知心理学で扱われる感覚，知覚，認知のそれぞれについて，基本的な仕組みをいくつか紹介しました。基本的には，感覚から知覚，そして認知となるにつれて，処理がより複雑で高度なものになっていきます。

本章で取り上げたのはほんの一部ですが，それでも私たちの日々の活動が，精巧に作り上げられた知覚・認知の仕組みによって成り立っていることがわかるでしょう。

確認問題

Q1-1 感覚器の働きとして適切なものを1つ選んでください。

(a) 入力された情報を貯蔵して再利用する。
(b) 周囲の状況に基づいて適切な行動を選択する。
(c) 感覚情報に基づいて妥当な知覚像を構成する。
(d) 音や光などの外部刺激を神経信号に変換する。
(e) 記憶や思考などの知的機能を監視・制御する。

Q1-2 知覚過程についての説明として適切なものを1つ選んでください。

(a) 感覚器からの入力をあるがままに認識する過程。
(b) 感覚情報をもとに「明るさ」などの主観的な体験を形成する過程。
(c) 経験に基づいてその状況に適切な行動を判断する過程。
(d) 記憶や判断の確からしさを客観的に判断する過程。
(e) 外界の刺激をとらえてその情報を脳に伝える過程。

Q1-3 「認知心理学」の説明として適切なものを1つ選んでください。

(a) 認知症患者の生活の質（QOL）を高めることを目的とした心理学。
(b) ブランドや商品などの認知度向上につながる要因を探求する心理学。
(c) 歪んだ思考や認識を健全な方向に修正することを目的とした心理学。
(d) 個人が直面する問題を理解し援助することを目的とした心理学。
(e) 記憶や思考など，人の知的機能の仕組みを探求する心理学。

参考図書

妹尾 武治 (2016). 脳は，なぜあなたをだますのか――知覚心理学入門―― 筑摩書房

副題に「知覚心理学入門」とありますが，知覚の話だけにとどまらず，合理的判断や自由意志の問題など，幅広い内容が扱われています。日常的な話題が数多く取り入れられており，知覚・認知心理学を身近に感じることができるでしょう。

山口 真美 (2005). 視覚世界の謎に迫る――脳と視覚の実験心理学―― 講談社

視覚という感覚を通じて私たちがどのように外の世界を認識しているのかについて，実証データに基づいて解説されています。専門的な内容を扱っていますが，一般向けの新書として書かれていて読みやすいです。

服部 雅史・小島 治幸・北神 慎司 (2015). 基礎から学ぶ認知心理学――人間の認識の不思議―― 有斐閣

「基礎から学ぶ認知心理学」というタイトルですが，感覚や知覚についても説明されています。図版が多く用いられていたり，「感じる」「捉える」「覚える」のように心の働きごとに内容が整理されていたりなど，理解を助ける工夫が随所になされています。

2 形の知覚

私たちは，机の上に置かれている本やペンを物体として認識することができます。ごく当たり前のことと思われがちですが，じつはこれはかなり複雑な処理です。机の上に本やペンがあると認識するためには，机と本，ペンはそれぞれ別の物体であるということが認識できなくてはなりませんし，机と本，机とペンの境目も正しく認識できなくてはなりません。コンピューターによる画像処理技術が大きく進歩した現在でも，同じことをコンピューターに行わせようとするとうまくいかないことが多々あります。そのような複雑な処理を，私たち人間はいともたやすく行っているのです。本章では，こうした物体認識の基礎となる部分についてみていくことにします。

2.1 2種類の認識過程

私たちの認識過程は，感覚器から得た情報の詳細を分析し，それらを組み合わせて全体像を作り上げていく**ボトムアップ処理（データ駆動型処理）**と呼ばれる処理過程と，知識や経験などを用いて先に大まかな全体像を作って

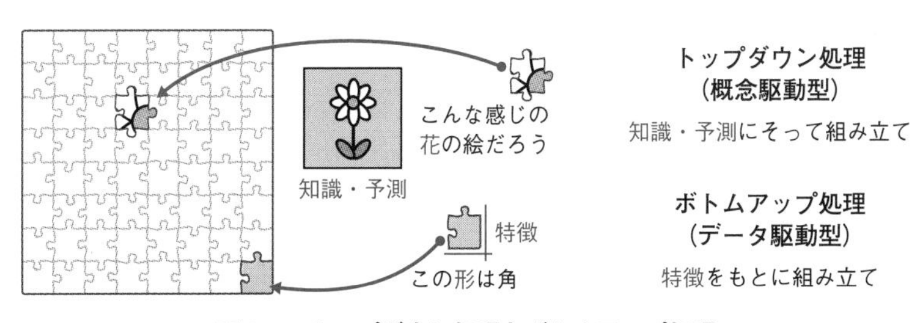

図 2-1　トップダウン処理とボトムアップ処理

から細部を感覚情報で埋めていくトップダウン処理（概念駆動型処理）と呼ばれる処理過程に大別できます（図 2-1）。

形の知覚においても，これら両方の処理過程が関係しています。

2.2 図と地

物体の形を認識するとき，形のあるものとして認識される部分を「図」，それ以外の背景の部分を「地」と呼びます（図 2-2）。ルビン（Rubin, 1921）は，図と地にはそれぞれ表 2-1 のような性質があると指摘しています。

眼でとらえた画像のどの部分が図として認識され，どの部分が地として認識されるかは，いつも決まっているというわけではありません。その典型的な例が「ルビンの盃」として知られる図 2-3 の図です。これは，その名のとおりルビンが考案したもので，白い部分を図（向かい合う顔）として見ることも青い部分を図（盃）として見ることも，どちらの見方も可能な図形です。ただし，表 2-1 にもあるように，白い部分あるいは青い部分が同時に

図 2-2　**図と地**

表 2-1　**図と地の性質**

1. 図は地よりも力強く，意識の中で支配的になりやすい。
2. 同じ領域が同時に図としても地としても見えることはない。
3. 図として認識されている領域には形が感じられるが，地として認識されている領域には形があるという感覚が得られにくい。
4. 図と地の境界線（輪郭）は，地ではなく図の領域の一部として認識される。
5. 通常，図の領域は地よりも手前にあるように感じられ，地の領域は図の背後にも広がっているような印象をもたらす。

図 2-3 **ルビンの盃**

図としても地としても見えるということはありません。白い部分が図として認識されている間は青い部分が地として，青い部分が図として認識されている間は，白い部分は図として認識されるのです。

2.2.1 図になりやすい領域

本章の冒頭で説明したように，私たちの認識過程には，ボトムアップ処理とトップダウン処理という2系統の処理過程があり，どの領域が図として認識されやすいかについても，この両方が影響しています。

たとえば，図と地の知覚においては，面積の小さい領域のほうが図になりやすいという性質があります。また，同じ面積であっても，明るい（白い）領域と暗い（黒い）領域とでは，明るい領域のほうが図になりやすい性質をもち，赤や黄などの領域も，目立ちやすく，図になりやすい性質をもちます。

面積の大きさや明るさ，色以外にも，水平・垂直な部分，左右・上下に対称な部分など，比較的単純で規則的な特徴をもつ部分はそれ以外の部分に比べて図になりやすいことが知られています（**図 2-4** の青色の部分）。これらはいずれも刺激（図形）の特徴に関するものであり，ボトムアップ処理と強く関連した要因です。

また，ある領域が図になりやすいかどうかは，観察者の知識や経験などといった，トップダウンの要因によっても変化します。たとえば，**図 2-5** は，面積や色，形といった図形の特徴から見た場合，青色の領域が図になりやすいと考えられます。実際，そのように見た人も多いことでしょう。

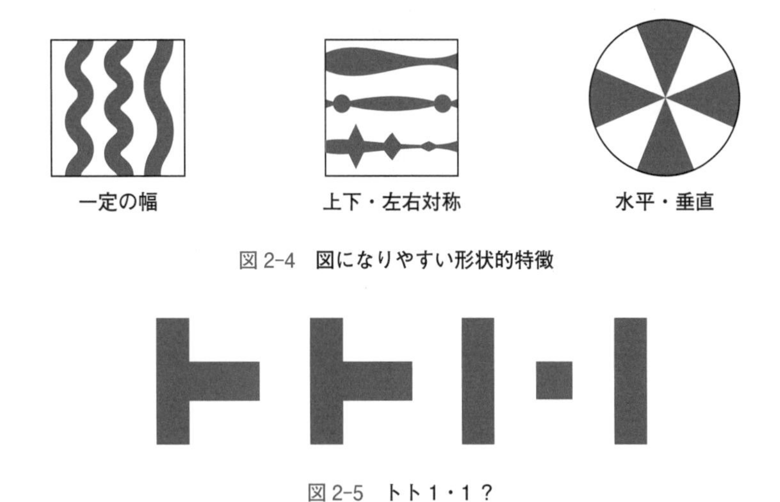

図 2-4 **図になりやすい形状的特徴**

図 2-5 **トト１・１？**

しかし，**図 2-5** の白い領域に注目してよく見てみると，「ココロ」という文字が浮かび上がってくるはずです[1]。

そして，白い領域に「ココロ」と書かれていることがわかると，今度はそれを無視して**図 2-5** の青色の領域を図として見ることが難しくなります。

2.3 図のまとまり

視界の中に図となる領域が複数存在する場合，それらは個別にばらばらに認識されるのではなく，いくつかのまとまりとして認識されます。図となる複数の領域がまとまりを作ることは，**知覚的群化**や**知覚的体制化**と呼ばれます。知覚的群化を規定する法則は**知覚的群化の法則**や**ゲシュタルトの法則**と呼ばれ[2]，その主なものは**表 2-2** のようにまとめることができます。

---

[1] よくわからない人は，図の上下ぎりぎりの部分を何かで隠しながら見てみてください。

[2] ゲシュタルト（Gestalt）は「全体としてのまとまり」を意味する心理学用語です。

また，これらの法則の例を示したのが**図 2-6** です。「よい形」や「よい連続」というのは，言葉での説明だけだとわかりにくいかもしれませんが，このように図にしてみるとわかりやすくなるのではないかと思います。図になりやすい要因のところでもそうであったように，私たちの認識システムは，より単純で規則的な解釈を好む傾向にあるのです。

そして日常場面では，これら複数の法則が影響し合ってまとまりの知覚を構成しています。たとえば夏の風物詩である花火には，多数の図（光の点）が含まれています。これらが1つの模様として認識されるのには，近接や類同，共通運命など，複数の法則が関係しているのです。

なお，**表 2-2** にあげた法則は，主にボトムアップ処理において大きな影響をもつものです。図の認識にも知識や経験によるトップダウンの影響があ

表 2-2　**知覚的群化の法則**

法則	説明
近接	互いに近くにあるもの同士がまとまりを作りやすい。
類同	共通の性質，類似した性質をもつもの同士がまとまりを作りやすい。
よい形	より簡潔で単純な形になる部分がまとまりを作りやすい。
よい連続	直線や滑らかな曲線で繋がる部分がまとまりを作りやすい。
閉合	互いに向かい合うように並んでいる部分がまとまりを作りやすい。
共通運命	同じ方向に同じ速さで移動するもの，同じタイミングで明滅するものなどはまとまりを作りやすい。

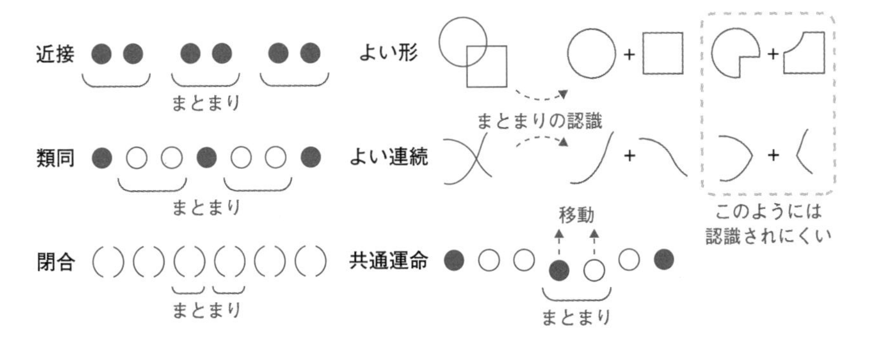

図 2-6　**知覚的群化の例**

図2-7　**文脈効果**

ったように，知覚的群化においてもそれらの影響がみられます。

たとえば図2-7でアルファベットのBに見える部分と，13に見える部分は，実際にはまったく同じ形をしています。にもかかわらず，一方ではBという1つの文字に，もう一方では1と3という2つの数字に見えるのは，その前後にある文字が異なっているためです。つまり，前後の文脈によって，それがアルファベットである可能性が高いのか，数字である可能性が高いのかという予測が働き，その可能性に沿う形でまとまりの認識が行われているのです。このように，対象の認識がその前後の文脈によって影響されることを**文脈効果**と呼びます。

2.3.1　形・まとまりの補完

図となる複数の領域がまとまりを作るとき，そこに実際には存在しないものが知覚される場合があります。たとえば，図2-8を見てください。

これは「カニッツァの三角形」と呼ばれる図柄です（Kanizsa, 1955, 1976）。この図柄では，中央部分には白い三角形があるかのように知覚されます。また，知覚された三角形の周囲には，実際には描かれていないはずの輪郭線が

図2-8　**カニッツァの三角形**

知覚されます。このような，実際（物理的）には存在せず，心理的（主観的）世界にのみ存在する輪郭のことを**主観的輪郭**と呼びます。

こうした主観的輪郭は，図形の欠けている部分を補って，より簡潔な形（よい形）としてとらえようとする働きによって出現すると考えられています。この主観的輪郭のように，実際にはそこには描かれていないにもかかわらず，補完によって「そこにある」かのように感じられる現象は**モーダル補完**と呼ばれます。

これに対し，何かに隠されている，あるいは隠されているようには見えるが，輪郭線は知覚されないタイプの補完を**アモーダル補完**といいます[3)]。ここでもう一度，図 2-8 をよく見てみてください。この図の中央に白い三角形があると知覚されるとき，黒い丸の部分はその白い三角形によって一部が隠されているかのような知覚が生じます。

このとき，三角形で隠されている黒丸については，三角形の後ろでつながっている（一部が隠されているけれども実際は丸である）という知覚はなされますが，その隠された部分に主観的輪郭が生じることはありません。この場合，黒い円の輪郭は見えていないのです（図 2-9）。

なぜ私たちの知覚過程はこのような仕組みをもっているのでしょうか。現実の世界では，ある対象の一部が別の対象の後ろに隠れてしまっているという状況はごく普通に存在しています（図 2-10）。このようなとき，見えている部分から見えない部分を補完してひとまとまりとして認識できなければ，私たちの知覚世界は大混乱してしまうでしょう。こうした自動的な補完の仕組みがあることによって，周囲の世界をより安定して認識することが可能になるのです。

---

3) アモーダル（amodal）という用語は，否定を意味する接頭辞「a」を「モーダル（modal）」に加えたもので，「非モーダル」という意味です。主観的輪郭のような「見えている」という感覚（モーダル）が伴わないためにこのように呼ばれます。

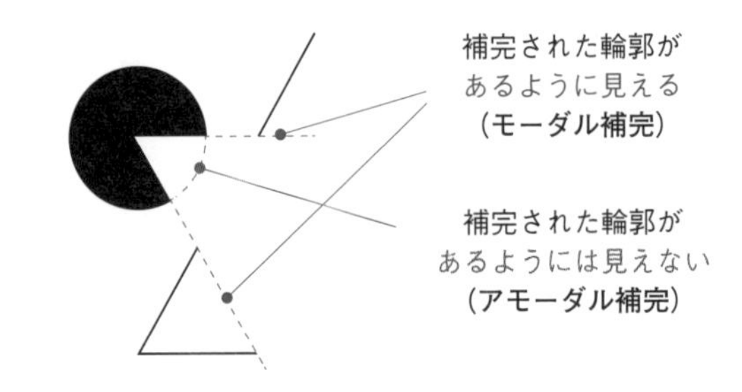

図 2-9　モーダルな補完とアモーダルな補完

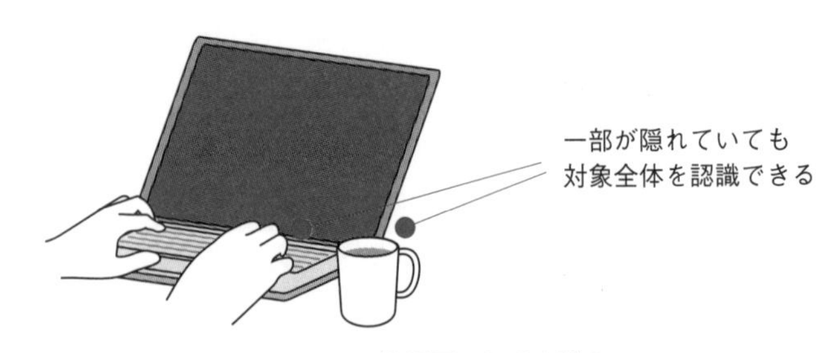

図 2-10　日常場面における補完

2.4 立体物の認識

テーブルやその上に置かれたティーカップなどの立体物は，見る角度によって網膜像に映る形は大きく変わるにもかかわらず，私たちはそれを「同じもの」として認識することができます（図 2-11）。視点が変わっても同じ物体として認識されるという立体物の認識におけるこのような特徴は，**視点不変性**と呼ばれています。では，立体物の認識における視点不変性はどのようにして実現されているのでしょうか。

図 2-11　視点による見え方の違い

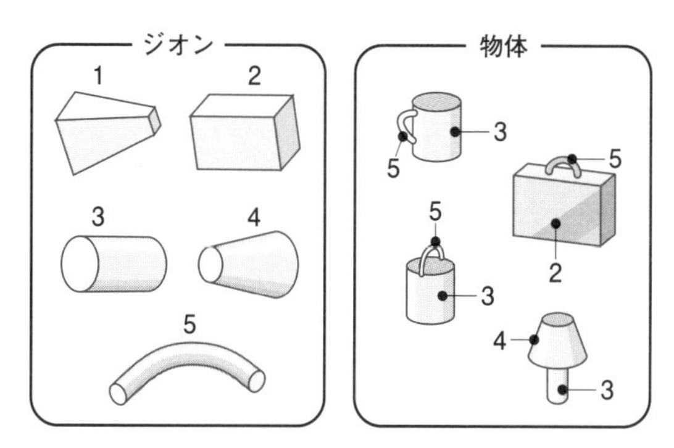

図 2-12　**日常的な物体を構成するジオンの例**

2.4.1　基本立体ジオン

ビーダーマンは，物体の認識は弧や円柱，円錐など，ごく限られた種類のジオン[4]と呼ばれる共通部品の組合せによってなされているという考えをとりました（Biederman, 1987）。このジオンは，私たちが素早く認識できるような，角柱や円柱などの基本的な形状の立体です。ビーダーマンによれば，日常的な物体のほとんどは36種類（または24種類）のジオンの組合せと，それらの空間的配置によって記述できます（図 2-12）。

ジオンは観察する角度が変わっても見え方が変わりにくい性質をもつため，これらの組合せとして物体を認識すれば，見る角度が変わったとしても認識に支障をきたすことはありません。つまり，視点不変性が保たれることになるのです。

2.4.2　立体物の典型的な視点

立体物の形を認識する際，それらの対象を基本立体の組合せとして構成し直しているわけではないとする考え方もあります。たとえばパーマーらは，さまざまな角度から撮った動物や自動車などの写真を用いて，それらがどの

---

[4] ジオン（geon）は，幾何学的イオン（geometrial ion）を短縮したものです。

程度その物体として典型的といえるかを評価させるという実験を行いました(Palmer et al., 1981)。その結果，さまざまな角度で撮影した写真の中には典型性が異なるものがあること，また典型性の高い写真は典型性の低い写真よりも素早く認識できることがわかりました。こうした結果から，私たちの認知システムにはさまざまな物体に対して特定の視点からの像で構成される**典型的景観**があると考えられるのです（図 2-13）。

そしてこの考え方では，私たちが立体物を認識する際，過去にその対象について得た，視点が異なる複数の「景観」を用いることで，視点の違いによる影響を受けずにその対象の形を認識することができる，つまり視点不変性が保たれると説明します。たとえばウルマンは，1つの対象を複数の視点からとらえた像（景観）があれば，それらの景観における対応点の位置関係を

図 2-13　**カップの典型的景観**

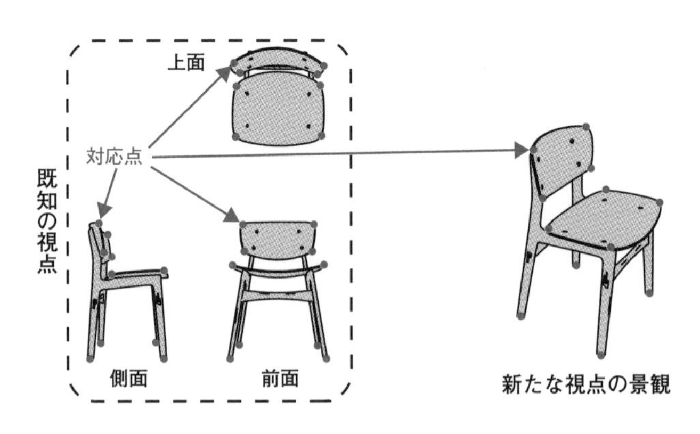

図 2-14　**複数の景観における対応点**

処理することで，それまでに見たことのない視点からの像であっても対象が認識可能であることを示しています（Ullman, 1989）（図 2-14）。

2.5 まとめ

本章では，対象（図）とそれ以外（地）の区別，図のまとまり，そして立体物の認識についてみてきました。対象の形の認識には，その対象がもつ色や輪郭などの特徴と，その対象についての知識など，複数の要因が影響しています。章の冒頭にもふれたように，対象の形を認識するというのは想像よりずっと複雑で困難な処理です。しかも，これらの処理はほとんどが自動的に素早く行われるため，私たちは，このような複雑な処理が行われているということを意識すらしていないのです。

確認問題

Q2-1　図と地についての説明として適切なものを1つ選んでください。

(a) 複数の部分で構成された全体を図，その構成要素を地という。
(b) 対象を見つめた際，視線より上になる部分を図，下になる部分を地という。
(c) 目に見えている部分を図，他の対象によって隠されている部分を地という。
(d) 対象として認識される部分を図，その背景として認識される部分を地という。
(e) 知識によって認識できる部分を図，図形の特徴によって認識される部分を地という。

Q2-2　知覚的群化についての説明として適切なものを1つ選んでください。

(a) 他より明るい部分や水平・垂直の特徴をもった部分が形として認識されやすいこと。
(b) 同じ1つの領域が，図としても地としても認識可能な図柄のこと。
(c) 主に視覚的な像に含まれる色や形などの特徴を分析するによって認識処理が行われること。
(d) 対象を認識する際に，その対象を基本的な立体の組合せとして再構成して認識すること。

(e) 複数の要素がそれぞれ個別に認識されるのではなく，1つのまとまりとして認識されること。

Q2-3 対象の形の認識についての説明として適切なものを1つ選んでください。

(a) 対象の一部が隠れて見えない場合に，欠けた部分の情報を補完して全体としてのまとまりを認識することはアモーダル補完と呼ばれる。

(b) 図となる領域が複数あるとき，どの図をまとまりとして認識するかを判断する際の基準として用いられる境界線が主観的輪郭である。

(c) 視点不変性とは，立体物の認識において，その対象をどの角度から観察しても網膜像に変化が生じないことをいう。

(d) 共通運命の法則とは，全体を構成する情報の一部が欠けてしまった場合に，その対象の形がうまく認識できなくなる傾向を指す。

(e) ジオンとは，立体物の認識において，対象を観察する視点が変化した場合に生じる網膜像上の変化を指す。

参考図書

大山 正・鷲見 成正 (2014). 見てわかる視覚心理学 新曜社

視覚心理学の入門書です。形だけでなく，色の知覚や空間の知覚，運動の知覚など，視覚に関わる知覚現象全般について，多数の図版を使って説明されています。形の知覚については第2章で扱われています。

ホフマン，D. D. 原 淳子・望月 弘子（訳）(2003). 視覚の文法――脳が物を見る法則―― 紀伊國屋書店

「見る」とはどういうことなのか，私たちの脳はどのようにしてものを認識しているのかについて，いろいろなエピソードを踏まえながら詳しく説明されています。

3 色の知覚

視覚を通じて得られる主な知覚体験の一つに，対象の**色**があります。色は私たちにとって非常に身近な存在であり，日々の生活や行動に多大な影響を与えているものでもあります。しかし，私たちにとって身近で日常的なものであるにもかかわらず，色について学んだり考えたりする機会というのはあまり多くありません。色の知覚はどのような仕組みによって成り立っているのでしょうか。本章では，色知覚の基本について説明します。

3.1 「色」とは何か

そもそも，色とは何でしょうか。私たちが知覚する色には，眼に入ってくる光の**波長**が関係しています。私たちが普段目にしている光には，さまざまな波長成分が含まれており，この波長の違いによってさまざまな色の知覚が生じるのです。

光の波長と知覚される色の間には，大まかに図 3-1 のような対応関係があります。

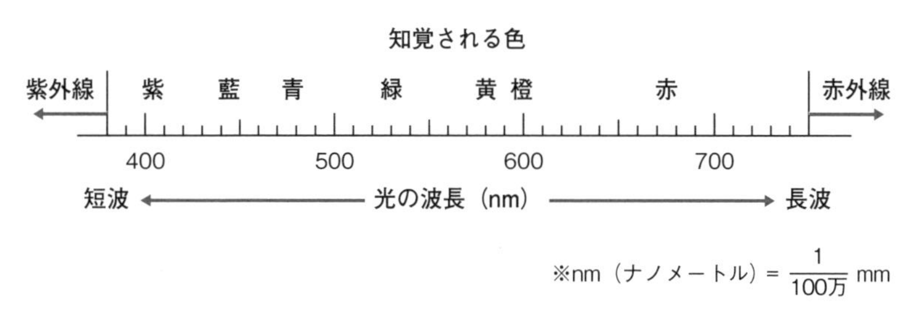

図 3-1　光の波長と知覚される色

人間の眼がとらえることのできる波長（約 380〜750 nm）の光は**可視光**と呼ばれます。可視光より短い波長の光は**紫外線**で，これとは逆に可視光より長い波長をもつ光が**赤外線**です。紫外線や赤外線は，私たちの眼でとらえることはできません。

なお，図 3-1 に示した関係はあくまでも一般的なもので，たとえば波長 600 nm の光が必ず橙（オレンジ色）に見えるというわけではありません。知覚される色は，周囲の光や直前の経験などによっても変化します。色という知覚的体験は心理的なものであり，じつは光そのものに色がついているわけではありません。そのため，波長という光の物理的特徴と知覚される色は，一対一で対応しているわけではないのです。

3.1.1 色の3属性

色の知覚体験は，主に**色相**，**明度**，**彩度**という 3 つの次元を用いて説明されます。この色相，明度，彩度の 3 つは，**色の 3 属性**とも呼ばれます（図 3-2）。色相は，赤，青，緑などの色味の違いのことで，主に光の波長の違いがこれに対応します。また，同じ色味の色でも，「暗い緑」や「明るい

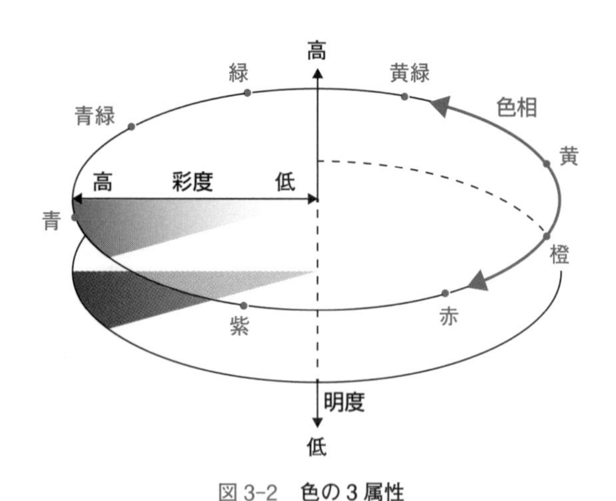

図 3-2 色の 3 属性

緑」など明るさの異なる色がありますが，この色の明るさが明度です。さらに，鮮やかな赤，くすんだ赤というような，色の鮮やかさの程度が**彩度**です。

3.1.2 光の３原色と色の３原色

本や雑誌などの印刷物，Web ページや SNS で公開されている写真など，私たちの日常はさまざまな色であふれています。これらの色は，3 つの基本色（**原色**）の組合せによって作り出すことができるのですが，何色が原色となるかは，その対象が発光しているかそうでないかによって異なります。

テレビの画面や電球のように発光している対象の場合，その対象の発する光が直接眼に届くことによって色が知覚されます。この場合，原色となるのは「**赤**」「**緑**」「**青**」の 3 色で，これらは**光の 3 原色**と呼ばれます。光の 3 原色が同程度に混ざった光は，白っぽい色として知覚されます。この場合，色を混ぜ合わせるほど色が明るく（明度が高く）なり，このような色の混ぜ方は**加法混色**と呼ばれます。

これに対し，雑誌のページや絵画など，それ自体が光を発していない対象の場合には，原色となるのは「**シアン**（緑がかった水色）」「**マゼンタ**（赤紫）」「**イエロー**（黄）」の 3 色で，これらは**色の 3 原色**と呼ばれます。3 原色のインクを同程度に混ぜると，黒っぽい色として知覚されます。この場合，色を混ぜ合わせるほど色が暗く（明度が低く）なり，このような色の混ぜ方は**減法混色**と呼ばれます。なお，実際にはこの 3 色の混合だけできれいな黒を作ることは困難なため，カラープリンターなどでは，これら 3 色に黒を加えた 4 色のインクを用いるのが一般的です。

発光している対象とそうでない対象で，なぜこのような違いが生じるのでしょうか。これには私たちが対象の色を知覚する仕組みが関係しています。じつは光を発していない対象に対して知覚される色というのは，その対象そのものの色ではありません。そうではなく，その対象に反射した光の成分によって知覚されるものなのです。たとえば，リンゴが赤く見えるのは，リンゴが赤色をしているからではなく，リンゴの表面が赤く見える成分の光（長

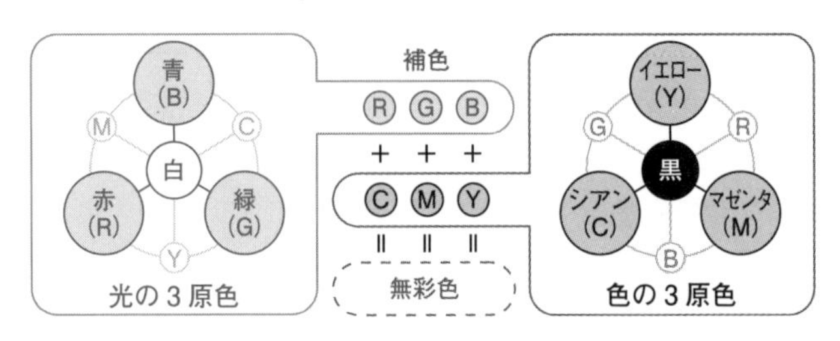

図3-3　**光・色の3原色と補色**

波長の光）を多く反射しているからです。

日常にあるさまざまな物体は，それぞれ特定の波長の光を反射し，吸収する性質をもっています。そのため，波長が長い光を反射し，それ以外の光を吸収する性質をもっている物質は，リンゴと同様に赤く見えます。また，波長が短い光（青い光）を吸収し，それ以上の波長の光を反射する性質をもっている物質は，レモンのように黄色く見えます。そして，さまざまな波長成分が含まれる光（白）から「光の3原色」のうちの特定の色を取り除いたものが「色の3原色」です。つまり，白い光から赤の成分を取り除いた色（緑＋青）がシアン，白い光から緑の成分を取り除いた色（赤＋青）がマゼンタ，白から青の成分を取り除いた色（赤＋緑）がイエローになります。この，赤とシアン，緑とマゼンタ，青とイエローのように，2つを混ぜると無彩色（白や黒）になるような関係にある色のことを**補色**と呼びます（図3-3）。

3.2 色知覚の仕組み

眼に届いた光の情報から，どのようにして色の知覚がなされるのでしょうか。ここでは色の知覚についての代表的な理論を取り上げます。

3.2.1 ヤング＝ヘルムホルツの3原色説

私たちの眼の網膜には，光の3原色である赤（長波長），緑（中波長），青（短波長）に対応する3種類の視細胞があります。そして，これらの反応比率によって色の感覚（**色覚**）が説明できるとするのが3原色説です。この考えは，ヤング（Young, 1802）が発表したものをヘルムホルツが発展させたことから，**ヤング＝ヘルムホルツの3原色説**とも呼ばれます。

この考え方では，赤細胞の反応比率が高ければ赤が，緑細胞の反応比率が高ければ緑色が知覚されると説明されます。また，光の3原色を混ぜ合わせた場合と同様に，赤細胞と緑細胞の反応比率が高く，青細胞の反応が低い場合には黄色が，そして赤・緑・青の3種類の視細胞の反応が均等な場合は，その対象は無彩色（白）として知覚されることになります。このように，3種類の視細胞の活動比率の違いによって，さまざまな色を知覚できるというわけです。

なお，ヤングやヘルムホルツの時代には，網膜中に赤・緑・青に対応する視細胞があるというのは仮説に過ぎませんでしたが，現在では網膜中に3種類の錐体細胞のあることが確認されています[1)]。3種類の錐体のうち，長波長に対応するものは**L錐体**，中波長に対応するものは**M錐体**，短波長に対応するものは**S錐体**と呼ばれます。L錐体，M錐体，S錐体はそれぞれ，わかりやすさのために赤錐体，緑錐体，青錐体と呼ばれることもありますが，各

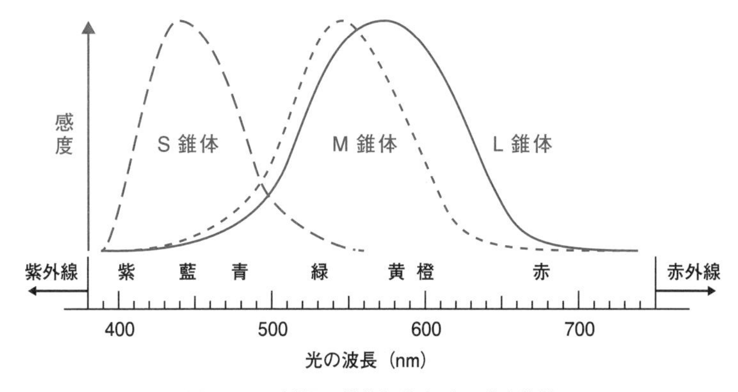

図3-4　**3種類の錐体細胞とその感度特性**

1) 錐体細胞に3種類あることが確認されたのは20世紀の半ばで，ヤングが3原色を唱えてからなんと150年近くも後になってからのことです。

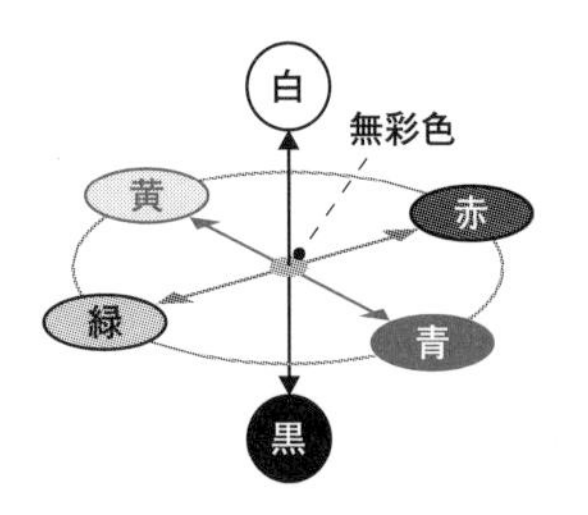

図 3-5 **ヘリングの反対色説**

錐体の反応が最大になる波長は，赤，緑，青として知覚される波長からはややずれた位置にあります（図 3-4）。

3.2.2 ヘリングの反対色説

この 3 原色説に対し，異を唱えたのがヘリングでした。ヘリングは，「黄」という感覚は赤とも緑とも違ったものであることや，黄緑や青緑という感覚はあっても黄青や赤緑という感覚はないことなどから，色の知覚は図 3-5 のように「緑と赤」「青と黄」，そして「白と黒」という反対色の組合せによって成り立っていると主張したのです（Hering, 1878）。この考え方は**ヘリングの反対色説**，あるいは，緑・赤，青・黄の 4 つの色を基本色とすることから **4 原色説**とも呼ばれます。

3.2.3 段階説

この 2 つの説のどちらが正しいのかについては長期に渡る論争がありましたが，20 世紀半ば以降，3 原色説と反対色説の 2 つを組み合わせ，3 原色から反対色に変換されて知覚されるという**段階説**が複数の研究者らによって主張されるようになりました（図 3-6）。この段階説では，3 種類の錐体の活動情報が脳へと送られる途中で「赤と緑」と「青と黄」という反対色の形に変換されて色覚が生じると説明します。現在では錐体からの情報を反対色の形に変換する仕組みも明らかにされつつあり，この段階説の考え方が主流と

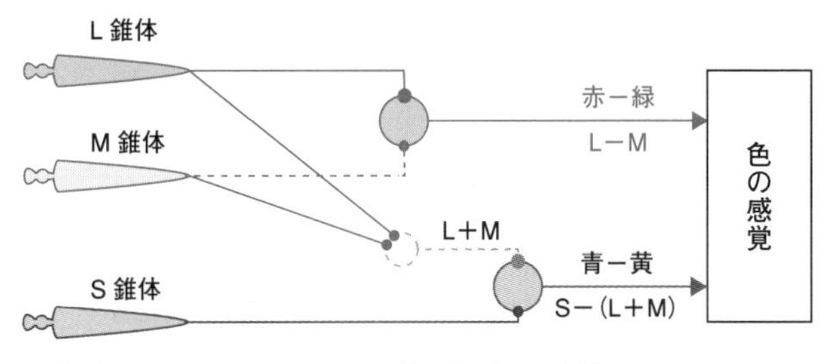

図 3-6　**段階説の考え方**

なっています。

3.3 色の見え方

3.3.1　色の現れ方

色の見え方，感じ方は，その色が何に対して知覚されるのかによってもさまざまに変化します。たとえば，同じ青色でも，空の青色と色紙の青色とでは，ずいぶん異なる印象を受けるでしょう。カッツ（Katz, 1935）は，こうした主観的な色体験（色の現れ方）の違いを表面色，面色，空間色などに分類しました。

表面色とは，赤リンゴの赤のように，ある物体の表面がもつ色として経験される色です。表面色の場合には，物体表面の質感なども同時に感じとることができます。また，その物体の色と周囲の照明の色とを区別して認識することも可能です。

これに対し，雲ひとつない青空の青のように，色を感じる対象までの距離感が不確かで，色が目の前一面に広がっているかのように感じられるのが**面色**です。この場合，青という色は知覚されるのですが，その色が何か特定の物体に属しているというようには感じられません。また，ガラス玉やグラスに入った色水の色など，ある物体の表面ではなく，その体積を満たしている

図3-7　**対象による色の現れ方の違い**

かのように感じられる色が**空間色**です（図3-7）。

カッツによる分類はこの3種類以外にもいろいろとあるのですが，このように私たちの色の体験というものは，色が何に対して知覚されるかによっても異なってくるのです。

3.3.2　安定した色の知覚

私たちが日常的に目にするものの多くは，それ自体が光を発しているわけではありません。色の3原色のところでも説明したように，光を発していない対象の色は，その対象に反射した光をとらえることで知覚されています。この周囲の光というのは，太陽の光であったり，照明の光であったりするわけですが，太陽の光と照明の光では波長成分が異なるため，光の色味が少し異なります。また，照明の光も蛍光灯か電球かなどによって色味は異なりますし，太陽光であっても，昼間と夕方，晴れの日と曇りの日とでは，眼に届く光の色味は異なります。

このようにさまざまに異なる光環境の下では，対象に反射される光の色も異なってくるため，対象の色も異なって知覚されるはずです。実際，カメラで撮影した場合などでは，照明条件によって写真の色味が大きく変わってしまうことがあります。ところが，私たちが自分の眼でそれらの対象を観察している場合には，こうした照明の色の違いが気になることはほとんどありません。それは，私たちの視覚には**色の恒常性**と呼ばれる働きがあり，この働きを用いて脳が自動的に対象の色の見え方を調節しているからなのです。

照明の色によって写真の色味が変わってしまう場合，その写真が自然な色合いに見えるようするためには，カメラや写真アプリのホワイトバランスと呼ばれる機能を使って写真の色味を調節する必要があります。私たちの視覚にもこのホワイトバランスに相当する仕組みがあり，この仕組みは**色順応**と呼ばれています。

たとえば，赤みがかった照明の下では，対象の色は赤っぽく見えるはずです。しかし，そのような環境では，赤色に対する慣れ（順応）が生じ，赤に対する感度が下がります。その結果，その照明の色（赤）による影響を薄めた状態で対象を知覚することができるのです。

色順応の働きがよくわかる例として，サングラスを着用した場合の視界の色があげられます。サングラスを着用した直後には，周囲の色が普段とは違って見えるでしょう。しかし，しばらくそのまま活動していると，しだいに眼がサングラスの色に慣れ，サングラスを着用していることによる色の違いはほとんど気にならなくなるはずです。

なお，色の見え方を安定させる恒常性の働きは，色順応によるものだけではありません。私たちの脳は，対象の色についての知識，対象の色と周囲の色の相対的関係など，さまざまな情報を用いて対象の色の知覚を調節し，安定させています。数年前，人によって色が青と黒に見えたり白と金に見えたりする縞模様のドレスの写真がインターネット上で話題になったことがありましたが[2]，これもそうした色の調節の仕組みが関係している可能性があります。

私たちの脳は，その場所の光の色や量に応じて知覚される色を調節しています。しかし，話題になったドレスの写真は**図 3-8** のようにドレス以外の室内の様子があまり写っておらず，周囲の光の状態についての手がかりが少

[2] これと似たものに「白とピンク」または「緑とグレー」に見えるスニーカーの写真というのもあります。

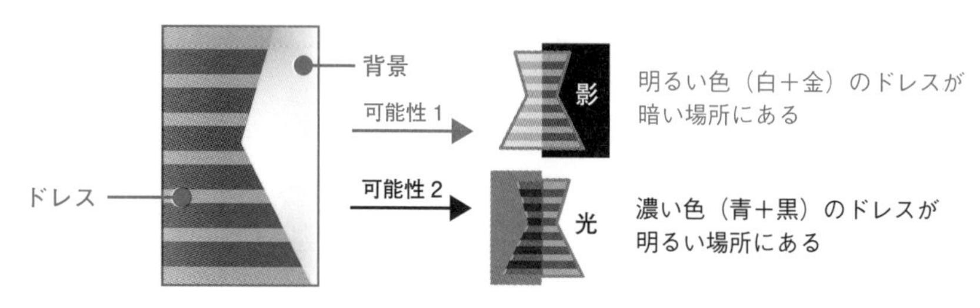

図 3-8 **不思議な色のドレスのイメージ図**

ししかありません。そのため，その人の脳がその状況をどのように判断するかによって，ドレスの色が異なって知覚されてしまったと考えられるのです。

3.3.3 色の残像

同じ色をしばらく見続け，眼がその色に順応したあとで真っ白な壁や紙を見ると，そこにうっすらと別の色が見えます。このとき知覚される色は，眼が順応した色とは**補色**（白から対象の色の成分を取り除いた色）の関係にある色です。このように，同じ色を見続けた後で視線を移動した際に，視界に補色が現れる現象を**補色残像**と呼びます。

補色残像は比較的簡単に体験できます。図 3-9 の星形の絵を，できるだけ視線を動かさないようにして，じっと見つめてください。30 秒ほど見つめたあとに，隣の余白部分に視線を移してみてください。すると，そこにうっすらと色のついた星形が見えるはずです。このときうっすら見えるのは，元の色とは補色の関係にある色です。

なお，「かげおくり」と呼ばれる遊び[3]も，この補色残像と同じ原理によるものです。影とそれ以外の部分の明るさの違いに対する馴れが，そのような残像を生じさせているのです。

---

[3] よく晴れた日に自分の影をしばらく見つめてから空を見上げると，自分の影が白く空に浮かび上がるという遊び。

図 3-9　**補色残像の体験**

3.4　まとめ

本章では，色知覚の基本的な仕組みや，その特徴についてみてきました。色というのは心理現象であり，光そのものに色がついているわけではないということや，物体に知覚される色は，その物体に反射した光によるものであり，その物体そのものの色を知覚しているわけではないといわれても，にわかには信じ難いかもしれません。

しかし，同じ色を見ているはずなのに状況によって違う色に感じられたり，あるいは違う色のはずなのに同じ色に見えたりすることなどから，色の知覚がとても繊細かつ複雑であることがわかるでしょう。

確認問題

Q3-1 色の知覚についての説明として適切なものを1つ選んでください。

(a) 人の網膜には，赤，青，黄の3色に対応する3種類の視細胞が含まれている。
(b) 網膜でとらえられた光の波長成分の違いによって，さまざまな色の知覚が生じる。
(c) 色は光がもつ物理特性であり，その基本要素は色相，明度，彩度である。
(d) 人の網膜に含まれる視細胞のうち，色の認識に関係するのは桿体細胞である。
(e) 短い波長の光は赤っぽく，長い波長の光は青っぽく知覚される。

Q3-2 色の恒常性についての説明として適切なものを1つ選んでください。

(a) ある対象物の色は，その対象物そのものの色というわけではなく，そこに反射したり透過したりした光によって得られる知覚体験であるということ。
(b) 同じ色をしばらく見続けたあとに白い壁などに視線を移動させると，元の画像とは反対の色が知覚されるようになる現象。
(c) 青い照明の下でも赤いリンゴは赤く見えるというように，普段とは異なる光環境下であっても対象の色が安定して知覚される現象。
(d) 空一面に広がる青，布地の青，コップの中の色水の青などでは，同じ「青」であってもそれぞれ感じられる色の現れ方が異なること。
(e) 赤，青，緑という光の3原色を均等に混ぜると色味が失われて無彩色（白）として知覚されるようになること。

Q3-3 色知覚の理論についての説明として適切なものを1つ選んでください。

(a) 段階説では，対象の色は赤と緑，青と黄という反対色から3原色に変換され，知覚されると考える。
(b) 反対色説では，赤と青，白と黒という反対色の混合によってさまざまな色の知覚を説明できると考える。
(c) 3原色説は光の色の知覚を説明する理論であり，印刷物の色の知覚には反対色説が用いられる。
(d) 3原色説では，赤・緑・青に対応する3種の視細胞の活動比率によってさまざまな色の知覚を説明できると考える。
(e) 現在では，3原色説の裏付けとなる3種類の錐体細胞の存在が確認されており，反対色説は否定されている。

参考図書

齋藤 勝裕（2010）．光と色彩の科学――発色の原理から色の見える仕組みまで――　講談社

講談社ブルーバックスの中の一冊です。色の性質や色が見える仕組みについて解説されています。

川上 元郎（2002）．色のおはなし　改訂版　日本規格協会

こちらも色についての解説です。イラストも多く用いられており，平易にわかりやすく解説されています。

海保 博之・日比野 治雄・小山 慎一（編）（2013）．デザインと色彩の心理学　朝倉書店

日常の中での色の使い方について，心理学的視点から論じられています。見た目の良さだけでなく，使い心地や安全性を考え，デザインの中で色をどのように用いればよいか，実践例を交えて説明されています。

奥行きの知覚

私たちの眼の網膜に映し出される情報は実際には2次元（平面）ですが，私たちはその2次元的な情報をもとに3次元（立体）に知覚することができます。周囲の環境や対象を3次元的にとらえるためには，奥行きや距離を知覚できることが重要になりますが，その仕組みはどのように成り立っているのでしょうか。本章では，そうした奥行き知覚の基本についてみていくことにします。

4.1 奥行きの手がかり

奥行きを知覚する際に使用される手がかりは，眼の構造上のものと，像の内容によるものとに分けることができます。まず，眼の構造に起因する要因についてみていきましょう。

4.1.1 眼の構造に起因する手がかり

人の眼は，レンズの役割を担う水晶体の厚みを変えることで焦点の調節を行っています。図4-1のように，近くの対象を見るときと遠くの対象を見

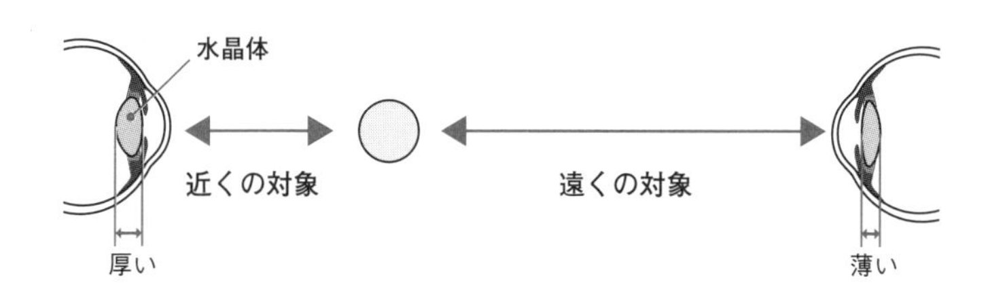

図4-1　対象までの距離と水晶体の調節

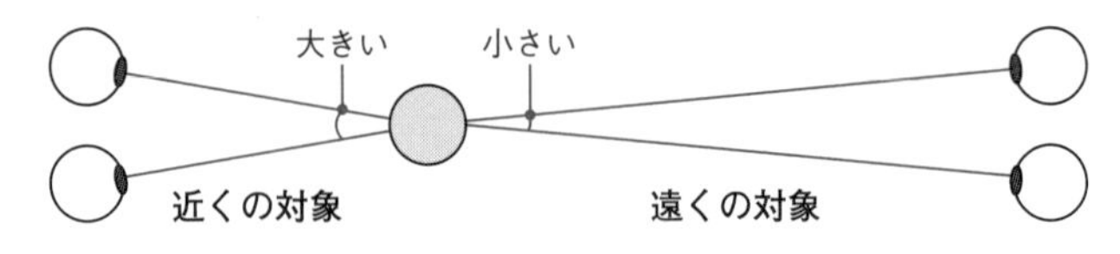

図4-2　**対象までの距離と輻輳**

るときでは，水晶体の厚みが異なるのです。このとき，水晶体の厚みの調節はその周辺にある毛様体と呼ばれる組織の緊張と弛緩によって行われており，この緊張・弛緩の情報が対象までの距離の手がかりとして作用します。

また，第1章で説明したように，人の眼は視野の周辺部は視力が低く，対象をぼんやりとしか見ることができません。そのため，私たちは体や頭，眼球の向きを変化させて，対象を視野の中心でとらえようとします。このとき，注目している対象が顔の真正面にあれば両眼がまっすぐ正面を向くのかというと，そうではありません。

私たちの両眼は顔の正面に約6〜7 cm程度離れて左右に並んでいるため，正面のものを視野の中心でとらえるためには，左右の眼はやや内側を向かなくてはならないのです（**図4-2**）。このように両眼がやや内側に寄ることを**輻輳**（ふくそう）と言いますが，この輻輳の角度は対象までの距離によって変化するため，この輻輳の角度の情報も対象までの距離の手がかりとして作用します。

また，このように両眼がやや内側に傾いた状態で対象をとらえると，左右の眼にはその対象をわずかに異なる視点から見た像が映し出されることになります（**図4-3**）。両眼の情報を統合して1枚の像として認識するためには，左右の眼に映ったこのような像のずれをうまく処理しなくてはなりません。この，左右の眼の像の間に生じるずれは**両眼視差**と呼ばれ，近距離での奥行き知覚において，非常に強力な手がかりとして作用します。

たとえば，片方に赤，もう片方に緑（シアン）のフィルターをつけたメガネをかけて見ると，絵が立体的に浮かび上がってくる立体メガネというものがあります。この立体メガネは，色の異なるフィルターを使って左右の眼に別々の像を見せ，両眼視差を生じさせることで像を立体的に見せているので

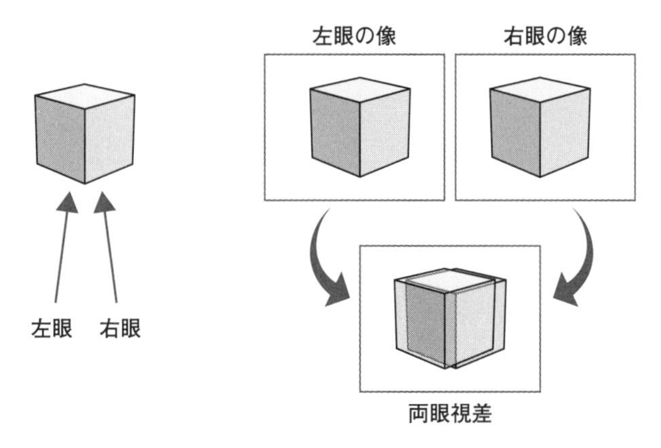

図 4-3　両 眼 視 差

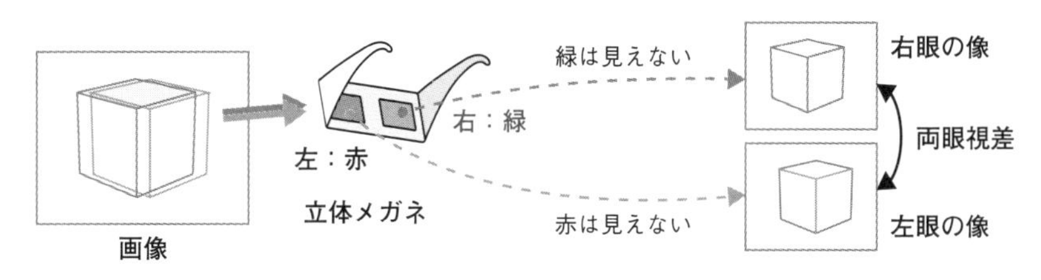

図 4-4　赤・緑立体メガネの原理

す（**図 4-4**）。映像が立体的に見える映画や，VR（仮想現実）のヘッドセットなども基本的な考え方はこれと同じで，右眼と左眼にわずかにずれた画像を見せることで立体感（奥行き感）を作り出しています。

4.1.2　像に含まれる手がかり

両眼視差は奥行きの知覚にとって非常に重要な要因ですが，片眼だけでものを見ている場合であっても奥行きや距離の知覚は可能です。また，平面に描かれた絵画や写真などからも，奥行きを知覚することができます。私たちの脳は，眼から得た情報（像）に含まれるさまざまな特徴からも奥行きを知覚できるのです。

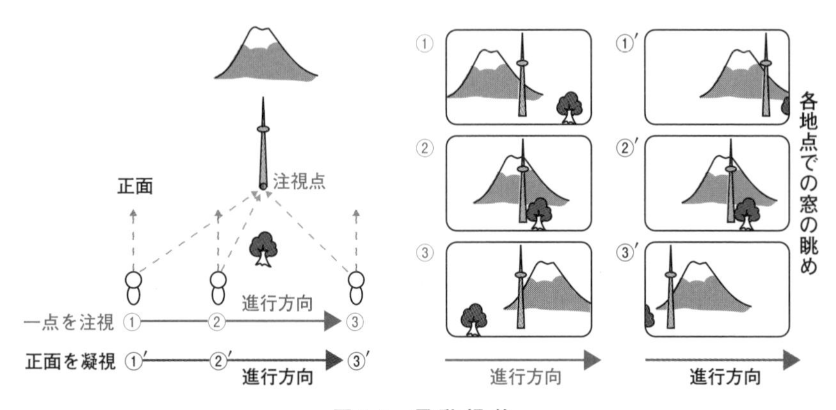

図4-5　**運動視差**

1. 運動視差

たとえば，走行中の電車の窓から外の風景を見ると，近くの建物は流れるように移動していくのに，遠くの風景はほとんど動いていないように見えます。これは，観察位置が変化した際の各対象の網膜像上の位置の変化が，その対象までの距離によって異なるためです。

図4-5に示したように，ある点を注視した状態で観察位置を変化させると，注視点に近いところは見た目の位置は変わりませんが，注視点より手前にあるものは移動方向とは逆に，注視点より遠くにあるものは移動方向と同じ方向に位置が変化します。また，注視点に近いところほど位置の変化は小さく，注視点から離れるほど位置の変化が大きくなります。

また，窓の正面を向いた状態で移動すると，手前にあるものほど移動量が多く，遠くにあるものほど移動量が小さくなります。このように，対象までの距離によって移動時の見え方が異なることは**運動視差**と呼ばれます。運動視差は対象までの距離によって変化しますから，この情報は有効な奥行き手がかりとして作用します。

2. 重なり

複数の対象が重なって置かれているような場合，下（奥）にあるものの一

図 4-6　**重なりによる奥行き知覚**

部は手前にあるものによって見えなくなってしまいます（**重なり**）。第2章でみたように，私たちの知覚システムは，対象の一部が他の対象によって隠されていても，その隠された部分をうまく補完して知覚できます。そして，ある対象が別の対象によって隠されていることを示す特徴がある場合には，「隠しているもの」が「隠されているもの」の手前にあるように感じられます（図 4-6）。

3. 遠 近 法

絵画表現でよく用いられる**遠近法**も，奥行きを感じさせる手がかりの一つです。たとえば，ある1点（消失点）に向かって複数の線を集中させ，その線に沿って事物がだんだん収束していくように描くと，消失点に近い部分ほど遠くにあるように見えます（図 4-7）。このような手法は，とくに**線遠近法**や**透視図法**などと呼ばれます。

また，実際の環境では，大気（空気）中に含まれるちりや水分（水蒸気）

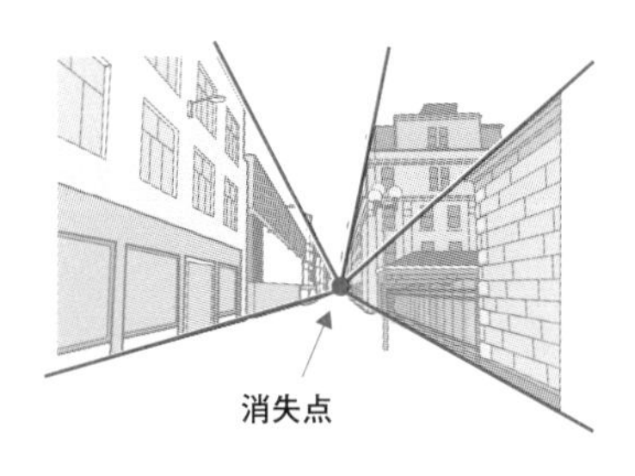

図 4-7　**線遠近法による奥行き知覚**

の作用によって，遠くの風景ほど霞み，ぼやけて見えます。そこで，遠くの風景ほど彩度を低く，ぼんやりと描くことによって，絵に奥行きをもたせようとする手法もあります。このような手法は，**大気遠近法**や**空気遠近法**などと呼ばれます。

4. 肌理の勾配

私たちの視界には，その対象が近くにあるほど大きく，遠くにあるほど小さく映ります。そのため，同じ大きさの石やタイルを敷き詰めたような模様は，手前ほど荒く，遠くになるほど細かく見えます（**図4-8**）。このような，対象までの距離に伴う見かけ上のきめの細かさの変化は**肌理（きめ）の勾配**と呼ばれます。

5. 陰　影

物体の**陰影**（影のつき方）も，奥行き感（立体感）を生み出す重要な要素です（**図4-9**）。一般に，上側が明るい部分は出っ張りに，下側が明るい部

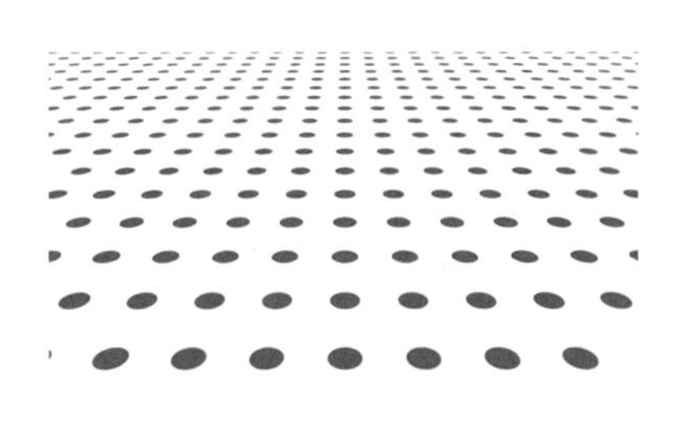

図4-8　**肌理の勾配による奥行き知覚**

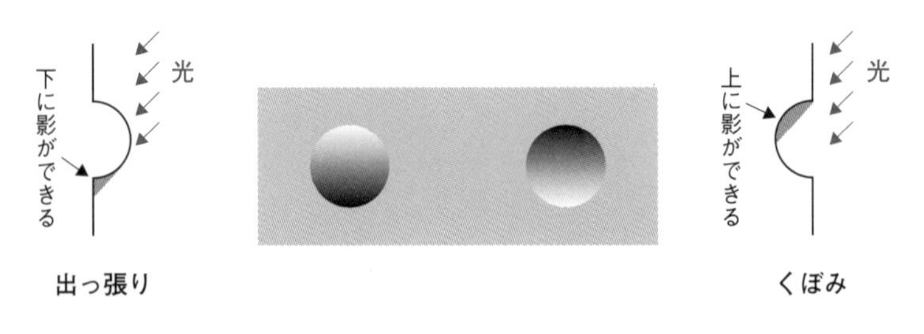

図4-9　**陰影と奥行き知覚**

分はくぼみとして認識されやすい傾向にありますが，これは，私たちの普段の生活環境において，太陽光が主な光源になっていることが関係していると考えられています。太陽光は頭上から降り注ぎますので，出っ張った部分は上側が明るく照らされ，下側は影になります。これとは逆に，くぼんだ部分では上側は縁の部分の影が落ちて暗くなりますが，下側は光が当たって明るく照らされます。私たちの脳は，このような関係を手がかりとして利用し，対象物の凹凸を判断していると考えられるのです。

4.2　奥行き手がかりの曖昧さ

線遠近法や重なり，陰影といった情報は，奥行きや距離についての重要な手がかりとなりますが，これらは完全なものではありません。たとえば図4-10のように，これらの手がかりには曖昧さが含まれているのです。そのため，脳は複数の手がかりを総合してこうした曖昧さを軽減し，一番「もっともらしい」形で奥行きを知覚しようとします。ほとんどの場合，そうして知覚された結果は実際の環境をうまくとらえたものになりますが，奥行きを

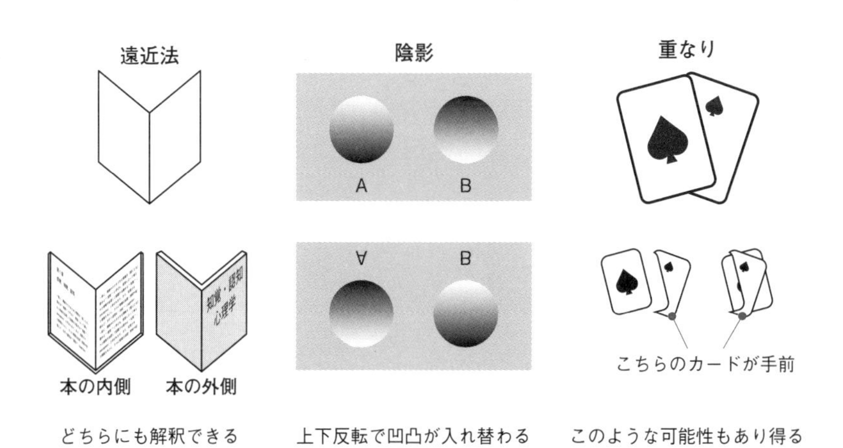

図4-10　奥行き手がかりの曖昧さ

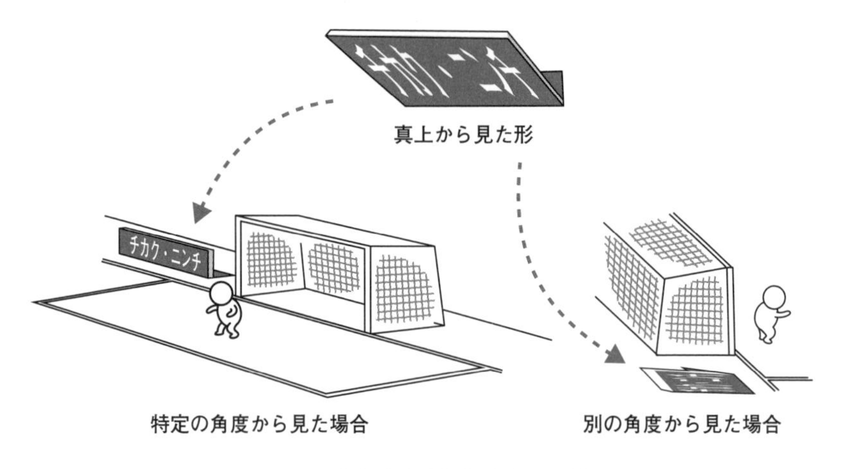

図 4-11　**奥行きの錯覚を利用した広告**

誤って知覚してしまう（錯覚が生じる）場合もあり得ます。

その例の一つが，サッカーのテレビ中継の際，ゴール脇に映し出される広告です。あれは，あそこに看板が立ててあるわけではなく，シート状の広告がゴール脇に敷かれているだけです。しかし，そのシートの形状が，特定の角度から見た場合に立体的に見えるような歪んだ形になっているため，テレビ画面で見ると，そこに立体的な看板があるかのように錯覚してしまうのです（図 4-11）。

4.3　距離の知覚と大きさの知覚

肌理の勾配のところでも少しふれたように，観察者の近くにある対象と遠くにある対象とでは，網膜像に映る大きさは異なります。たとえば，同じカップが目の前 50 cm の距離にあるときと，その 3 倍の距離の 1.5 m 先にあるときとでは，1.5 m 先のカップの像は 50 cm 先のカップの像の 3 分の 1 の大きさになるのです（図 4-12）。しかしこのとき，私たちは 1.5 m 先のカップが 50 cm 先のカップの 3 分の 1 の大きさになったとは認識せず，この 2 つ

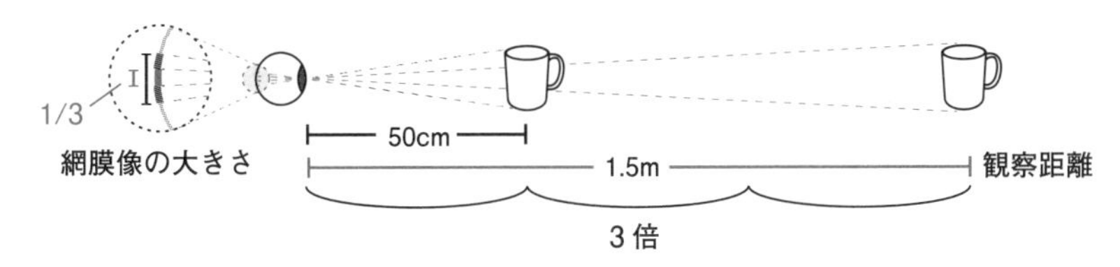

図 4-12　**観察距離と網膜像の大きさの関係**

のカップの大きさが同じであることを認識できます。私たちの知覚世界では，距離の違いによる網膜像の大きさの違いと対象そのものの大きさによる網膜像の大きさの違いは，きちんと区別されているのです。このように，網膜像上で像の大きさが変化しても知覚される対象の大きさが変わらないことは**大きさの恒常性**と呼ばれています。

なお，網膜像上にある大きさで対象が映し出されたとき，その対象までの距離と対象の実際の大きさの組合せは無数に存在しますが，対象までの距離と大きさの比はつねに一定になります（図 4-13）。そのため，網膜像上にある対象の像が映し出されたとき，奥行き手がかりを用いてその対象までの距離を知覚することができれば，対象の大きさは自動的に決まることになります。私たちが観察距離にかかわらず対象の実際の大きさを正しく知覚できるのは，このような関係を利用して脳が対象の大きさを判断しているからであるという考え方は，**大きさ・距離不変仮説**と呼ばれています（Kilpatrick &

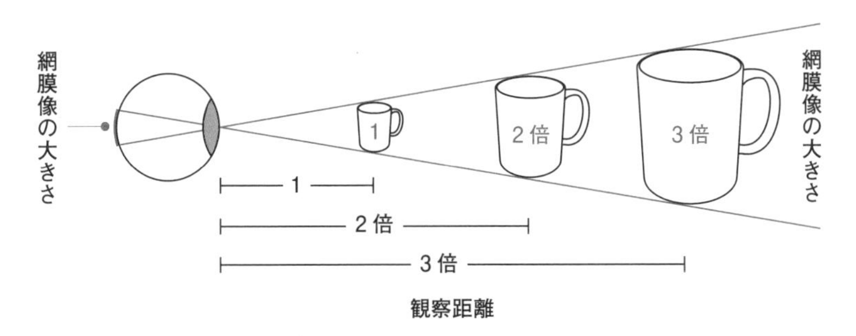

図 4-13　**観察距離と対象の大きさの関係**

Ittelson, 1953)。

しかし，近年の研究では，この仮説に一致しない結果も数多く報告されています。そのため，日常場面のようにさまざまな奥行き手がかりが利用可能な状況においては，距離の知覚と大きさの知覚はそれぞれ別々に処理されているとする主張もあります（Haber & Levin, 2001 など）。

4.3.1　エイムズの部屋

距離と大きさの知覚がそれぞれ別々に行われているとしても，距離と大きさの知覚は利用する手がかりに共通する部分が多いと考えられており，適切な奥行き手がかりが得られない状況では，距離や大きさの知覚が困難になり，大きさの恒常性はうまく働かなくなります。その例の一つが，「**エイムズの部屋**」と呼ばれる部屋です（**図 4-14**）。この部屋では，人が部屋の左側に立ったときと右側に立ったときで，その身長が大きく違って見えるという錯覚が生じます。

このような錯覚が生じる仕組みには，この部屋の形が関係しています。この部屋は，部屋の左側は天井が高く床は低くなっており，奥の壁までの距離も長くなっているというように，天井も床も壁もかなり歪んだ形をしていますが，特定の視点（のぞき窓）から見た場合には，それらが平行に見え，普通の部屋であるかのように見える作りになっているのです（Ittelson, 1952)。

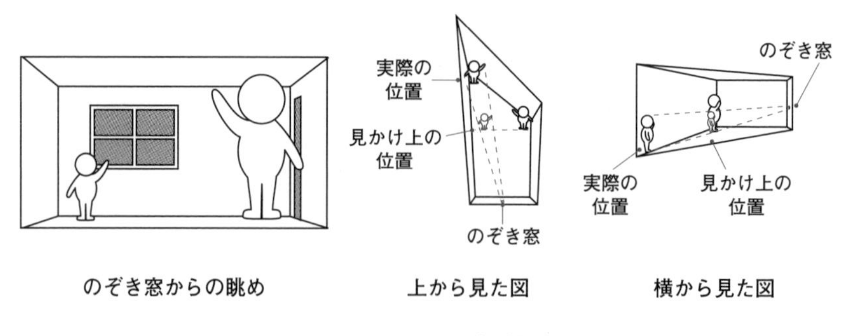

図 4-14　エイムズの部屋

そのため，のぞき窓を通して部屋を見ると，奥の壁までの距離は部屋の左側と右側で同じであるという，間違った認識が生じてしまいます。そしてこのように部屋の形や壁までの距離が適切に判断できない状況では，大きさの恒常性も働きにくくなり，部屋の左右で身長が大きく違って感じられるのです。

なお，エイムズの部屋の錯覚は，のぞき窓から片眼（あるいはビデオカメラなど）で観察した場合には生じますが，両眼で観察した場合には消失します。両眼の場合，両眼視差など片眼での観察の場合には利用できない奥行き手がかりも使うことができます。利用できる手がかりが増えれば，奥行きの錯覚は起きにくくなるのです。

4.3.2 股のぞきと奥行き知覚

奥行きを判断する手がかりは，遠近法や両眼視差のような視覚的なものだけとは限りません。観察者の身体の向きといった視覚以外の情報も，奥行きの知覚に利用されている可能性が示されています。たとえば，東山と足立は，**図 4-15** のように股の間からのぞき込むような形で対象を観察した場合，大きさの見え方や奥行き感にどのような違いが生じるかについて実験しています（Higashiyama & Adachi, 2006）[1]。

その結果，股のぞきの姿勢で観察した場合には，大きさの恒常性が減少し，

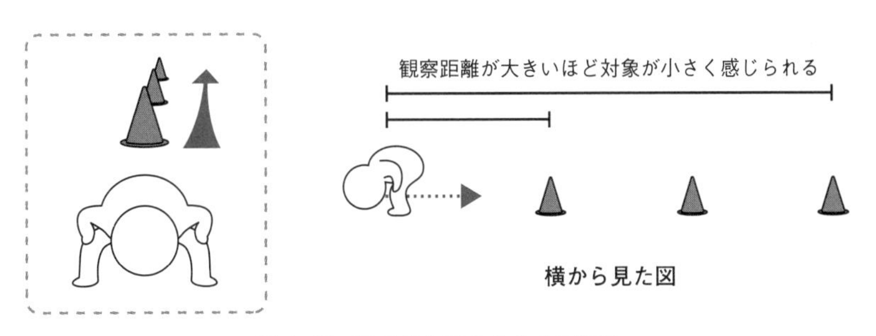

図 4-15 股のぞきでの大きさの知覚

[1] この研究は，2016 年にイグ・ノーベル賞（ノーベル賞のパロディで，人々を楽しませ，考えさせてくれる研究に贈られる賞）を受賞しています。

遠くの対象がより小さく感じられやすいという結果が得られたのです。逆さメガネを用いて視界の上下を反転させただけの場合にはこうした傾向はみられなかったため，この結果は「見え方が上下逆さま」だからではなく，「上体が上下逆さま」であることが原因と考えられます。

4.4 まとめ

本章では，網膜像という2次元的な情報から奥行きや距離を知覚するための働きについてみてきました。私たちの脳は，両眼に映った像のずれや遠近法，陰影など，さまざまな奥行き手がかりを利用して，奥行きや対象までの距離，そして対象の実際の大きさを知覚しています。こうした働きのおかげで，実際の空間にある物体についての奥行きだけでなく，絵画や写真のような平面的な画像の中にも奥行きを感じとることができるのです。

確認問題

Q4-1 次にあげた奥行き手がかりのうち，両眼で観察する場合にのみ利用可能なものはどれですか。あてはまるものすべてを選んでください。

(a) 線遠近法
(b) 両眼視差
(c) 輻輳
(d) 陰影
(e) 水晶体の調節

Q4-2 奥行き知覚についての説明として適切なものを1つ選んでください。

(a) 奥行きは複数の手がかりを用いて知覚されるため，奥行き知覚には誤りが生じにくく，錯覚も生じない。
(b) 私たちの脳は，両眼視差や遠近法，陰影など，複数の奥行き手がかりから総合的に奥行きの判断を行っている。
(c) 奥行きを判断するための手がかりが複数ある状況では，それらの情報が競合して奥行きの知覚が困難になる。

(d) 私たちの脳は，両眼視差を用いて奥行きの知覚を行っているため，対象を片眼で観察した場合には奥行きを知覚することはできない。

(e) 立体物を観察するとき，観察対象を中心とする半径数十 cm の空間の情報が両眼の眼球内に投射され，それを視細胞で立体的にスキャンすることによって奥行きが知覚される。

Q4-3 大きさの恒常性についての説明として適切なものを1つ選んでください。

(a) さまざまな要因によって知覚上の大きさが変化した場合でも，その対象の実際の大きさは変化しないということ。

(b) 網膜像上の大きさが同じである場合，その対象までの距離と対象の大きさの比はつねに一定であるということ。

(c) 観察対象までの距離が変化した場合でも，対象の網膜像上の大きさが変化せず，一定に保たれること。

(d) 観察対象までの距離が変化した場合，対象の網膜像上の大きさが変化するにもかかわらず，その対象そのものの大きさは変化して感じられないこと。

(e) 対象物の実際の大きさにかかわらず，知覚上はすべての対象の大きさが等しく感じられること。

参考図書

藤田 一郎（2015）．脳がつくる 3D 世界——立体視のなぞとしくみ—— 化学同人

立体視の仕組み，対象の大きさの知覚の仕組みについて詳しく解説されています。実際にいくつかの立体視を体験しながら読み進めることができます。

ラマチャンドラン，V. S.・ロジャース=ラマチャンドラン，D. 北岡 明佳（監修）日経サイエンス編集部（訳）（2010）．知覚は幻——ラマチャンドランが語る錯覚の脳科学—— 日経サイエンス社

認知神経科学者ラマチャンドランによる解説記事を日本語訳したものです。奥行きの知覚以外にも，さまざまな内容についてイラスト付きで解説されています。

大山 正（2000）．視覚心理学への招待——見えの世界へのアプローチ—— サイエンス社

視覚情報の知覚を扱った入門テキストです。奥行きの知覚だけでなく，形や色

の知覚など，さまざまなトピックが扱われています。奥行きの知覚については第7章で扱われています。

5 動きの知覚

私たちの視覚世界は人や物体の動きであふれています。周囲を見わたすとたくさんの動く対象に気づきます。大学のキャンパスでは，多くの学生が行き交いますし，自転車や自動車が走っています。また，草花や木々は風に揺れています。私たちは，ごく自然に人や物体の動きを知覚していますが，その情報の処理はとても複雑です。では，動きの知覚体験をもたらす視覚の仕組みはどのようなものでしょうか。本章では，動きの知覚の基礎についてみていきます。

5.1 動きの知覚とは

動きとはある対象（人や物体）が時間経過とともにその空間的位置を変化させることです。私たちの視覚系が，こうした対象の時空間的変化を処理することで，その対象の動きを知覚します。ある対象の動きを知覚する心的過程を**動きの知覚**と呼びます。視覚における動きの知覚は**運動視**とも呼ばれます。

5.1.1 網膜上の手がかり

網膜像には，対象の動きを知覚するための手がかりが含まれています。私たちが，静止している物体を見ているとき，眼という感覚受容器が光の刺激を受けとり，網膜上にその物体の像を結びます。動く対象を見ているときも同様で，その対象は網膜上に映し出されます。しかし，これまでの章で説明してきた静止している物体とは異なり，動く対象の網膜像は時間とともに変化します。私たちは，網膜像に含まれる刻一刻と変化する視覚的手がかりを利用して，物体の動きを知覚することができます。

たとえば，次の場面を思い浮かべてください。一人の観察者がいます。周囲には椅子が置かれており，その椅子の横を通り過ぎて友人が近づいてきます。このとき，観察者の網膜には，友人と椅子がどのように映し出されるでしょうか。観察者に近づいてくる友人の網膜像は連続的に拡大され，遠ざかる友人の網膜像は連続的に小さくなります。そして，網膜上では椅子の像の大きさは変化しません。静止した物体は網膜上でも静止した状態となります。こうした網膜上の手がかりから，ある対象が接近したり，遠ざかったりする動きを知覚することができます。

では，友人が左右に移動している場合はどうでしょうか。このとき，観察者が静止した対象である椅子と動く対象である友人のどちらを中心に見ているかによって，網膜上に映し出される像が異なります。観察者が椅子を視野の中心に置いて見ているとき，網膜上で椅子の像は静止状態であり，友人の像の位置は左から右へと連続的に変化することになります。つまり，私たちは視野の中にある静止した対象を基準として，他の対象の動きを知覚すると考えられています。

しかし，私たちは常に静止した対象を視野の中心に置いているわけではありません。物体の動きに合わせて眼を動かすことを**追従性眼球運動**と呼びます。追従性眼球運動により，眼は常に視野の中心で動く物体をとらえ続けることができます。つまり，網膜上では，動く対象の像は静止状態になり，動く対象以外の像が網膜上で連続的に変化することになります。このとき，外界と網膜上とでは静止している対象と動く対象の関係性が反対になりますが，私たちは動く対象の動きを知覚することができます。こうした事実は，動きの知覚が網膜像に含まれる手がかりのみで成立しているわけではないことを示しています。私たちの視覚系は刻一刻と変化する対象の網膜像の変化をとらえ，そうした情報と自分の身体の運動情報を統合することにより，対象の動きを知覚していると考えられます。

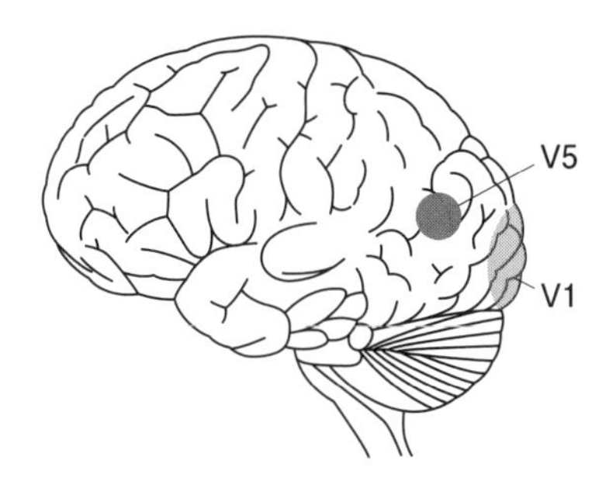

図 5-1　**動きの知覚に関連した脳部位**（Zeki, 1999）
V1 は第 1 次視覚野，V5 は第 5 次視覚野を表します。

5.1.2　動きの知覚の脳内機構

視覚情報は網膜で検出され，視神経を通して，大脳の後頭葉にある第 1 次視覚野（V1）に送られます。第 1 次視覚野では，視覚情報に含まれる線の運動などの基本的な分析が行われます。そして，第 1 次視覚野で処理された情報は複数の脳部位に送られます。その一つが**第 5 次視覚野**（V5）で，これは MT 野とも呼ばれます。この側頭葉と頭頂葉の境にある第 5 次視覚野でさらに動きの分析が行われ，対象の動きの知覚体験が生じます（図 5-1）。

5.1.3　運 動 盲

第 5 次視覚野は，動きの知覚にとって大変重要です。右と左の第 5 次視覚野に損傷を受けると，動きの知覚が障害されます。こうした障害は**運動盲**（akinetopia）と呼ばれます。運動盲の患者 L.M. の症例を紹介しましょう（Zihl et al., 1983）。L.M. は物体の動きを知覚することができません。そのため，ある時点では遠くにいた自動車が，次の瞬間，眼の前に突然現れるといった知覚体験をします。また，液体の流れなどの動きや水面が上昇する動きを認識することができないため，コーヒーをカップにそそぐことができないと報告されています。

5.2 動きを知覚することの役割

私たちが環境を認識する上で，動きの知覚は非常に重要です。たとえば，私たちは周囲の人や物，そして自分の動きを知覚することで，その人や物との衝突を避けることができます。私たちは人の動きからその人の意図や感情を読みとり，円滑なコミュニケーションを行うこともできます。動きを知覚するということは，方向や速度などの動きそのものを認識するだけでなく，周囲の状況や自分自身の状態を認識する上で重要な役割を果たしていると考えられます。

5.2.1 物の認識

1. 動きから物の形をとらえる

動きは物体の形を認識するための手がかりとなります。第2章で，私たちが物体を認識するとき，形あるものは図，それ以外の背景は地として認識する傾向にあることを説明しました。この図と地の境界は動きの変化によっても定義づけられます。

例として，**動きによる分化**（motion segregation）と呼ばれる知覚現象が挙げられます（山口・金沢，2008）。図5-2のように2枚の画像があります。

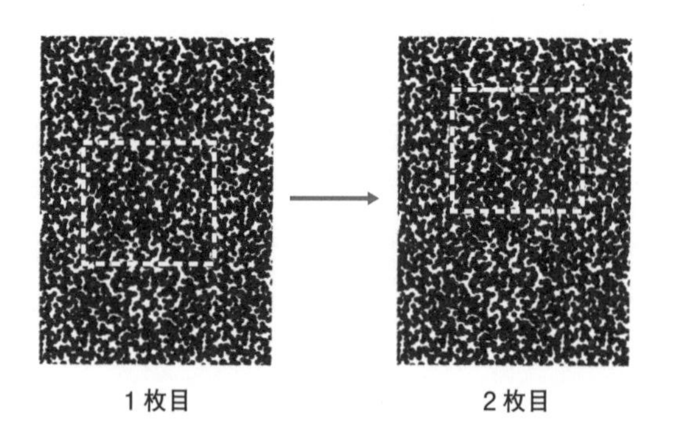

図5-2　**動きによる分化**（Kaufmann-Hayoz et al., 1986）

それぞれの画像には白い部分と黒い部分がランダムに配置されています。このような画像をランダムドット・キネマトグラムと呼びます。2枚目は，1枚目の破線で囲まれた部分の画像の位置をずらして作成したものです。破線はもともと画像の上に描かれていませんので，それぞれの画像から四角の形を知覚することはありません。しかし，この2つの画像を継時的に呈示すると，破線の中と外の領域の間で運動量の差が生じます。そのため，破線で囲まれた四角の領域が1つのまとまりとなり周囲から分化して，四角の形を知覚することができます。これが動きによる分化です（Kaufmann-Hayoz et al., 1986）。

動きによる分化は，**知覚的体制化**（perceptual organization）の働きによって生じると考えられています。知覚的体制化とは，個々の要素をまとめて知覚する性質です。ここでは，同じ方向に向かって動いている部分がまとめられて，それらの部分が図となり背景である地から分化したと理解することができます。

自然界では，多くの動物や昆虫は，身体の色や模様を周囲の物や植物に似せて，捕食個体の攻撃から身を守ることが知られています。これは**擬態**（camouflage）と呼ばれています。しかし，擬態個体が周囲の風景に上手に溶け込んでいたとしても，その個体が動いたらどうでしょうか。私たちは，すぐにその擬態個体の形をとらえ，その個体を認識することができます。

2. 動きから物の構造を推測する

動きは物体の構造を推測する上でも大変重要です。私たちが動きから奥行きを伴う3次元の構造を認識することを明らかにした知覚現象があります（Wallach & O'Connell, 1953）。回転するワイヤーオブジェクトに後ろから光を当てて，スクリーンにその影を投影します（**図5-3**）。スクリーンに投影された影は2次元であるにも関わらず，観察者はスクリーン上の影からオブジェクトの3次元の構造を知覚することができます。こうした知覚現象は**動的深度効果**（Kinetic Depth Effect；KDE）と呼ばれています。他にも，このような特性をもつ知覚現象の例として，ウルマンの円筒，スピンダンサー錯

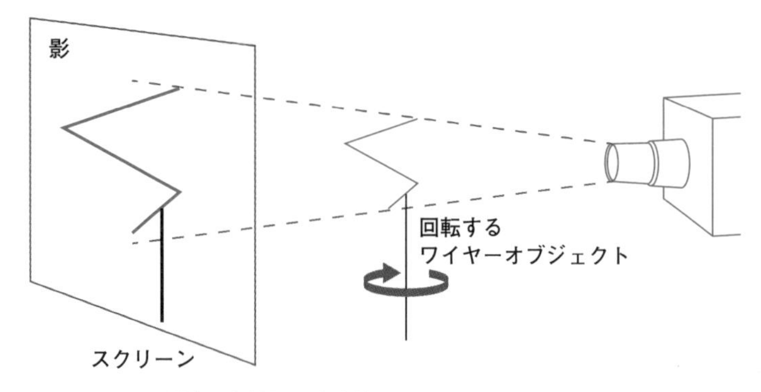

図5-3 **動的深度効果の実験状況**（Wallach & O'Connell, 1953）

視，バイオロジカルモーション知覚があげられます。

5.2.2 事象の認識

1. 事象を切り出す

私たちは日常の活動に自然に区切りを入れて，それぞれの出来事を切り出します。こうした情報の処理は**分節化**（segmentation）と呼ばれています。たとえば，次のような場面を想像してください。

「学生が教室に入ってきました。入口のところで立ちどまり，教室内を見回しています。ある方向で視線が止まり，その方向に向けて手を振っています。その後，手を振った方向に向かって歩き出し，別の学生の横に着席しました。ある学生は隣に座っている学生のほうを向いて，会話をしています。授業が始まると，ある学生は前を向き，教科書とノートを広げました。」

この場面における学生の活動は連続しているはずです。しかし，多くの人はその活動を1つのまとまりとして認識するのではなく，分節化してそれぞれの出来事を認識します。この分節化にも動きの情報は重要です。ザックスらは，参加者にある男性の日常の活動（洗濯物をたたむ，ブロックを組み立てる，ゲームをする）を記録した動画を観察してもらい，その活動の区切り位置を報告してもらいました（Zacks et al., 2009）。ここでの区切り位置とは，一つの出来事が終了し，次の出来事が開始する時点です。その結果から，参加者は男性の身体の動きを一つの手がかりとして，出来事と出来事の区切り位置を判断していることがわかりました。

2. 動きから因果関係を認識する

私たちは，2つの動きの事象を観察したときに，それらの事象から因果関係を認識します。ミショットは動きによる因果関係の知覚に関する一連の実験を行いました（Michotte, 1963）。図 5-4 に実験で使用された動きの事象を紹介します。最初に，黒い図形が一定速度で白い図形に近づきます（図 5-4 上段）。次に，黒い図形が白い図形の真横にくっついたところで動きを止めます（図 5-4 中段）。最後に，白い図形が，黒い図形の速度と同じかそれよりも遅い速度で右方向に動きます（図 5-4 下段）。観察者はこれらの動きの事象を続けて見たときに，「黒い図形（原因）が白い図形を突き飛ばした（結果）（突き飛ばし）」という因果関係を知覚しました。他にも，呈示方法を変更することで，2つの動きの事象の間に「黒い図形の接触がきっかけとなって白い図形が飛び出した（引き金）」ような印象や「黒い図形によって白い図形が押し出されている（押し出し）」ような印象が知覚されることが報告されています。

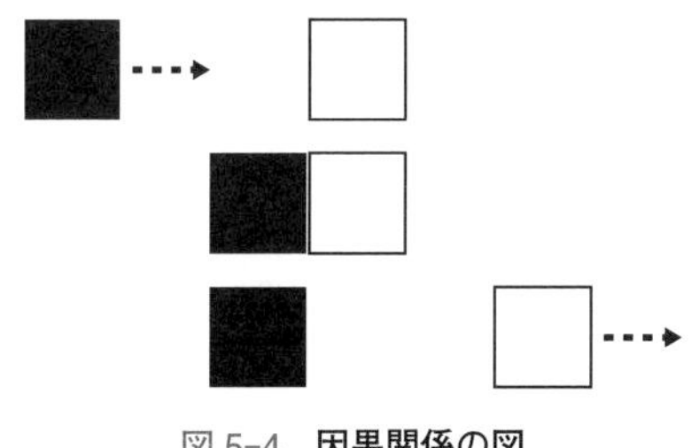

図 5-4　**因果関係の図**

3. 動きから人の行動を認識する

私たちにとって，身体の動きを認識することは大変重要です。ヨハンソンはバイオロジカルモーションという知覚現象を発見し，私たちの視覚系が身体の動きに対して高い感受性をもつことを報告しました（Johansson, 1973）。彼は，人の主要な関節や部位の動きを単一の光点運動に置き換えました（図5-5）。観察者は，この光点のまとまりが静止しているときには，ランダムに配置された光点として知覚しますが，いざ光点のまとまりが動き始めると1秒も経たずに人の歩行を知覚します。こうした知覚現象をバイオロジカルモーションと呼びます。私たちは，顔や身体などの視覚的な情報がなくても，限られた動きの情報から人のさまざまな行動（歩行，物を持ち上げる，ダンスなど）を認識することができます。

4. 自分の身体の動きを認識する

私たちは歩いて移動しているとき，常に自分がどの方向に向かって，どれ

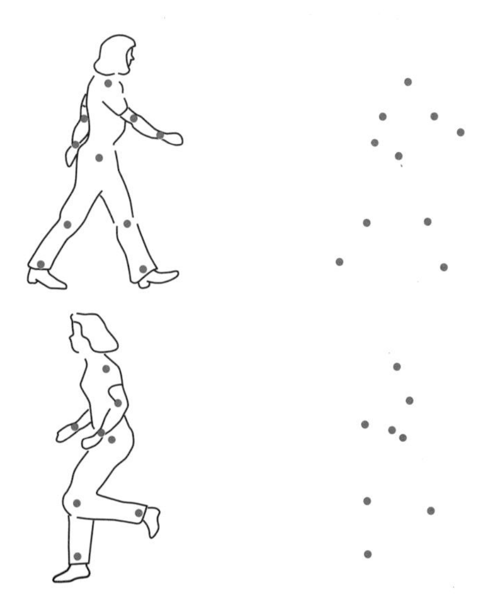

図5-5 **バイオロジカルモーション**（Johansson, 1973）

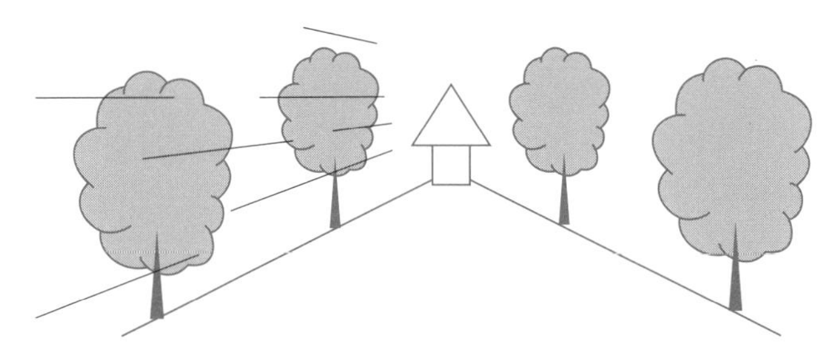

図 5-6　**オプティカル・フロー**

ぐらいの速さで移動しているのかを認識することができます。こうした環境の中での自分の運動はどのようにして認識されるのでしょうか。たとえば，図 5-6 のように，家に向かって道を歩いていると想像してください。このとき，網膜上には，家を中心として，中心から周囲にかけて放射線状に流れるように周囲の風景が映り込むといわれています。そして，流れの中心は自分の歩いている方向の手がかりとなり，風景が流れる速さは歩いている速度の手がかりとなります。こうした網膜上の視覚情報は**オプティカル・フロー**と呼ばれています（Gibson, 1966）。私たちは，自分自身が動くことによって生じる網膜上の動きの情報から，環境における自分の動きを認識すると考えられています。

5.3　動きの種類

私たちは，実際に動いている対象からだけでなく，静止した対象からも動きを知覚することがあります。ここでは，実際運動，仮現運動，誘導運動，運動残像について紹介します。

5.3.1　実 際 運 動

私たちは実際に人や物体の位置が時間とともに連続的に変化しているときに，そこに動きを知覚します。たとえば，人が A の地点から B の地点まで歩いています。このとき，私たちはその人がある空間を移動していると認識します。その人が途中で消えてしまうことはありません。このように実際に動いている人や物体を観察したときに知覚される動きは**実際運動**（real motion）と呼ばれます。

1. 実際運動の特性

実際に動いている人や物体を見たとしても，必ずしも動きを知覚するわけではありません。たとえば，私たちは月の動きを認識することができるでしょうか。一定時間が経過した後，月の位置が変わっていることに気がつくことはありますが，そこに月の移動という動きを知覚することはありません。ヘリコプターのプロペラの動きはどうでしょうか。プロペラの回転が速すぎると，その回転という運動を知覚することができなくなります。つまり，実際運動は対象の運動速度が一定の範囲内のときに知覚され，遅すぎても速すぎても知覚することができないという特徴をもちます。

ある対象の動きを知覚できる最小の速度を**運動速度閾**といい，ある対象の動きを知覚することができる最大の速度を**運動速度頂**とよびます。物体の動きの知覚体験は，こうした運動速度だけでなく，運動の持続時間やその動きの観察条件により異なることがわかっています。

5.3.2 仮現運動

私たちは，実際に動いている人や物体からだけでなく，静止した対象からも動きを知覚します。たとえば，丸図形がAの位置に表示され（図5–7上段），一定の時間間隔をおいて，丸図形がBの位置に表示されます（図5–7下段）。実際運動とは違い，AとBの位置の間に丸図形の連続した運動は存在していません。しかし，観察した人は，AとBの位置に表示された丸図形をつなぐような動きを知覚します。観察者に呈示されている刺激は静止画の連続ですが，そこに対象の動きが見えます。静止している刺激を適切なタイミングで継時的に呈示したときに知覚されるこの動きを**仮現運動**（apparent motion）と呼びます。仮現運動は見かけ上の動きという意味です。

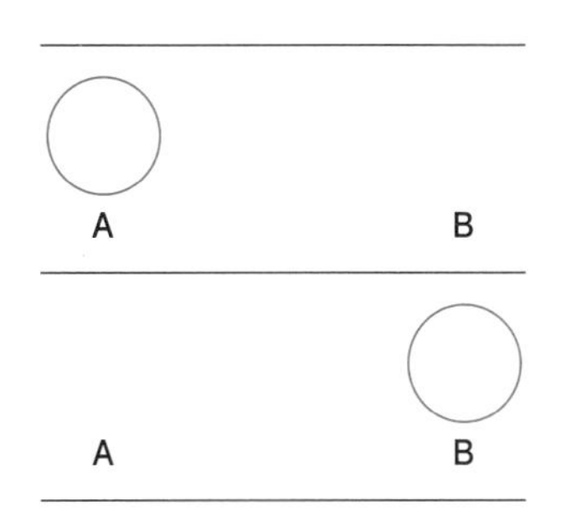

図 5-7　**仮 現 運 動**

この仮現運動はアニメーションの作成に応用されています。

1. 仮現運動の特性

仮現運動は，人の知覚を理解するために重要な現象と考えられています。ゲシュタルト心理学者のウェルトハイマーは，2つの刺激を継時的に呈示することができる実験装置を用いて研究を行い，2つの刺激の**呈示時間間隔**（Inter Stimulus Interval；ISI）によって，異なる知覚現象がもたらされることを報告しました（Wertheimer, 1912）。この2つの刺激の呈示時間間隔が短いときには，2つの刺激は同時に呈示されているように見えます（**同時時相**）。一方で，2つの刺激の呈示時間間隔が長いときには，2つの刺激は継時的に呈示されているように見えます（**継時時相**）。つまり，2つの刺激の呈示時間間隔が短すぎても長すぎても，見かけ上の動きは消失してしまいます。

そして，2つの刺激の呈示時間間隔がある一定範囲内であれば，1つの刺激があたかも連続して動いているかのような運動を知覚することがわかりました（**最適時相**）。ウェルトハイマーはこのような仮現運動をベータ（β）運動と呼びました。さらに，2つの刺激の呈示時間間隔が最適なとき，2つの刺激の間に中間状態となる刺激が存在しているように知覚され，実際運動と同様にあたかも刺激が連続的に移動しているかのように見えます。こうした，2つの刺激が最適な時間間隔で呈示された場合に生じるなめらかな仮現運動を**ファイ（ϕ）運動**と呼びます。

5.3.3 誘導運動

誘導運動（induced motion）も，静止しているものが動いて見える現象の一つです。日常生活の中で例としてあげられるのが雲の間から見える月です。本来，雲が動いているのですが，私たちは時折雲が静止していて月が動いているように知覚することがあります。

それでは，なぜ誘導運動という知覚現象がおきるのでしょうか。私たちは，対象の動きを知覚する際に，何らかの基準を設定して，その基準のもとである対象が動いているかどうかを判断します。雲の間から見える月の場合，月を取り囲む雲が静止した枠組みとなり，その基準に対して月がそれと反対に動いているように知覚されます。一般的に，何らかの枠に囲まれた対象に誘導運動が起こりやすいといわれています。

面白いことに誘導運動は自分自身にも起こります。たとえば，止まっている電車から隣の動く電車を見ると，本来，自分自身が止まっているはずなのに，自分が乗っている電車が動いているように知覚されることがあります。これは隣の電車の動きに誘導されて自分が動いていると知覚する現象で，**自己の誘導運動**と呼ばれています。

5.3.4 運動残像

動いている対象をしばらく見た後，突然，その動きが停止した際にもあたかも動いているかのような残像が残ります。この現象は**運動残像**（motion aftereffects）と呼ばれています（図5-8）。

運動残像の代表的な例に**滝の錯視**があります。私たちは，滝の水が上から下に流れている様子を30秒から40秒見た後，視線を横の静止した対象に移動させると，静止している対象が上に向かって動いていくといった知覚を経験します。

図 5-8 **運動残像**（Anstis et al., 1998）
渦巻刺激を回転させます。しばらくの間，その回転を見てください。突然，その回転を止めると，多くの人はそれまでに見ていた回転とは反対の方向の回転を知覚します。

5.4 まとめ

本章では，さまざまな運動現象を紹介しながら，運動の知覚体験をもたらす視覚の仕組みについて説明しました。私たちは，実際運動，仮現運動，誘導運動，運動残像など実にさまざまな運動の知覚を体験しています。本章で取りあげた運動現象は膨大な運動視の研究のごく一部です。しかし，私たちがごく自然と人や物体の運動を認識する背景にはとても複雑な視覚の仕組みがあることがわかります。

確認問題

Q5-1　仮現運動の説明としてもっとも適切なものを1つ選んでください。

(a) 静止画像を継時的に呈示したときに知覚される運動のことをいう。
(b) 実際に動いている対象から知覚される運動のことをいう。
(c) 静止画像を同時に呈示したときに知覚される運動のことをいう。
(d) 突然運動が静止した際に知覚される残像のような運動のことをいう。
(e) 周囲にある対象の運動により実際には静止している対象から知覚される運動のことをいう。

Q5-2　動きによる分化の説明としてもっとも適切なものを1つ選んでください。

(a) 複数の要素がそれぞれ個別に認識されるのではなく，1つのまとまりとして認識されることで生じる。
(b) 要素の因果関係を認識することで生じる。
(c) 連続した情報に自然に区切りを入れて，それぞれの出来事を切り出すことである。
(d) 1つのまとまりとして認識するのではなく，複数の要素をそれぞれ個別に認識することで生じる。
(e) すべての要素が地として認識されることで生じる。

Q5-3 運動の知覚についての説明として適切なものを1つ選んでください。
(a) 実際運動は対象の運動速度が遅すぎても速すぎても知覚することができない。
(b) 実際運動であれば，対象の運動速度がどのような速度であっても知覚することができる。
(c) 実際運動は運動速度さえ適切であれば知覚することができる。
(d) 実際運動は網膜上の手がかりから知覚することができない。
(e) 実際運動は常に視野の中心から周囲にかけて放射線状に流れる運動である。

参考図書

山口 真美・金沢 創 (2019). 赤ちゃんの視覚と心の発達 補訂版 東京大学出版会

動きの知覚の仕組みについて，発達心理学的視点から解説されています。また，動きの知覚だけでなく，さまざまな視知覚の仕組みが実験の紹介とともに説明されています。

吉村 浩一 (2006). 運動現象のタキソノミー (分類学)――心理学は“動き”をどう捉えてきたか―― ナカニシヤ出版

心理学が「動き」をどのようにとらえてきたのか，その歴史が豊富な運動現象の紹介とともに考察されています。専門的な研究内容も含まれていますが，随所に図が掲載され，丁寧かつ詳細に説明されています。

6 音の知覚

聴覚は，耳という感覚器官が音波をとらえることによって得られる感覚です。音楽を楽しむ，話し言葉を聞きとるといった日常の活動に必要であることはもちろんですが，自動車のクラクションなどのように周囲の状況や危険を感知する上でも，聴覚は重要な役割を担っています。本章では，聴覚および音の知覚の基本的な仕組みをみていくことにします。

6.1 音とは何か

聴覚の構造について理解するためには，「音」についての基本的な知識が必要です。そこでまず，音の基本的な性質についてみておくことにしましょう。

6.1.1 音の物理的側面

音は，物体の振動が空気や水などを介して耳に伝わることによって知覚されます。たとえば太鼓を叩くと太鼓の皮が振動しますが，この振動が空気中を伝わって耳に届き，それが聴覚システムで処理されることによって太鼓の音として感じられるのです。そのため，振動の発信源（**音源**）がなければ音が聞こえないのはもちろんのこと，その振動を伝えるもの（**媒質**）がなくても音は聞こえません。SF 映画では宇宙空間の戦闘で爆発音が鳴り響きますが，宇宙空間はほぼ真空の状態で振動を伝えるものがありませんので，実際には音は聞こえないのです。

最終的に音として知覚される振動は，空気中を波の形で伝わっていきます。そのため，音の元となる振動は**音波**と呼ばれます。この波のもっとも基本的

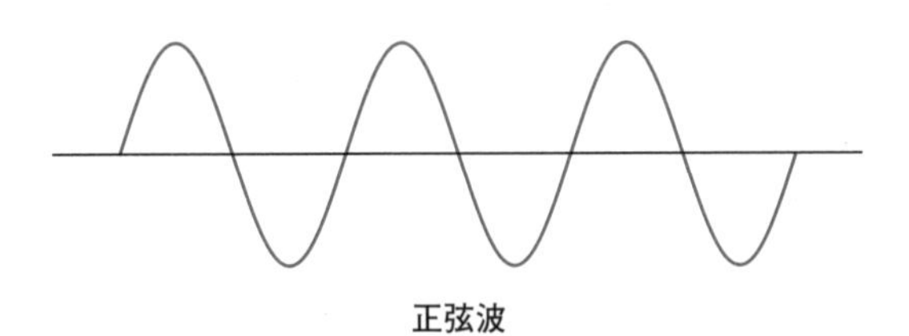

図 6-1 **音波の基本要素**

な形は図 6-1 のようなもので，このような波を**正弦波**（せいげんは）と呼びます。

気温などによっても変動しますが，音波が空気中を伝わる速さは秒速約 340 m です。光の速さは秒速約 30 万 km ですので，光に比べれば伝わる速度はかなり遅いといえます。なお，遠くで雷が鳴っているとき，ピカっと光ってしばらくしてからゴロゴロと音が鳴りますが，これは音の速さと光の速さに差があるために生じる現象です。

6.1.2 音の基本属性

第 3 章で取り上げた色の知覚では，その基本属性として色相，明度，彩度という 3 つの要素がありましたが，音の知覚では，**音の高さ**（**ピッチ**），**音の大きさ**（**ラウドネス**），**音色**の 3 つが基本属性とされています。この音の 3 属性は，音波がもつ次の 3 つの特徴と大まかに対応しています（図 6-2）。

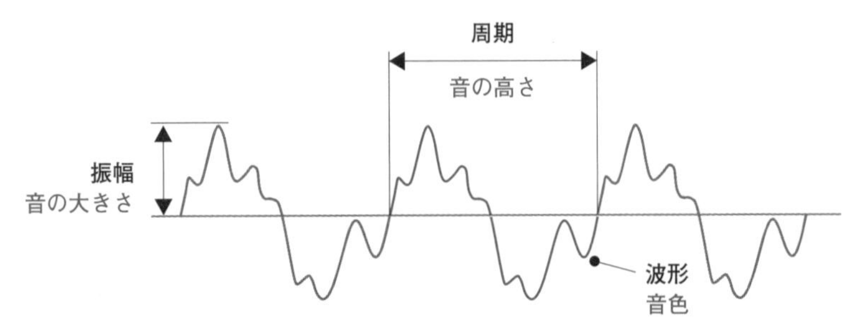

図 6-2 **音波の特徴と音の知覚**

音波は空気の振動であり，空気の波です。この波が上下に変化して元に戻るまでを**周期**といい，私たちの耳には，この周期の時間間隔が短い（時間あたりの振動回数が多い）ほど高い音として聞こえます。第3章で取り上げた色の知覚では，波長は色の種類（色相）に対応していましたが，音の知覚では，周期の大きさ（波長）は音の高さに対応しているのです。

また，音波の上下の振れ幅（波の高さ）を**振幅**（しんぷく）と呼び，この振幅が大きくなるほど大きな音として感じられます。これは，強い光ほど明るく感じられる（明度が高く感じられる）のとよく似ています。

また，図6-2の波は，図6-1の波に比べて複雑な形をしています。音波には単純なものから複雑なものまでさまざまな形があり，この波の形の違いが音色の違いとして感じられます。

6.2 音の知覚

音波と音の3属性の間の基本的な対応関係についてわかったところで，今度は音の3属性それぞれについて，もう少し詳しくみておきましょう。

6.2.1 音の高さ

先ほどもみたように，知覚される音の高さは，音波周期の細かさと対応しています。周期の細かさは1秒間に周期が何回繰り返されるかという形で表され，1秒間に繰り返される周期の数を**周波数**と呼びます。この周波数は，**ヘルツ**（Hz）という単位を用いて表されます。ヘルツは1秒間に周期が何回あるか（何回振動しているか）を数値化したものなので，100 Hzであれば1秒間に100回，200 Hzであれば1秒間に200回の周期ということになります。そしてこの音波の周波数が高い（1秒間の周期が多い）ほど，高い音として知覚されます。

聴覚が音として感じることのできる周波数の範囲を**可聴域**といい，人の聴覚の可聴域はおおよそ20 Hzから20,000 Hz（20 kHz）といわれています。

この範囲を超える周波数の音波は**超音波**と呼ばれ，人間の耳には聞こえません。可聴域は動物種によってさまざまで，イヌやネコなどは 50,000 Hz というような高周波数の音も聞きとることができます。これは，人間に聞こえる周波数上限の 2 倍以上です。

また，可聴域には個人差があり，年齢によっても変化します。一般に，20,000 kHz というような高音が聞こえるのは 20 代前半頃までで，それ以降は年齢とともに高い音からだんだん聞こえなくなっていきます。

6.2.2 音の大きさ

知覚される音の大きさは，図 6-2 でも示したように音波の振幅に対応していますが，この空気の波は，空気中の圧力が周期的に変化することで作られています。そのため，音波の振幅の大きさは**音圧**と呼ばれ，**パスカル**（Pa）という単位で表されます。なお，天気予報で気圧の単位として用いられるヘクトパスカル（hPa）は，このパスカルを 100 倍した大きさです。つまり，1 気圧 = 1,013.25 hPa = 101,325 Pa です。人の聴覚が聞きとることのできる音圧は，おおよそ 20 μPa（マイクロパスカル）程度から 20 Pa 程度までの範囲といわれています。マイクロパスカルはパスカルの 100 万分の 1 の大きさですので，20 μPa は 0.00002 Pa，つまり私たちは 0.00002 Pa から 20 Pa までという，非常に広い範囲の圧力の変化を音として感じることができるのです。

このように，私たちが音として感じることのできる音圧の幅は非常に広いため，このままでは数値として扱いづらくなってしまいます。そこで，音の大きさを数値で表す際には，音として聞こえる最小の音圧を基準に，次の式を用いて換算した値が用いられるのが一般的です。

$$dB = 20 \log_{10}(p/p_0)$$

この式の p_0 には，健康な人の耳に音として聞こえる最小の音圧（20 μPa）が，p には対象となる音の音圧が入ります。このようにして対象の音圧と基準となる音圧の比率をとり，それを対数に変換して音の大きさを表したものは**音圧レベル**と呼ばれ，その値は dB（デシベル）という単位を用いて表されます。このようにしてパスカルをデシベルに換算することで，その値の範囲はおよそ 0 dB から 120 dB 程度となり，数値としてずっと扱いやすいものになるのです。

ただし，このパスカルやデシベルはあくまでも物理的な音の大きさの単位であって，音が聞こえる大きさ（感覚量）の単位ではありません。音の大きさの聞こえ方は，音の高さ（周波数）によっても異なるのです。

図 6-3 は，音の聞こえる大きさが周波数によってどのように変化するかを示したものです。図中の曲線はそれぞれの周波数で基準音（1,000 Hz）の大きさと同じ程度に聞こえる音圧を曲線で結んだもので，**等感曲線**と呼ばれます。たとえば，1,000 Hz で音圧が 40 dB の音と，125 Hz で音圧が約 60 dB の音では，感覚的な音の大きさがほぼ等しくなるのです。このようにして求められる値は**ラウドネス・レベル**と呼ばれ，その単位にはフォン（phon）が用いられます。**ラウドネス**とは，心理的な音の大きさのことです。

なお，同じフォン値の音は同じ大きさに聞こえるのですが，フォン値が 2

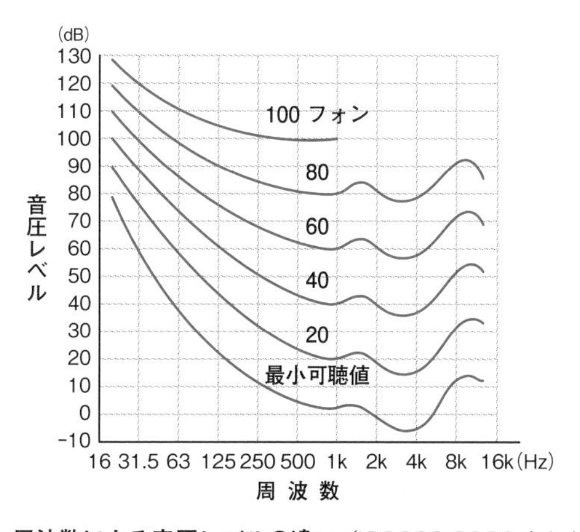

図 6-3 **周波数による音圧レベルの違い**（ISO226:2003 をもとに作成）

倍になったからといって知覚される音の大きさが2倍になるわけではありません。そのため，心理的な音の大きさを表す場合には，**ソン**（sone）という単位が使用されることもあります。ソンは，1,000 Hz で 40 dB の音の大きさ（40 フォン）を基準とし，心理的な音の大きさがこの音の何倍になるかという形で表したものです。つまり，1 ソンの音と 2 ソンの音では，2 ソンの音のほうが 2 倍大きく感じられるということになります。フォンとソンの間には，40 フォンが 1 ソン，50 フォンが 2 ソン，60 フォンが 4 ソンというように，フォン値が 10 増すごとにソン値が元の値の 2 倍になるという関係があります。

6.2.3 音　色

音知覚の 3 属性のうち，音色に対応するのは音波の波形です。音波のもっとも基本的な波形は図 6-1 のような正弦波ですが，日常のさまざまな音は周波数が異なる複数の波が複合し，図 6-2 のように複雑な形をしています。なお，単一の正弦波で構成された音はとくに**純音**と呼ばれます。完全な純音はあくまでも理論上のもので自然界には存在しませんが，音叉の音などは比較的純音に近いといえます。また，人の声や楽器の音のような一般的な音のほとんどは複数の純音が組み合わさって構成されており，これらは**複合音**と

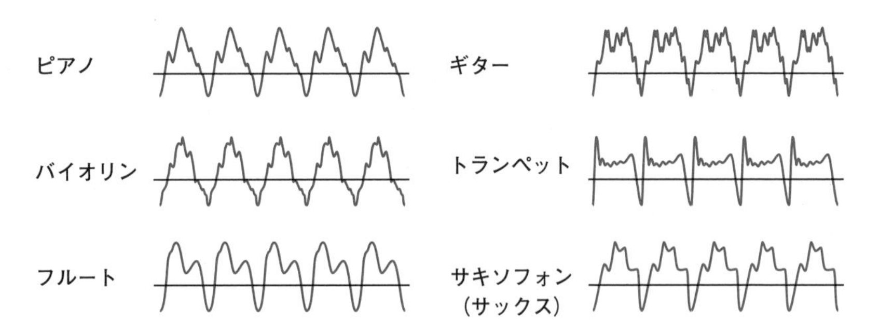

図 6-4　**さまざまな楽器音の波形**

呼ばれます。

複合音の波形は，組み合わされる正弦波の周波数や強度によって異なります。ピアノやバイオリン，フルートなど，さまざまな楽器はそれぞれに異なる音色をもちますが，これは楽器の材質（木材や金属など）や形状，音の出し方（引っかく，叩く，はじく，など）によって，音に含まれる周波数成分に違いが生じるためです。**図 6–4** は代表的な楽器の音のおおよその波形を示したものですが，このように楽器によって波形が違うことがわかります。

6.3 音の定位

私たちは，音を発している対象が右にあるのか左にあるのか，どれくらい離れたところから音が発せられているのかといったことを知覚することもできます。これは，視覚において対象の位置や方向，対象までの距離が知覚できるのと共通しています。このように，音の発生源（音源）の方向や距離を知覚することを**音源定位**と呼びます。なお，音の発生源の実際の位置を**音源**，知覚された音源位置を**音像**として区別することもあります。音源定位（音像定位）には，大きく分けて方向の定位と距離の定位があります。

6.3.1 左右方向の定位

私たちの耳は顔の左右についているため，音源の左右方向に関してはかなり正確に判断することが可能です。観測条件にもよりますが，左右方向については角度にしてわずか 1 度の違いを聞き分けられるという研究もあります (Mills, 1958)。

左右方向の定位では，左右の耳に到達する音の**時間差**と**強度差**が主な手がかりとして利用されます。たとえば，顔の右側に音源がある場合，右耳のほうが左耳よりも音源に近くなります（**図 6–5**)。このため，ごくわずかな時間ですが，右耳には左耳よりも先に音が到達します。つまり，音源が正面にある場合には左右の時間差が小さく，音源が右または左方向に位置している

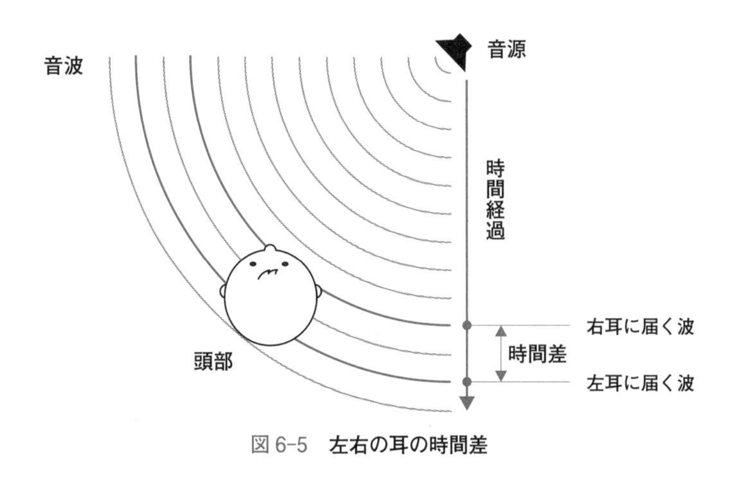

図6-5　**左右の耳の時間差**

場合には左右の時間差が大きくなるのです。

また，音波は空気中を伝播するにつれて減衰するため，音源から遠い側の耳に届く音は，反対側の耳よりもわずかに小さくなります。さらに，音源から遠い側の耳では，音波が耳に届くまでに自分の頭部によって音が遮られることもあります。そのため，音源が正面にある場合には左右の耳に到達する音波の強度差は小さく，右または左に音源が位置している場合ほど左右の強度差は大きくなります。こうした違いを処理することで，音源の左右方向を判断することができるのです。

6.3.2　前後・上下方向の定位

音源の左右方向の定位では両耳の音の時間差や強度差が重要な手がかりとなりますが，上下方向や前後方向の定位では，これらの手がかりは音源位置を判断する上で有効ではありません。たとえば，顔の正面方向にある音源と頭の真上にある音源の音は，どちらも両耳に同時に到達しますし，左右の強度も同じになるからです。そのようなこともあって，私たちは前後方向や上下方向については判断がやや苦手です。

ただ，左右方向ほどには正確に判断できないとしても，私たちは音が頭上から聞こえてくるのか，後ろから聞こえてくるのかといったことをおおよそ判断することができます。このような判断はどのような仕組みで行われているのでしょうか。

前後方向や上下方向の判断では，顔の外側に突き出た耳の部分（耳介）によって生じる音色変化が一つの重要な手がかりとなります。この耳介は周囲の音を集めて耳の中に送る役割をもっているのですが，非常に複雑な形状をしています。そのため，どのような角度から音波が入ってきたかによって音の反射のされ方が異なり，それによってごくわずかな音色の変化が生じるのです（図 6-6）。前後方向や上下方向の定位では，こうした微細な変化を元に方向の判断がなされていると考えられています。

実際，耳介の溝の部分を粘土のようなもので埋めてしまうと，角度による音の変化が生じにくくなり，前後・上下方向の音源定位が困難になります（Hofman et al., 1998）。また，周波数成分に乏しい音の場合にも，音色の変化が生じないためにやはり前後・上下方向の定位が困難になります（Blauert 1969/70）。

なお，音の前後・上下方向の判断は左右方向に比べて精度は高くありませんが，日常生活場面ではこうしたことはあまり問題になりません。なぜなら，実際の環境では身体や顔の向きを変えて音を聞くことができるからです。身体や顔の向きを変化させれば音の聞こえ方も変化するため，前後や上下の判

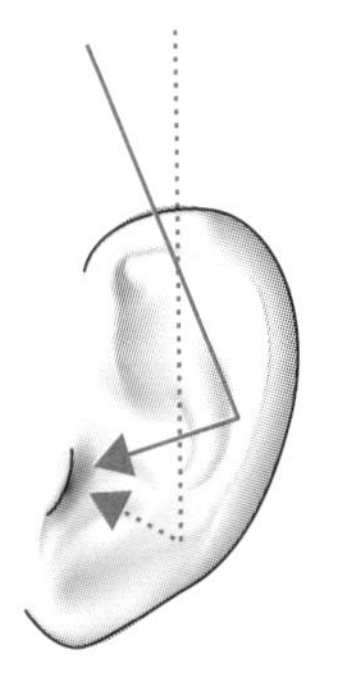

図 6-6　**音波の入射角度と耳介による反射の模式図**

断も容易になります。たとえば，顔の正面方向に音源がある場合，左右に身体や顔の向きを変えると左右の耳で音量や強度に違いが生じますが，図上にある音源の場合には，このような向きの変化で左右の耳に音の違いは生じません。

6.3.3 距離の知覚

音源の方向ではなく，音源までの距離はどのようにして知覚されるのでしょうか。音源距離の知覚には，音量や音色の他，直接音と反射音（間接音）の比率など，数多くの要因が関係しています（Kolarik et al., 2016）。

1. 音　　量

まず，音波は空気中を伝播するにつれて減衰するため，遠くの音ほど小さく，近くの音ほど大きく聞こえます。そのため，聞こえてくる音の大きさは，その音源までの距離の手がかりとなります。ただし，小さな音が聞こえてきたとき，その音が遠くで鳴っているから小さく聞こえるのか，それとももともと小さい音なのかは，聞こえてくる音の大きさだけでは判断できません。これは，視覚において網膜像の大きさからだけでは対象の実際の大きさを判断できないのと同様です（第4章参照）。

そのため，聞こえてくる音の大きさを手がかりとした距離の知覚では，その音がもともとどのくらい大きいのかについての知識が重要になります（たとえば，ささやき声は小さく，怒鳴り声は大きいなど）。そのために，音量を手がかりとした音源距離の判断では，頻繁に経験する音ほど距離の知覚が容易になります。

2. 音　　色

音波を構成する周波数成分のうち，周波数の高い成分は障害物などによって遮られやすく，周波数の低い成分は障害物の影響を受けにくい性質をもちます。また，周波数の高い成分は伝播する距離が長くなるにつれて減衰しやすい性質をもちます。これらのことから，遠くの音源の音は近くの音源の音に比べて高周波数成分が弱くなります。こうした周波数成分（音色）の変化も，音源までの距離を判断する際の手がかりとなります。

ただし，音量の場合と同様に，この手がかりを効果的に利用するためには，その音の本来の音色についての知識が必要になります。また，距離による周波数成分の強弱の変化が手がかりとして利用可能なほど大きくなるには，音源までの距離が十分に離れている必要があります。

3. 直接音と反射音の比率

私たちが聞く音の大部分は，音源から直接耳に届いた音（**直接音**）と，壁や天井などに反射してから届いた音（**反射音**，**間接音**）が入り混じったものになっています。壁や天井に反射した音は，直接音よりも長い距離を移動して耳に届きますので，直接音よりわずかに遅れて聞こえてきます（**図 6-7**）。また，直接音とは耳に入ってくる角度が異なりますし，壁や天井の材質によって，音が反射する際に音色の変化も生じます。

音源までの距離の知覚では，こうした反射音と音源から直接耳に届く直接音の強さの比率が重要な手がかりになります。音源が耳の近くにある場合には，直接音があまり減衰せずに耳に届くため，直接音が相対的に強くなります。これに対し，音源からの距離が遠い場合には反射音の割合が多くなり，直接音の強度は相対的に弱くなるからです。なお，この手がかりは室内環境における音源距離の知覚の有効な手がかりとして作用していると考えられていますが，屋外でもこの手がかりが用いられているのかどうかについてはよくわかっていません（Kolarik et al., 2016）。

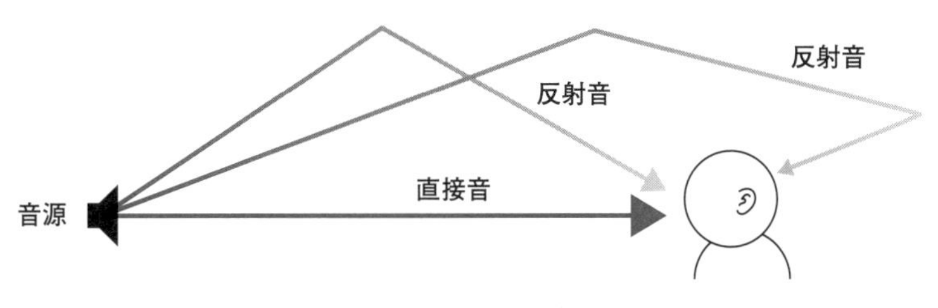

図 6-7　**直接音と反射音**

6.4 知覚的群化と補完

視覚の場合と同様に，聴覚においても**知覚的群化**（まとまりの知覚）が生じます。その代表的なものが，音楽における旋律（メロディ）の知覚です。音楽の旋律は高さの異なる複数の音で構成されていますが，これは単なる音の寄せ集めではなく，1つのまとまりとして知覚されています。たとえば，図6-8のように，旋律を構成する音をすべて1音下げたとしましょう。すると，変更後の旋律と元の旋律では，旋律を構成する音がすべて変化しているにもかかわらず，この2つの旋律はキー（調）が違うだけで同じ旋律として知覚されます。このような知覚は，旋律を単なる音の集合としてではなく，1つのまとまりとして認識することによって生じるのです。

6.4.1 旋律の知覚と近接の要因

視覚の場合と同様に，音の知覚的群化においても近くにあるもの（近接）や似ているもの（類同）がまとまりを形成します。たとえば，チャイコフスキーの交響曲第6番『悲愴』の第4楽章の冒頭部分では，図6-9に示した旋律が聞こえてくるのですが，じつはこのような旋律を演奏している楽器パ

図6-8　キーが異なる2つの旋律

図6-9　チャイコフスキー交響曲第6番『悲愴』第4楽章の冒頭部分の旋律

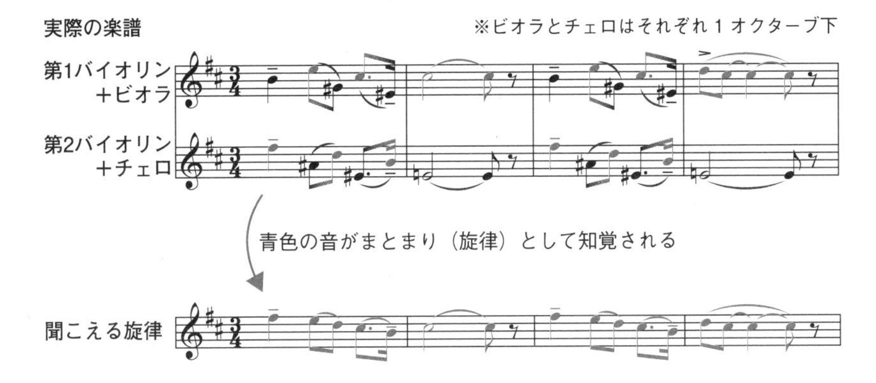

図 6-10　**実際の楽譜と知覚される旋律**

ートは1つもありません。

実際には，この旋律を構成する音は，第1バイオリンとビオラ，第2バイオリンとチェロという，2つのグループに振り分けて配置されています（図6-10）。そしてこの別々に演奏されている音のうち，音程の近いもの同士（近接），滑らかにつながるもの同士（よい連続）がまとまりを作ることで，図 6-9 の旋律が知覚されているのです。

6.4.2　音の補完

音の知覚においても，視覚と同様に隠れている部分の補完が生じます。音楽心理学者として有名なドイチュ（Deutsch, 1999 など）がしばしば用いている楽曲の例でみてみましょう。図 6-11 の楽譜は，タレガの『アルハンブラの思い出』というギター曲の一部です。この曲では，先ほどのチャイコフスキーのケースとは逆に，1つの楽器でひとつづきに演奏しているにもかかわらず，旋律部分（青）と伴奏（分散和音）の部分（黒）がそれぞれ別のグループとして知覚されます。このようなまとまりが形成されるのは，やはり近接やよい連続などの知覚的群化の法則が影響しています。

さて，この曲では旋律はトレモロ[1] で演奏されているのですが，伴奏の

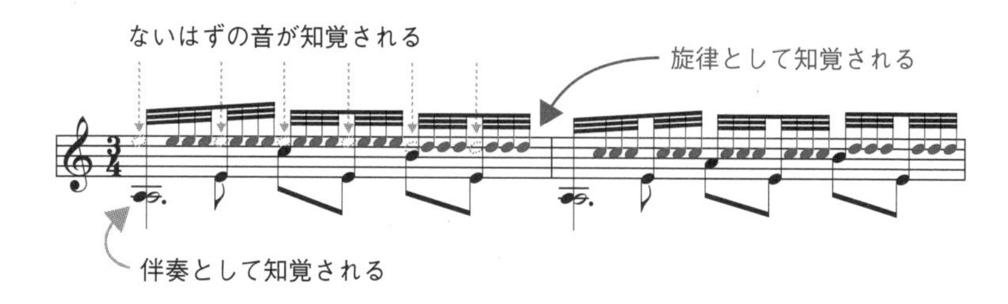

図6-11 『アルハンブラの思い出』の冒頭部分

音を演奏している瞬間には旋律の音が演奏されていません。しかし，私たちがこの曲の演奏を聞くと，その部分でも旋律の音が演奏されているかのように感じられます。実際にはそこに音がないにもかかわらず，そこに音があるかのように補完されるのです。このような現象は，**連続聴効果**や**聴覚誘導**などと呼ばれています。

ここでは説明のために音楽を例として用いましたが，日常の環境でも，周囲の騒音のために会話の一部がよく聞こえないような状況に遭遇することはあるでしょう。そのような状況でも，私たちの聴覚はよく聞こえない部分を自動的に補って，全体としてのまとまりが損なわれないように知覚しようとするのです。

6.5 聴覚情報の経路

最後に，聴覚情報がどのように脳に伝えられるのか，その基本的な仕組みをみておきましょう。聴覚を担当する器官である耳は，大きく**外耳**，**中耳**，**内耳**の3つの部分から構成されています（図6-12）。

外耳の一番外側にあり，頭部から左右に突き出ている部分は耳介と呼ばれ

[1] 同じ音を小刻みに繰り返すことで音が長く続いているように聴かせる，ギターやマンドリンなどによく用いられる奏法です。

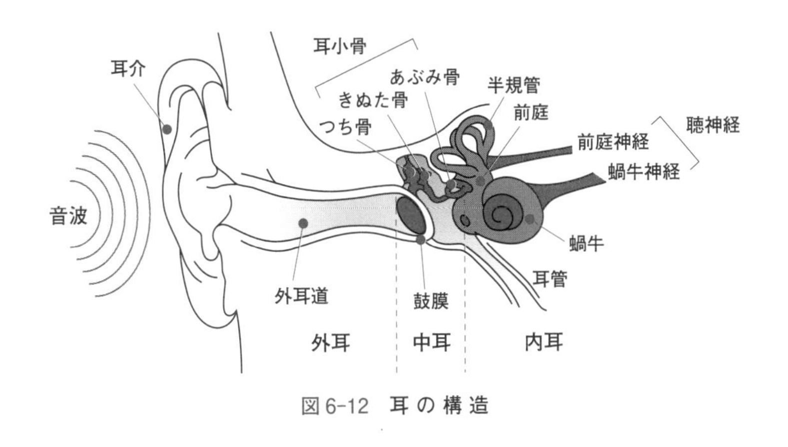

図 6-12　耳 の 構 造

ます。一般的に「耳」といった場合にイメージされるのはこの耳介でしょう。耳介は周囲の音を効率的に集める役割をもちます。耳介は前方に向いたお皿型になっているために，後ろからの音よりも前からの音のほうがよく聞こえます。耳介で集められた音は，**外耳道**（耳の穴）を経由して中耳へと送られます。

中耳の主な役割は，外耳からの音を増幅して内耳に伝えることです。中耳の一番外側にあるのは**鼓膜**です。鼓膜は外耳から入ってきた音を受けて振動します。この鼓膜の振動は比較的小さなものですが，その振動は鼓膜の内側にある**つち骨**，**きぬた骨**，**あぶみ骨**と呼ばれる3つの**耳小骨**を伝わる過程でテコの原理によって何倍もの大きさに増幅され，内耳へと伝えられます。なお，中耳には**耳管**と呼ばれる器官もありますが，これは中耳の内と外の気圧を調整する働きをもつもので，音の知覚には直接関係していません。

内耳の主な役割は，中耳から伝えられた振動を神経信号に変換して脳に伝えることです。内耳には，**前庭**（ぜんてい），**半規管**（はんきかん），**蝸牛**（かぎゅう）といった器官がありますが，前庭と半規管は平衡感覚など身体のバランスを知覚するための器官であり，音の知覚に関係するのは蝸牛の部分です。蝸牛はその名のとおり「カタツムリ」のような形をしています。この蝸牛では，中耳から伝えられた振動を周波数成分に分解する処理が行われ，そしてその結果が蝸牛神経を経由して脳

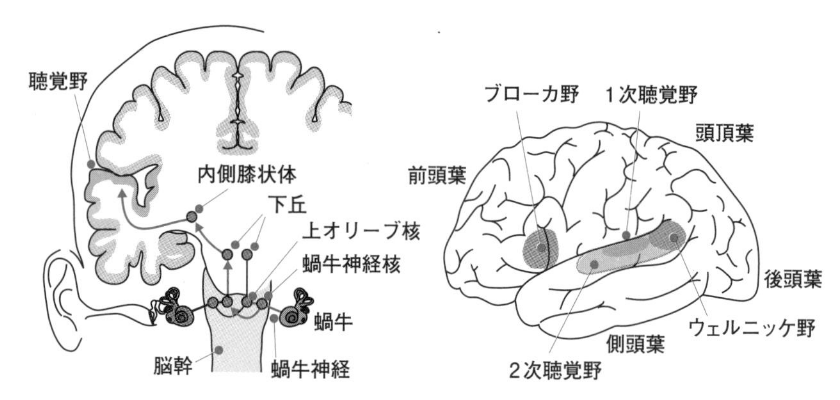

図 6-13 **聴覚情報の経路**

に伝えられます。

蝸牛神経に送られた信号は，脳幹にある**蝸牛神経核**と呼ばれる部位を経由して，そこからさらに何段階もの経路を経て大脳皮質の**側頭葉**にある**1次聴覚野**へと送られます（図 6-13）。なお，左右の耳からの情報は蝸牛神経核から上オリーブ核に伝えられる時点で大部分が交差していますので，右耳からの情報は主に大脳左半球の聴覚野へ，左耳からの情報は主に大脳右半球の聴覚野へと送られます。ただし，左右の聴覚経路は完全に切り離されているわけではなく，左右の経路の間で適宜情報のやりとりが行われています。

側頭葉に位置する1次聴覚野の周辺には，それを取り囲むような形で**2次聴覚野**と呼ばれる部位があり，ここでは音楽におけるメロディやリズムなどのパターンが処理されていると考えられています。なお，左脳の2次聴覚野の後ろ側には**ウェルニッケ野**と呼ばれる**言語野**があり，けがや病気などによってこの部位が損傷されると，言語の音韻処理や理解の困難が生じることが知られています。このような障害は，**感覚性失語**や**ウェルニッケ失語**などと呼ばれています。

ウェルニッケ野以外で言語に関連が深い脳部位としては前頭葉の**ブローカ野**があり，こちらは主に言葉を組み立てて発話する役割を担っているとされます。このブローカ野の機能が損なわれると，言葉の理解はできても文法的に文を組み立てることや，話すことが困難になります。このような言語障害は**運動性失語**や**ブローカ失語**と呼ばれます。

なお，聴覚野は大脳の右半球と左半球の両方にありますが，ウェルニッケ野とブローカ野は，左半球のみにある場合がほとんどであることが知られています。言語野が脳の左半球にある確率については，右利きの人の場合で95％から99％，左利きの人の場合で70％程度とされています（Corballis, 2014）。また，これらの言語野が左脳にあるからといって，言語の処理に右半球がまったく関係していないわけではありません。これまでの研究では，言語の韻律や感情面の処理などに右半球の機能が関わっている可能性が示されています（Ross & Mesulam, 1979）。

6.6　まとめ

本章では，音知覚の基本的な仕組みについてみてきました。視覚と聴覚はそれぞれ種類の異なる感覚ですが，どちらも波の大きさや強度を心理的な体験に変換しているという点や対象の方向や距離を知覚できる点，知覚的群化が生じる点や他の音で隠れた部分を補完して知覚する点など，共通する部分も数多くあります。

確認問題

Q6-1 次のうち，音波の特徴と音の知覚の関係として適切な組合せを1つ選んでください。

(a) 波形—音色
(b) 周波数—音量
(c) 振幅—音の高さ
(d) 周波数成分—音量
(e) 音圧—音色

Q6-2 音の大きさ，強度についての説明として適切なものを1つ選んでください。

(a) 知覚される音の大きさは音波の振幅に対応しており，心理的な音の大きさ（ラウドネス）はPa（パスカル）という単位で表される。
(b) フォンは音波の物理的強度を単位化したものであり，心理的な音の大きさ（ラウドネス）はdB（デシベル）という単位で表される。
(c) 物理的な音圧の大きさはdB（デシベル）という単位で表され，これを心理的な音の大きさ（ラウドネス）に換算したものがPa（パスカル）である。
(d) 物理的な音の大きさ（音圧）と，心理的な音の大きさ（ラウドネス）は1：1の関係にあり，音圧が2倍になるとラウドネスも2倍になる。
(e) 心理的な音の大きさ（ラウドネス）の単位にはソン（sone）があり，2ソンは心理的に1ソンの2倍の大きさに聞こえる音量である。

Q6-3 音の定位についての説明として適切なものを1つ選んでください。

(a) 聴覚では，複数の手がかりを用いて音源までの距離を判断するため，音源の位置を視覚以上に正確に認識できる。
(b) 頭部を自由に動かせる状況では，耳でとらえる音が変化しやすいため，音源の位置や距離の判断が困難になる。
(c) 聴覚では，音の強弱の変化，音色変化，音が左右の耳に到達する際の時間差など，複数の手がかりを用いて音源の方向や距離を認識できる。
(d) 聴覚では音を発生させている対象（音源）までの距離や音源の位置を認識することはできず，音源の定位を行うためには視覚情報が必須である。
(e) 人の聴覚は，前後・上下方向の判断は得意であるが，音源の左右位置についての判断は苦手である。聴覚では，複数の手がかりを用いて音源までの距離を判断するため，音源の位置を視覚以上に正確に認識できる。

参考図書

重野 純（2014）．音の世界の心理学　第２版　ナカニシヤ出版

音の性質や音の聞こえる仕組みから，音楽や話し言葉の認知まで，音の認識に関わる話全般について，易しくかつ詳しく説明されています。

谷口 高士（編著）（2000）．音は心の中で音楽になる——音楽心理学への招待——　北大路書房

旋律やリズムの知覚，音楽の記憶など，音楽の認識や評価に関する心理学的な問題が数多く取り上げられています。

太田 信夫（監修）中島 祥好・谷口 高士（編）（2021）．音響・音楽心理学　北大路書房

「心理学と仕事」シリーズの中の一冊です。音や聴覚についての基本的な説明から，音のデザイン，音楽認知に関する発達やアイデンティティなど，音に関するさまざまな心理学的テーマが取り上げられています。

7 その他の感覚の知覚

五感といわれる代表的な感覚のうち，嗅覚や味覚，皮膚感覚などを対象とした心理学研究は視覚や聴覚に比べると少なく，また，入門的な教科書ではほとんど記載がないのが現状です。その理由としては，これらの感覚が非常に繊細で，また個人差が大きいこと，視覚や聴覚に比べてイメージすることが難しく説明が難解になりやすいことなどがあるのかもしれません。とはいえ，これらの感覚についてまったくふれないわけにもいきませんので，ここでそれらの感覚についての基本的なところをみておくことにします。

7.1 嗅　覚

嗅覚(きゅうかく)は，空気中の化学物質をとらえ，「ニオイ[1]」の知覚を生じさせる感覚です。嗅覚は，ニオイでガス漏れに気づく，ニオイで食べ物が腐っていることに気づく，というように，身体の安全に関わる情報を取得する上で重要な役割をもっています。

7.1.1 嗅覚の構造

嗅覚の感覚受容器は，鼻腔(びくう)と呼ばれる鼻の奥に広がる空間にあります（図7-1)。ニオイを感じるパターンには，ニオイ物質を含む空気が鼻孔（鼻の穴）から入ってきてニオイが知覚されるというパターンと（外気のニオイを

---

[1]「匂い」や「香り」は好ましい印象を，「臭い」は好ましくない印象をもたれやすいというように，嗅覚の感覚については中立な表現がないことから，匂い（臭い）に対する好悪判断を含まない用語として，しばしば「ニオイ」や「におい」という表記が用いられます。

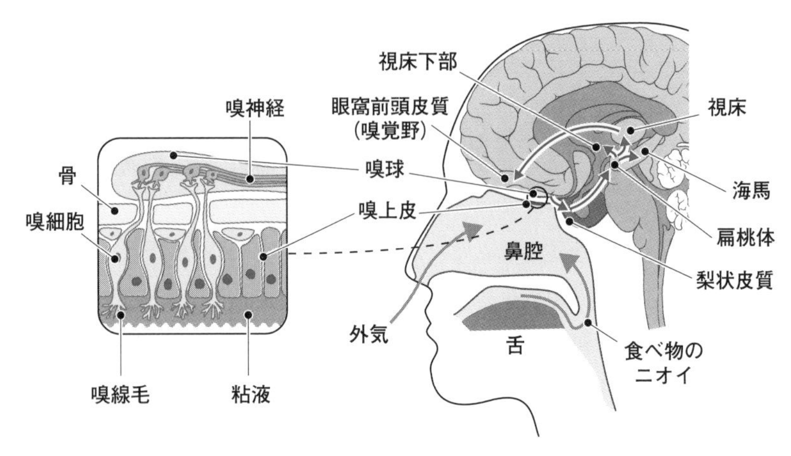

図7-1　**嗅覚器と嗅覚情報経路**

知覚する場合)，口のほうからニオイ物質を含む空気が流れてきてニオイが知覚されるというパターン（口に入れた食べ物のニオイを知覚する場合）の二とおりがあります。

鼻腔の天井部分には**嗅上皮**（きゅうじょうひ）と呼ばれる粘膜に覆われた皮膚組織があり，ここに**嗅細胞**が含まれています。嗅細胞には**嗅線毛**（きゅうせんもう）と呼ばれる細い毛のような組織があり，これが鼻腔の内側に突き出したようになっています。この嗅細胞は，それぞれ特定の化学構造をもつ（あるいはそれと類似した）ニオイ分子に反応する構造になっており，人では約400種類の嗅細胞のあることがわかっています（Axel, 1995)。こうした仕組みが明らかになったのは比較的最近のことで，その仕組みの解明に貢献したアメリカの生物学者，バックとアクセルにノーベル医学生理学賞が贈られたのは2004年のことです。

人間の嗅細胞の数は全部で数千万個程度とされ，これらの嗅細胞で感じとることができるニオイ分子は40万種類ほどといわれています。ただし，日常的な「バナナの香り」や「コーヒーの香り」といったニオイは単独のニオイ物質によるものではなく，さまざまなニオイ物質が複合して知覚されたものです。

なお，ニオイについてはこれまでさまざまな分類が試みられてきましたが，現在のところ統一的な分類法はありません。また，視覚や聴覚における感覚細胞とは異なり，嗅細胞は20日から30日程度の周期で絶えず新しいものに入れ替わっています。

嗅細胞で捕らえられたニオイの情報は，嗅神経を介して前頭葉の下に位置する**嗅球**と呼ばれる部位に伝えられます。ここからいくつかに分岐し，一部は大脳辺縁系の**扁桃体**や**海馬**，**視床下部**，間脳の**視床**，大脳皮質の**眼窩前頭皮質**と呼ばれる部位へと送られます。

嗅球から先の経路は一本道ではなく複雑に分岐しており，その伝達経路でどのような処理がなされているのかについては完全にはわかっていません。また，大脳皮質の**嗅覚野**にあたるのは眼窩前頭皮質ですが，**1次嗅覚野**については嗅球とするものや梨状皮質などの大脳辺縁系であるとするものなどがあり，統一された見解はないようです。

なお，嗅覚器情報が送られる脳部位のうち，扁桃体は感情（とくに好悪や快・不快の判断）に関係が深い部分であり，また海馬は記憶との関係が深い部分です。このため，嗅覚情報（ニオイ）は視覚や聴覚などに比べて快・不快の判断や記憶との関わりが深いとされています。ただし，それらの関係についても具体的な仕組みについてはまだよくわかっていません。

7.1.2 嗅覚の特性

嗅覚の心理学的研究があまり行われてこなかった理由の一つに，嗅覚は視覚や聴覚に比べて個人差や測定法（呈示法）による差が大きいということがあります。これまでのさまざまな研究では，ニオイの検出閾は個人差が大きく，またニオイ物質の種類によっても異なることが示されています（斉藤，1989）。また，ニオイへの敏感さは成人期初期に最大となり，その後は徐々に下降して，60歳から70歳頃になると急激に衰えることが知られています（Doty et al., 1984）。さらに，嗅覚は視覚や聴覚に比べて疲労（順応）が早く，同じ個人であっても測定条件によって感度が大きく変わります。

また，ニオイ刺激はニオイ物質の濃度によって大きく印象が変わる場合があります。通常は快適なニオイでも濃度によって不快に感じられたり，その逆に通常は不快なニオイが濃度によって好ましく感じられることがあるのです。その極端なものが香水や芳香剤などによく用いられる**インドール**や**スカトール**などのニオイ成分です。じつはこれらは糞便などの悪臭を構成するニオイ成分なのですが，これらはごく低濃度に希釈すると甘い花のような香りに感じられます。

7.1.3 ニオイの快・不快

これまでの研究において，ニオイの快・不快の感覚は，一部のニオイ（汗や体臭など）で遺伝的要因の影響がみられるものの，大部分は経験（学習）によって獲得されることが示されています。そのため，ニオイに対する快・不快の認識には，さまざまな個人差や文化差があります。

たとえば，ニオイの快・不快の年齢的変化についての研究では，4歳までの子供において，アミルアセテート（バナナのような甘いニオイ物質）と糞臭，汗臭に対する快・不快の区別がなかったとする報告があります（図

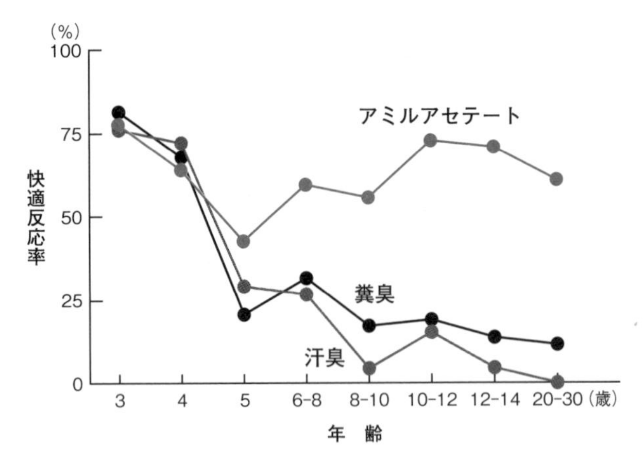

図7-2 **ニオイの快・不快の年齢的変化**（Stein et al., 1958をもとに作成）

7-2)。同様の報告は国内の研究でもなされており，綾部・小早川・斉藤（2003）は，2歳児ではβ-フェネチルアルコール（バラのような香り）とスカトールに対する快・不快の反応が大人ほどはっきりしていないことを示しています。こうしたことから，ニオイに対する反応の多くは，そのニオイを発する対象についての経験や知識などが強く影響していると考えられるのです。

また，ニオイの快・不快に対する文化的な差異としてよく取り上げられるものに，マツタケのニオイがあります。「香りマツタケ，味シメジ」という言葉が示すように，マツタケは日本ではよいニオイの食べ物の代表的存在です。しかし，ヨーロッパではマツタケのニオイは「アスリートの（つまり汗まみれの）靴下のようなニオイ」として嫌われることが多いようです。

実際，マツタケのニオイの感じ方が日本とヨーロッパで異なるということを端的に示す出来事があります。スウェーデンで発見されたマツタケは「Tricholoma nauseosum（トリコローマ・ナウセオスム）」という学名がつけられているのですが，この名前の最初の「Tricholoma」は「キノコ」の意味で，その後の「nauseosum」は「吐き気がする」という意味です。つまり，「吐き気がする（ニオイの）キノコ」ということです。そしてこのマツタケと日本のマツタケは，その後のDNA分析によってほぼ同一の種であることが判明しています。つまり，われわれ日本人にとっては好ましい香りの代表であるマツタケのニオイも，ヨーロッパ（スウェーデン）の人々にとっては吐き気がするような悪臭なのです。これと同様の例は他にもいくつかあり，たとえば鰹節やほうじ茶の匂いなども，日本人には好まれるのに，ドイツ人には不快に感じられやすいという報告があります（Ayabe-Kanamura et al., 1998）。

また，同じニオイに対して異なる情報を付加することで快・不快が変化するという例もあります。たとえば，足の裏の不快なニオイの主成分とされるイソ吉草酸をニオイ物質として与えたとき，そのニオイに「チェダーチーズ」とラベルをつけた場合と「体臭」とラベルをつけた場合では，後者のほうが不快度が高くなるだけでなく，嗅覚野である眼窩前頭皮質など，脳の反応にも違いがみられたという報告があります（de Araujo et al., 2005）。

7.2 味　覚

味覚は嗅覚と関連が深い感覚で，嗅覚と同じく化学物質をとらえて知覚する働きをもちます。ただし，味覚を担当する受容器は舌にあり，対象を口の中に含まない限り知覚することはできません。味覚も嗅覚と同じく身の安全に関わる情報（食べ物に毒が含まれていないかどうか）の認識のために重要ですが，私たちの日常においては，それ以上に「食」を楽しむ上で重要な役割を担っています。

7.2.1 味覚の構造

味覚の感覚受容器は，**舌**や**軟口蓋**(なんこうがい)[2] などにある**味蕾**(みらい)と呼ばれる構造の中にあります。味蕾の大部分は舌の表面にあります。味蕾には味を受容する細胞である**味細胞**が含まれており，味細胞で捕らえられた情報は味覚神経を経由して延髄にある**弧束核**(こそくかく)へと送られ，そこから**視床**，大脳皮質の味覚野へと伝えられます（図7-3）。大脳皮質の1次味覚野は脳の中心溝付近の**島皮質**(とうひしつ)と呼ばれる部位にあり，ここは大脳辺縁系との関わりが深い脳部位です。また，2次味覚野は嗅覚と同じく**眼窩前頭皮質**にあります。

7.2.2 基 本 味

嗅覚では「基本臭」についての統一的な見解は得られていませんが，味覚については甘味，塩味，酸味，苦味，うま味の5つが一般に「基本味」として認識されています。

甘味はショ糖（砂糖）やブドウ糖などによって生じる味覚で，動物にとっ

---

2) 上顎奥にある柔らかい部分のことです。

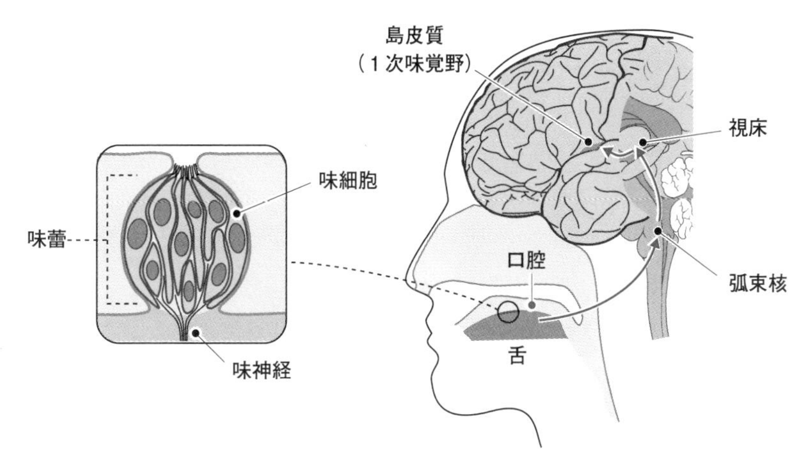

図 7-3　**味覚器と味覚情報経路**

て重要なエネルギー源である糖分が含まれていることを示します。甘味は小さな子供から老人まで，一般に年齢を問わず好まれる味覚です。**塩味**はナトリウムに代表されるミネラル分によって生じる味覚で，塩味を生じさせる代表的なものが食塩（塩化ナトリウム）です。ナトリウムなどのミネラル分は人体にとって必須の物質であるため，適度な塩味の食物はおいしく感じられ，好まれると考えられています。

これに対し，**酸味**と**苦味**は人体にとっての危険を知らせるものといえ，酸味には食べ物の腐敗を検知する働きが，苦味には食べ物の毒性を検知する働きがあるとされています。なお，嗅覚では新生児や乳児は大人が悪臭と感じるようなニオイに対しても不快感を示しませんが，味覚においてはこうした酸味と苦味に対し生後間もない頃から不快感を示すことがわかっています（Forestell, 2017）。また，酸味や苦味に対する不快感は経験によって変化し，大人では適度な酸味や苦味が好ましく感じられることもあります。

基本味の5つ目にある「**うま味**」は，グルタミン酸やイノシン酸などのアミノ酸によって生じる味覚で，カツオだしや昆布だしなど，いわゆる「だし」に含まれる成分に対応する味覚です。

なお，唐辛子などによる「辛味」は，その主な成分であるカプサイシンは口の中だけでなく全身で感じとることができるため[3]，「痛覚」や「温覚」などの皮膚感覚に相当するものであるとして，味覚には含めないのが一般的です。また，「渋味」も痛覚に近い感覚とされ，基本味には含まれません。

7.2.3 風味の知覚

味覚と関連が深いものに食べ物の**風味**（フレーバー）があります。味覚と風味は同じものではないかと思う人もいるかもしれませんが，風味は味覚だけで構成されているものではなく，嗅覚や触覚，視覚などが統合されて生じる知覚体験です。

たとえば，風邪や花粉症で鼻が詰まっているとき，食べ物の味がいつもと違うように感じられた経験があるでしょう。それは食べ物の「あじ」，つまり風味の知覚体験に嗅覚情報が大きく関係しているからです。また，さまざまな種類のかき氷シロップを目隠ししながら食べてみると，どれも同じように甘く感じられて，味の区別が難しくなります。このように，目から入ってくる情報によっても食べ物の風味体験は影響を受けるのです。子供が嫌いな食べ物を我慢して食べるとき，目を閉じて，鼻をつまんで口の中に食べ物を放り込むことがありますが，これはなかなか理にかなった方法といえます。こうすることで，視覚情報と嗅覚情報が遮断され，「嫌な味」を感じにくくなるからです。

また，牛肉のステーキを普通に食べたときと，それをミキサーでドロドロにした上で口の中に流し込んだときとでは，体験される風味はかなり異なったものになることでしょう（図7-4）。これは，食べ物の風味に舌触りや歯ごたえなどの触覚の要素が影響している例といえます。

なお，複数の感覚が統合されて知覚されるのは味覚に限ったことではあり

[3] 辛味の成分であるカプサイシンは，温湿布などで温感をもたせるために使用されることもよくあります。

図 7-4 **元は同じでも「あじ」の体験は大きく異なる**

ません。こうした複数感覚の統合については次章で取り上げることにします。

7.3 皮膚感覚

皮膚から得られる感覚は触覚と呼ばれることも多いのですが，実際には触覚だけでなく，痛覚や圧覚，温覚，冷覚といったさまざまな感覚が皮膚の感覚器を通じて得られます。こうした感覚は，総合的に**皮膚感覚**（**表面感覚**）と呼ばれています。また，皮膚感覚と関連が深いものに筋肉や関節などの運動感覚や身体各部の位置の感覚である**固有感覚**（**深部感覚**）があり，この皮膚感覚と固有感覚をひとまとめにして**体性感覚**と呼びます。

皮膚感覚の特徴は，目や耳などその感覚に特殊化された器官を通じて感覚が得られる視覚や聴覚などと違い，全身に散在している無数の受容器を通じて感覚が得られるという点にあります。皮膚感覚については心理学的な研究も古くからなされていますが，嗅覚や味覚と同様に入門テキストにはほとんど記述がありません。また，皮膚感覚の心理学研究をまとめた書籍は専門書でも少なく，嗅覚や味覚と同様に「入門」がなかなか難しい領域でもあります。

本章の最後は，この皮膚感覚についての基本的な仕組みと特徴についてみていきます。

7.3.1 皮膚感覚の構造

皮膚感覚は，全身の皮膚にある受容細胞から得られる感覚です。皮膚の中には複数種類の受容細胞が含まれており，それらが外部の刺激に対して反応し，神経信号を生じさせます。皮膚中の受容細胞は，皮膚刺激に対する反応速度や反応持続度がそれぞれ異なっており，これらの反応の組合せによってさまざまな皮膚感覚が得られます。

皮膚感覚の受容器からの情報は，**脊髄**と**延髄**を経由して**視床**へと送られ，視床から最終的に大脳皮質の頭頂葉にある**体性感覚野**へと送られます（図7-5）。ただし，皮膚感覚の中でもとくに危険回避や生殖など，個体・種の生存に密接に関わる痛覚や温度感覚（温覚・冷覚）の情報と，周囲の環境を知る上で重要な働きをもつ触覚や圧覚の情報とでは，情報伝達経路における処理がわずかに異なっています。また，左半身の情報は脳の右半球の体性感覚野へ右半身の情報は左半球の体性感覚野に送られるというように，左右が交叉する形で伝達がなされています。

さまざまな皮膚感覚のうち，基本的なものは**触覚**（何かに触れているという感覚），**圧覚**（何かに押さえつけられているような感覚），**痛覚**（痛みの感覚），**温覚**（温かいという感覚），**冷覚**（冷たいという感覚）の5つとされており，それ以外のくすぐったさや痒さなどは，触覚や痛覚などの複数の皮膚感覚が複合されたものと考えられています。

また，皮膚感覚の受容器の数は身体部位によってさまざまで，たとえば顔

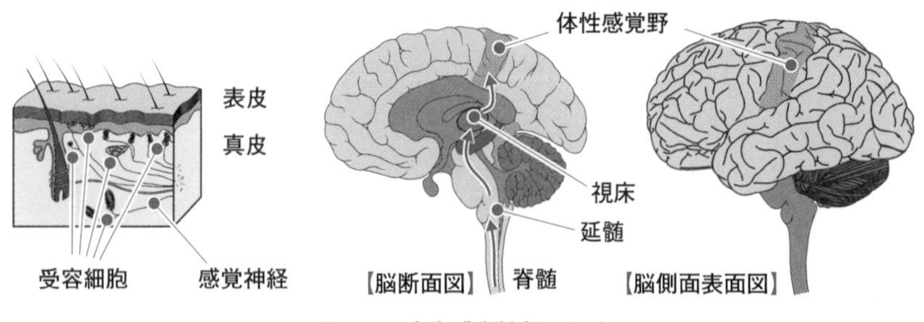

図7-5 皮膚感覚情報の経路

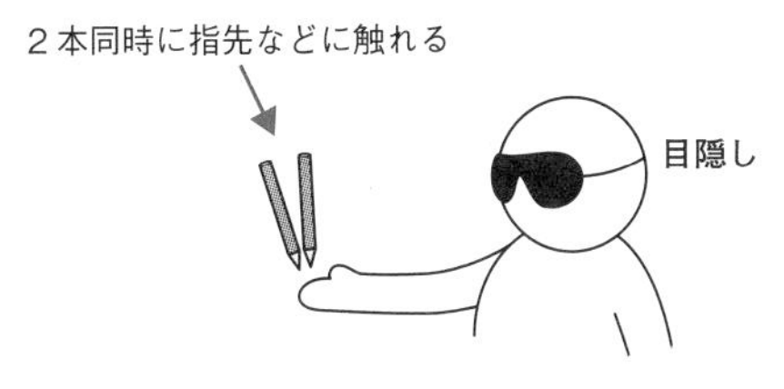

図 7-6　**触2点閾の測定**

や手の皮膚には受容器が多数あるのに対して背中には少ししかありません。そのため，顔や手では皮膚感覚が敏感に，そうでない部分は鈍感になっています。そのことは，次のような比較的単純な方法で確かめることができます。

まず，2本の鉛筆を用意します。そして自分は目を閉じた状態で，誰か他の人に1本または2本の鉛筆の先を皮膚に軽く押しあててもらいます（図7-6）。そしてそれが1本の鉛筆なのか，2本の鉛筆なのかを，皮膚の感覚をたよりに判断してみてください。

このとき，2本の鉛筆の先が十分に離れている場合には，2本の鉛筆で触れたのか1本の鉛筆で触れたのかの区別は簡単にできるはずです。しかし，2本の鉛筆の先が近い距離にある場合には，1本の鉛筆で触れたのか2本の鉛筆で触れたのかの区別が難しくなります。そしてこの，1本と2本を区別可能な距離は身体の部位によって大きく異なっており，手の指先であれば数mmの間隔でも区別できるのに対し，腕や背中などでは数cm離れていても区別が難しいのです。この，2つの点がどれだけ離れていれば2点として感じられるかという値は**触2点閾**（いき）と呼ばれ，触2点閾の測定は，心理学実験の導入的な題材としてもよく用いられています。

このように，皮膚感覚の敏感さは身体部位によって異なるのですが，脳の体性感覚野も，こうした身体各部位による皮膚感覚の情報量の違いに応じて対応する領域の面積が異なっています。このことを端的に示したものが，脳の体性感覚野と各身体部位の対応を示した**ペンフィールドの地図**です（図7-7）。この地図では，顔や手に対する面積は広く，背中に対する面積は小

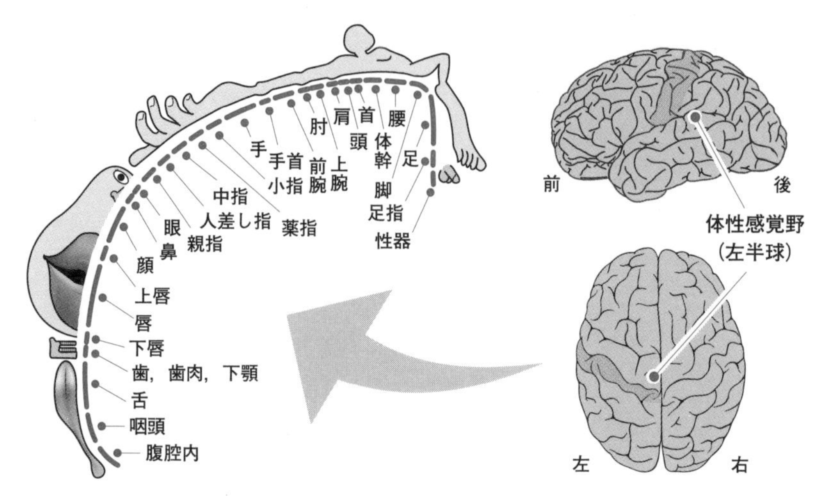

図 7-7　**ペンフィールドの地図**（Penfield & Rasmussen, 1950 をもとに作成）

さく描かれています。このペンフィールドの地図は，カナダの脳神経外科医ペンフィールドによって作成されたもので，実際に脳の表面に電気刺激を加え，それによってどこに感覚が生じたかを観察するという方法で調べられた結果に基づいています。

7.3.2　体性感覚と対象認識

触覚や圧覚などの皮膚感覚は，単に皮膚に何かが触れている感覚を得るだけでなく，対象の認識にも重要な役割を担っています。たとえば，真っ暗闇の中や目隠しをした状態でも，私たちはその対象に触れることで，それがどれくらいの大きさであるか，どのような形をしているかを知ることができます（図 7-8）。

ただし，このときにただ対象を手のひらや指に触れさせただけでは，対象の形や大きさをうまく認識することはできません。対象を認識するためには，腕や手，指を能動的（アクティブ）に動かしながら対象に触れることが重要です。つまり，筋肉や関節などの動きの感覚である固有感覚と皮膚感覚を総

図 7-8 **触れることによる対象の知覚**

合することによって，その対象の形や大きさを知ることができるのです。

たとえば，ソロモンとターヴェイは，さまざまな長さの棒を参加者に持たせ，それを振ることによってその棒の長さを判断させるという実験を行っています（Solomon & Turvey, 1988）（図 7-9）。その結果，この実験の参加者たちは，見ることのできない棒の長さをかなりの正確さで知覚することができました。短い棒と長い棒では棒を振るのに必要な力が異なりますが，「棒を振る」という動作によってそうした違いが検出され，棒の長さを知覚できるようになると考えられるのです。

ギブソンは，知覚におけるこうした能動性を重視し，能動的に触れることを通じた対象の知覚を**アクティブ・タッチ**と呼んでいます（Gibson, 1962, 1966）。また，ソロモンとターヴェイの実験のように，対象を振り回したりすることによって生じる筋肉など深部感覚の変化を利用した対象の知覚はとくに**ダイナミック・タッチ**と呼ばれます。

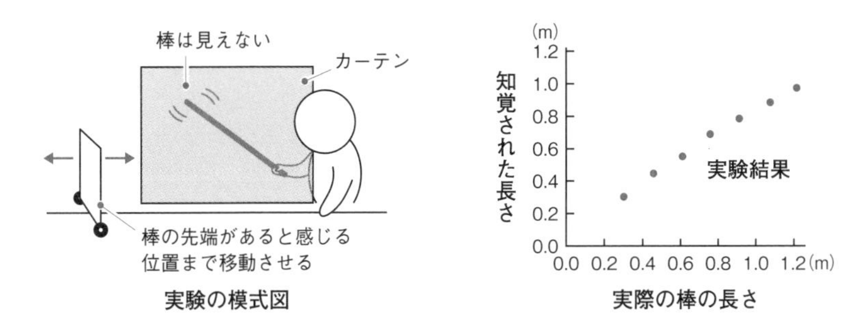

図 7-9 **振ることによって棒の長さを知覚する**（Solomon & Turvey, 1988 をもとに作成）

7.4 まとめ

本章では，嗅覚，味覚，皮膚感覚の基本についてみてきました。これらの感覚は，入門書で取り扱われることは少なく，また視覚や聴覚に比べるとよくわかっていないことも多いのですが，どの感覚も私たちの日常において重要な役割を担っています。嗅覚と味覚は比較的よく似た性質をもち，そしてこれらの感覚が中心となって食べ物の風味の体験が形成されています。皮膚感覚のうち，触覚では視覚とはまた別の方法で対象の大きさや形を認識することができます。

確認問題

Q7-1 次のうち，嗅覚の特徴についての説明として適切なものを1つ選んでください。

(a) ニオイに対する快・不快の反応は生得的なものであり，子供から大人まで，その反応は年齢によってほとんど変化しない。

(b) ニオイは危険の探知において重要な役目をもつことから，視覚や聴覚に比べて個人差が少ない感覚である。

(c) 人の嗅覚は不快なニオイに対して敏感であり，不快なニオイ成分はどんなに希釈しても不快に感じられる。

(d) 人は約数1,000万個の嗅細胞をもち，それらによって100万種類以上のニオイ分子を感じとることができる。

(e) 人は約400種類の嗅細胞をもち，それらによって約40万種類のニオイ分子を感じとることができる。

Q7-2 次のうち，味覚についての説明として適切なものを1つ選んでください。

(a) 味覚は独自性の強い感覚であり，嗅覚や視覚など，他の感覚の影響を受けにくいことが知られている。

(b) 味覚に対する快・不快反応は基本的に学習性のものであり，新生児には特定の味に対する明確な快・不快反応はみられない。

(c) 一般に，基本味とされるのは甘味，辛味，苦味，酸味，塩味の5つである。

(d) 辛味や渋味などは皮膚感覚に相当するものと考えられ，味覚に含めないのが一般的である。

(e) 酸味や苦味は危険を知らせる信号であり，これらに対する不快感は，経験によって変化することはない。

Q7-3 次のうち，触覚（皮膚感覚）の特徴についての説明として適切なものを1つ選んでください。

(a) 触覚で利用できる情報は限定的で，対象が身体に触れているかどうか以外の判断は困難である。

(b) 触覚では，対象に能動的に触れることによって，その対象の大きさや形を知ることもできる。

(c) 触覚や痛覚，温覚などに対応する受容器は，全身の体表面（皮膚）にほぼ均等に分布している。

(d) 皮膚感覚は身体の部位によって敏感さが異なり，手の指や顔よりも，背中や腕のほうが敏感である。

(e) 皮膚感覚には左右の交叉はなく，左半身の感覚は脳の左半球で，右半身の感覚は処理されている。

参考図書

綾部 早穂・斉藤 幸子（編著）(2008)．においの心理学　フレグランスジャーナル社

内容はやや専門的ですが，においの測定法や心理学的研究についてまとめられた数少ない書籍の一つです。

今田 純雄・和田 有史（編）(2017)．食行動の科学——「食べる」を読み解く——　朝倉書店

嗅覚・味覚といった感覚だけでなく，社会的・文化的側面を含めた食行動についての心理学的研究をまとめたテキストです。

スペンス，C. 長谷川 圭（訳）(2018)．「おいしさ」の錯覚——最新科学でわかった，美味の真実——　角川書店

さまざまな感覚体験をとおして得られる「おいしさ」についての，知覚心理学者による解説です。

山口 創 (2006)．皮膚感覚の不思議——「皮膚」と「心」の身体心理学——　講

談社

講談社ブルーバックスの中の一冊です。触覚に関する心理学的な話題がまとめられています。

8 錯覚

ここまでですでにいくつかみてきたように，人間は周囲の環境をあるがままにとらえているわけではなく，心理的に知覚された内容と周囲の物理的な環境との間にずれが生じることもあり得ます。このような，知覚された世界と現実世界の間のずれを**錯覚**と呼びます。また，錯覚は視覚や聴覚などさまざまな感覚に生じますが，視覚に生じる錯覚をとくに**錯視**と呼びます。

本章では，さまざまな錯覚を取り上げますが，それら一つひとつの錯覚の名前を覚える必要はありません。錯覚の名前を覚えるよりも，どのような場合にどのような錯覚が生じるのか，なぜそのような錯覚が生じるのかという部分に注目してください。

8.1 幾何学的錯視

錯覚は視覚や聴覚などさまざまな感覚に生じますが，ここではそのうち視覚で生じる錯覚（錯視），その中でも**幾何学的錯視**と呼ばれるものを中心に取り上げます[1)]。幾何学的錯視とは，平面図形の幾何学的特徴（つまり，大きさや長さ，方向，角度など）が実際とは異なって知覚されるものをいい，古くから心理学研究の対象とされてきました。幾何学的錯視図形には，多くの場合，その考案者や報告者の名前がつけられています。幾何学的錯視の多

---

1) NTT コミュニケーション科学基礎研究所の Web サイト，『イリュージョン・フォーラム（https://illusion-forum.ilab.ntt.co.jp）』では，視覚と聴覚におけるさまざまな錯覚が取り上げられています。動きの錯覚や音声の錯覚など，書籍では体験が難しい錯覚も多数収録されていますので，ぜひこちらでそれらを体験してみてください。

くは比較的単純な図形ですが，その仕組みはそれほど単純ではなく，現在でも原理が完全にはわかっていないものが数多くあります。

8.1.1 対比・同化による錯視

幾何学的錯視の中には，周囲の図形との対比や同化によって生じるとされるものがあります。たとえば**図 8-1 のエビングハウス錯視**は，中央の青色の円の大きさは図の左右でまったく同一ですが，右の図のほうが中央の円が小さく，左の図のほうが大きく見えます。一般にこれは，中央の円と周囲にある円の大きさの違い（対比）が強調されることによって生じると説明されます（Coren & Miller, 1974）[2]。

図 8-1 のデルブーフ錯視では，中心の円はどちらも同じ大きさですが，左のほうがより大きく見えます。これには，周囲の図形との対比の強調だけでなく，周囲の図形に対する同化による働きも影響していると考えられています（Girgus & Coren, 1982）。中央の円と周囲の円が近い場合（左側の図）では，この 2 つの円が 1 つのまとまりとして認識され（同化），それによって中央の円の円周部分が周囲の円の近くにあるように感じられます（つまり，中央の円が大きく見える）。これに対し，中央の円とその周囲の円が離れて

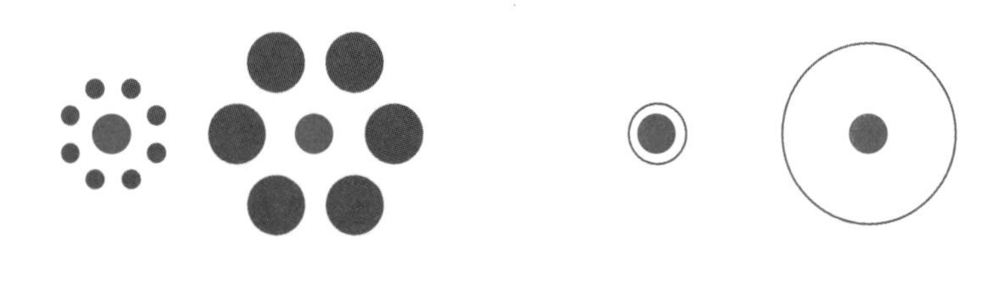

図 8-1 対比・同化による錯視

[2] エビングハウス錯視については，デルブーフ錯視と同様に，中央の円と周囲の円の円周部分の距離の違いが関係しているとする説明もあります（Jaeger, 1978; Todorović & Jovanović, 2018）。

図 8-2　**明暗の対比と同化**

いる場合には，2 つの円が別のグループとして認識され，その違いが強調されるため（対比），中央の円の円周部分が周囲の円よりも遠くにあるように感じられる（つまり，中央の円が小さく見える）のです。

このような同化と対比による錯覚は，幾何学的錯視だけでなく，明るさや色の知覚においても生じます。たとえば，**図 8-2** の左側の図の中心部にある円はどちらもまったく同じ色なのですが，左側のほうが明るい色に，右側のほうはやや暗い色に見えます。これは**明暗の対比**と呼ばれる現象によって周囲と中心部の明るさの違いが強調されるために生じるものです。

図 8-2 の右側の図では，黒い線が引かれた四角形に含まれるグレー部分のほうが白い線が引かれた四角形のグレー部分より暗い色に見えますが，実際にはこれらはまったく同じ明るさです。このように，周囲の情報と同じ方向に明るさが変化して見えることを**明暗の同化**と呼びます。このような明るさの同化は，高頻度で明暗の変化が生じているような画像の場合に生じやすくなります。実際，このような画像を線が見えなくなるぐらいぼんやりさせると，線の部分の明るさと周囲の明るさが混じり合い，黒い線を引いた図形はより暗いグレーに，白い線を引いた図形はより明るいグレーになります。

また，**図 8-3** の左は**コフカの輪**と呼ばれる錯視図です。この図では，円弧の部分はどちらも同じ色であるにもかかわらず，背景が明るい部分と暗い部分で色の見え方が異なります。この錯視も**図 8-2** と同じく明暗の対比が関係していると考えられますが，それだけでは説明がつかない部分もあります。この図のグレーの輪の部分が左右でつながっている場合（図の右）には，

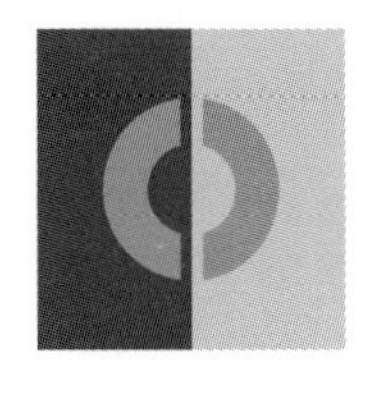

コフカの輪

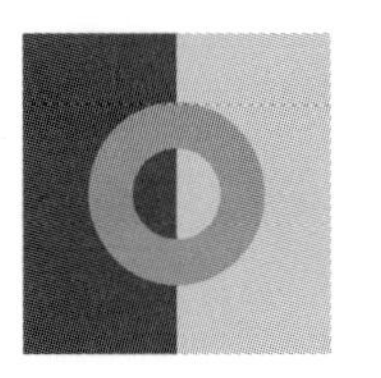

円がつながると
錯覚が消失する

図8-3 コフカの輪

こうした錯覚は生じません。輪っかに切れ目があるかないか，つまりその図形をひとつながりとして知覚しているかどうかで錯覚の有無が変わるのです。

8.1.2 角度の過大視・過小視による錯視

図8-4のツェルナー錯視は，長い線は実際にはすべて平行に描かれていますが，それらがやや右肩上がり，左肩上がりに傾いて見えます。これは，その長い線に付加されている短い線が，長い線と斜めに交わっているために生じる錯覚です。人間の視覚処理では，鋭角はやや大きめの角度として認識される傾向があります。こうした角度の過大視によって，長い線が傾いているように見えるのだと考えられています（Kitaoka & Ishihara, 2000）。なお，ツェルナー錯視の仕組みは完全にはわかっておらず，この錯視には奥行き手

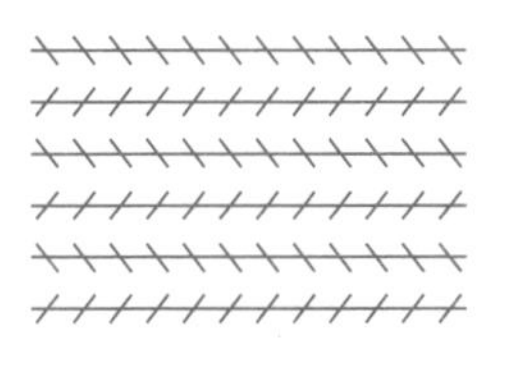

ツェルナー錯視

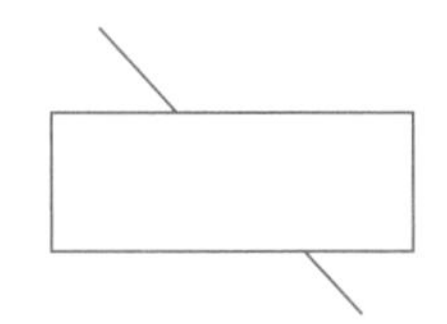

ポッゲンドルフ錯視

図8-4 角度の過大視・過小視による錯視

がかりの知覚が関係しているとする考えもあります（Gregory, 1998; Phillips, 1999）。

図 8-4 のポッゲンドルフ錯視では，斜めの線が実際にはまっすぐつながっているにもかかわらず，やや左右にずれているように感じられます。その仕組みは完全にはわかっていませんが，四角形の辺と斜めの直線の間の角度が過大視されるために生じるとする説明が一般的です（Westheimer, 2008）。この図形では，四角形の上の部分と下の部分で，それぞれ角度の過大視が生じるため，結果的に線が左右にずれているように感じられると考えられるのです。なお，ポッゲンドルフ錯視についても，ツェルナー錯視と同様に奥行き手がかりの知覚が関係しているとする説があります（Gillam, 1971; Gregory, 1998）。

8.1.3　奥行き手がかりによる錯視

図 8-5 のポンゾ錯視では，平行な 2 本の青色の線のうち，上側の線が下側の線よりも長く見えます。このような錯覚が生じるのは，ハの字になっている斜め線が線遠近法の手がかりとなり，奥行き感を生じさせるためと考えられています（Gillam, 1973）。

線遠近法では，消失点（収束点）に近いほど遠くにあることになります。この図で消失点に近いのは上の線で，こちらのほうが遠近法上では遠くにあるように感じられます。しかし，上下の線は図の中ではどちらも同じ長さであるため，大きさの恒常性（第 4 章参照）の働きによって，上の線のほうが

ポンゾ錯視

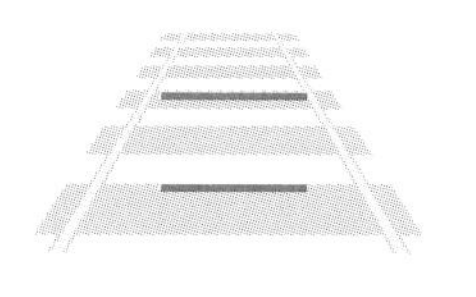

線遠近法による表現

図 8-5　ポンゾ錯視と線遠近法

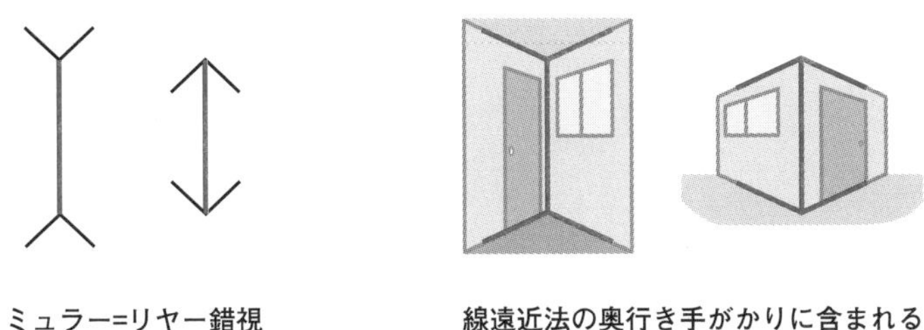

図8-6 ミュラー=リヤー錯視と奥行き手がかり

より長く知覚されるというわけです。

図8-6のミュラー＝リヤー錯視では，中心部の線（青線）の長さはどちらも同じですが，左の図形のほうが青線が長く見えます。これは，図形両端の矢羽の向きが異なることによる影響です。このミュラー＝リヤー錯視は，心理学実験の授業でもよく用いられるほど代表的な幾何学的錯視図形ですが，その仕組みについてはまだよくわかっていません。

この錯視の仕組みについての代表的な仮説の一つに，ポンゾ錯視と同様に奥行き知覚が関連しているとする説明があります。たとえば，**図8-6**右のように，線遠近法の奥行き手がかりの中にはミュラー＝リヤー錯視と同じ特徴をもつ図形が含まれています。このとき，中央部分の線は左側の図ではより奥のほうに，右側の図ではより手前にあるというように，奥行きが異なって解釈されます。そのため，ポンゾ錯視の場合と同様に，奥のほうに見える線が**大きさの恒常性**の働きによって実際よりやや大きめに知覚されるというのです（Gregory, 1998）。

図8-7のフィック錯視（水平・垂直錯視）は非常に単純な図形で，何が錯視なのかと思うかもしれませんが，この図では，縦の線と横の線はまったく同じ長さで描かれているのに，縦線のほうが横線よりも長く知覚されます。

このフィック錯視の仕組みについてもよくわかっていない部分が多いのですが，一つの可能性として，奥行き知覚における知覚特性が関係しているの

真上からの視点　通常の視点

フィック錯視
(水平・垂直錯視)

奥行きの知覚とフィック錯視

図 8-7　フィック錯視と奥行き知覚

ではないかという説があります（Girgus & Coren, 1975）。普段，私たちが目にしている世界では，図 8-7 の右のように奥行き（縦）方向の距離はかなり圧縮されています。そして，このような奥行き方向の距離の圧縮を復元して認識しようとする働きによって，縦方向の線が長く見えると考えられるのです。

8.1.4　知覚の特性と錯視

第 2 章の「形の知覚」でみてきたように，私たちの脳は，対象をできるだけ単純でわかりやすいものとして認識しようとする傾向をもちます。そして，同化や対比は，得られた情報にメリハリをつけることによって，対象のまとまりや違いを処理しやすくするための働きです。また，角度の過大視・過小視は，複雑な形を単純化してとらえるための働きの一つですし，奥行き手がかりの利用は網膜像上の 2 次元画像から 3 次元の世界を認識するための働きです。つまり，ここで取り上げたさまざまな錯覚は，視覚情報を効率的に処理するための働きによって生じているものといえます。

こうした効率化の仕組みがあることによって，私たちは日常のさまざまな場面で環境や対象物をうまく知覚することができます。もしこれらの仕組みがなかったとしたら，単純な対象の認識にも多くの時間がかかり，対象をうまく認識できなくなってしまうことでしょう。ところが，ごく一部の特殊な状況においては，これらの働きが裏目に出てしまい，実際の環境と認識のずれ，つまり錯覚が生じるのです。というわけで，錯覚というのは，私たちの知覚システムが非常に巧妙にできているがゆえに生じるものといえます。錯覚はけっして異常や障害などではなく，知覚システムが正常に機能しているからこそ生じるものなのです。

8.2 不可能図形

第4章の「奥行きの知覚」では，私たちの視覚はさまざまな奥行き手がかりを使用して，奥行きや距離を認識していると述べました。この働きは非常に巧妙かつ柔軟にできているのですが，視覚像の中に含まれる奥行き手がかりの矛盾をうまく処理できない場合というのもあります。その一つが**不可能図形**や**不可能物体**と呼ばれるもので，これは立体物の投影図のように見えながら，現実にそのような立体物は存在し得ない状態を描いた図形のことをいいます。

私たちの視覚は，図形全体で奥行きの手がかりが矛盾していても，部分的に整合性がとれているとその矛盾に気づきにくくなります。これを応用したのが不可能図形と呼ばれるものです（図8-8）。これらの図形では，実際にはあり得ない物体が実際に存在し得る立体物のように知覚されます。

なお，これらの図形のうち，ペンローズの三角形やペンローズの階段については，「ある特定の角度から（単眼で）見るとこの図形と見え方が同じになる立体物」を作成することが可能で，そのような立体模型は**不可能立体**とも呼ばれます。これらの立体では，奥行き手がかりをごまかすことによって，実際にはつながっていない部分をつながっているかのように見せ，立体物として成立しているように錯覚させるのです（図8-9）。

このような錯覚が生じるのは，私たちの視覚が，さまざまに考えられる可能性の中からもっともあり得そうな，特定の可能性のみを選択して知覚していることが原因です。第4章の「奥行きの知覚」では，遠近法などの奥行き

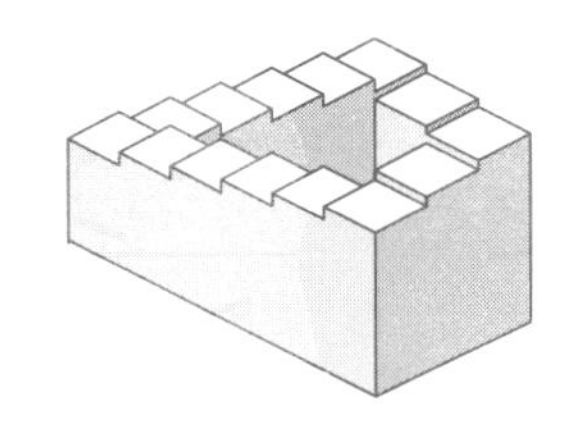

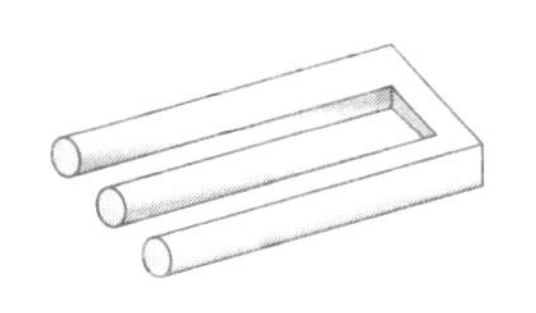

図 8-8　**不可能図形**

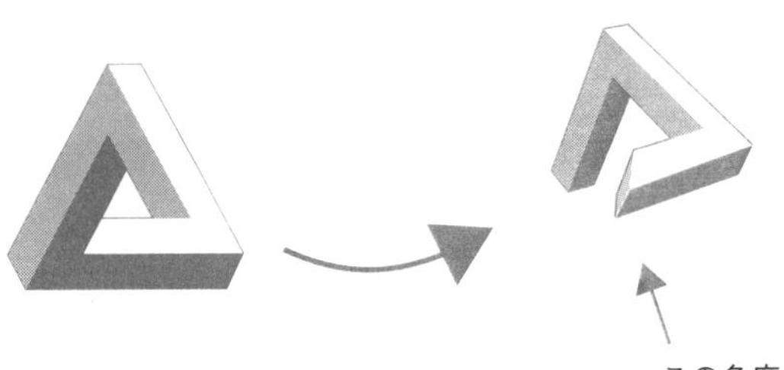

図 8-9　**不可能図形の立体化**

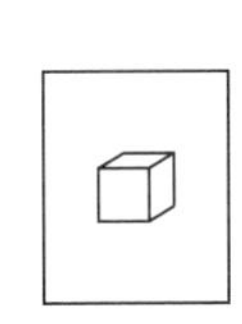

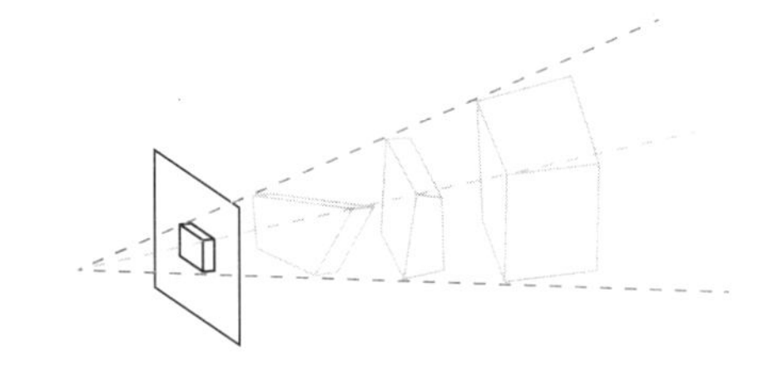

図 8-10　**2 次元画像に含まれる奥行き手がかりの曖昧さ**
（Sugihara，2020 をもとに作成）

手がかりには曖昧さが含まれていると述べました。実際，立方体をある視点から見た場合の2次元画像と同じ見え方をする立体物の形は，無数に存在するのです（図8-10）。杉原は，視覚のこうした特性を利用して，見る方向によって立体物の見た目の形が大きく変化する「変身立体」を数多く作成しています（Sugihara, 2015など）。

8.3 感覚の相互作用と錯覚

ここまで，視覚や聴覚など，それぞれの感覚における知覚の基本的な仕組みや性質についてみてきましたが，日常においては，視覚のみ，聴覚のみというように，単独の感覚情報のみを用いて対象を知覚することはあまりありません。多くの場合，私たちは視覚や聴覚，嗅覚など，種類（**モダリティ**）の異なる複数の感覚を同時に用いて[3)]，自分の周囲の状況や特定の対象についての認識を行っています。

たとえば，テレビや映画を見る場合には，映像（視覚）と音声（聴覚）の情報を同時に処理していますし，食事をする場合には，味やニオイの他に，料理の見た目（視覚），食べ物の温度や舌触り（皮膚感覚），咀嚼音（聴覚）などの情報が同時に処理されています。

そしてこのとき，私たちの知覚体験は，これら複数の感覚情報の単なる寄せ集めとしてではなく，種類の異なる複数の感覚情報をやりとりした結果に基づくものになっています。そのため，たとえば視覚情報と聴覚情報の間で感覚にずれがあるような状況では，視覚情報のみ，聴覚情報のみでの認識結果と，視覚と聴覚の両方を用いて認識した結果が異なる場合というのもあるのです。

なお，複数種類の感覚情報を用いて状況や対象を認識することは，「複数

---

3) 視覚では色や明るさ，聴覚では音，嗅覚ではニオイというように，それぞれの感覚では，体験される内容が異なります。このような，それぞれの感覚における体験様式のことを，**感覚モダリティ**（**感覚様相**）といいます。

の感覚モダリティを利用した知覚」という意味で**マルチモーダル知覚**，あるいは「複数の感覚モダリティ間で情報のやりとりがある」という意味で**クロスモーダル知覚**などと呼ばれます。ここでは，これらクロスモーダルな知覚によって生じる錯覚のうち，代表的なもののいくつかについて取り上げたいと思います。

8.3.1　視覚と聴覚のクロスモーダル知覚

視覚と聴覚の間で情報のやりとりが行われた結果，生じる知覚としてよく知られているものの一つに**腹話術効果**があります。腹話術では，実際に声を出しているのは人形師であるにもかかわらず，その声は人形師が操作している人形の口元から聞こえてくるかのように感じられます（図8-11）。このように，腹話術効果とは，第6章で取り上げた**音源定位**において，音源位置の判断が視覚情報による影響で変化することをいいます。

腹話術効果は音声と人形の口の動きのタイミングが一致していることが重要で，音声と人形の口の動きの間にわずか0.2秒の遅延があるだけで腹話術効果が大幅に減少するという報告があります（Jack & Thurlow, 1973）。つまり，視覚情報（人形の口の動き）と聴覚情報（音声）がほぼ同時に与えられたとき，私たちの脳がそれらを1つのまとまりとして認識しようとするために腹話術効果が生じると考えられるのです（Bertelson, 1999）。このとき，声の聞こえてくる方向については視覚情報と聴覚情報の間にずれがあるわけですが，通常，位置の判断は聴覚より視覚のほうが正確に行えるため，視覚情報による位置判断が優先されるのです。

図8-11　**腹話術効果**

8.3.2 食べ物の風味とクロスモーダル知覚

第7章でみたように，食べ物の風味は味覚や嗅覚のほか，さまざまな感覚情報を総合したものとして体験されています。そのため，それら複数の感覚情報の間で不一致が生じると，実際とは異なる風味が感じられることになります。

たとえば，モローらは，着色料で白ワインを赤く着色した場合，そのワインの香りの評価が赤ワインのものに近くなることを示しています（Morrot et al., 2001）。同様の別の研究では，ワインの知識が豊富な人ほど色の影響を受けやすいことが示されています（Wang & Spence, 2019）。

おもしろいところでは，スナック菓子を食べるときの食感が聴覚による影響を強く受けていることを示す研究もあります（Zampini & Spence, 2005）[4]。この研究では，ポテトチップスを食べるときの音に加工を加え，高音成分を強めたり弱めたりした場合に，そのポテトチップスの歯応えの感じ方がどのように変わるかを調査しました。その結果，高い音の成分を強めた場合には，ポテトチップスが実際よりクリスピーでパリっとしていると評価され，高音成分を弱め，こもった音にした場合には，ポテトチップスがソフトで湿気た感じがすると評価されたのです。

2つ目の例は，錯覚というよりは感覚の調整と呼ぶほうが適切かもしれませんが，食感のような曖昧で判断の難しい感覚について，聴覚的な手がかりを用いて曖昧さを解消しようとしている点では，腹話術効果において音源位置の判断に視覚情報の影響が強く働くのと同様といえるでしょう。

8.3.3 身体感覚とクロスモーダル知覚

自分自身の身体の感覚についても，クロスモーダルな知覚を撹乱させることによってさまざまな錯覚を生じさせることができます。身体感覚に関する

[4] この研究は，2008年にイグ・ノーベル賞（ノーベル賞のパロディで，人々を楽しませ，考えさせてくれる研究に贈られる賞）を受賞しています。

錯覚の中で近年その認知度が高まっている現象に，**ゴムの手の錯覚**（ラバーハンド・イリュージョン）と呼ばれるものがあります。これは，作り物のゴムの手を，まるで自分の手であるかのように感じさせる錯覚です（Botvinick & Cohen, 1998）。

この錯覚では，参加者は自分からは見えないようについたての向こう側に自分の手を置き，手前に置かれた作り物のゴムの手を見つめます。この状態で，施術者が両手の指先や筆などを使い，参加者の本当の手とゴムの手の両方で，対応する位置（両方の人差し指など）を同じタイミングでつついたりこすったりして刺激します（図 8-12）。

これを1分程度続けると，多くの人に手前のゴムの手が自分の本当の手であるかのような錯覚が生じます。これは，眼から入ってくる視覚情報（目の前で（ゴムの）手に対して刺激が行われている）と皮膚感覚の情報（何かが自分の手に触れている）という2つの感覚情報が統合されることによって生じる錯覚です。

このゴムの手の錯覚の原理を応用し，VR（仮想現実）用のゴーグルとビデオカメラを使うと，片手だけでなく全身が実際とは別の場所にあるかのような錯覚（**体外離脱錯覚**）を生じさせることもできます（Ehrsson, 2007）。この錯覚では，参加者を椅子に座らせ，その後ろからビデオカメラで参加者の後ろ姿を撮影します。参加者にはゴーグルを装着させ，そのゴーグルには

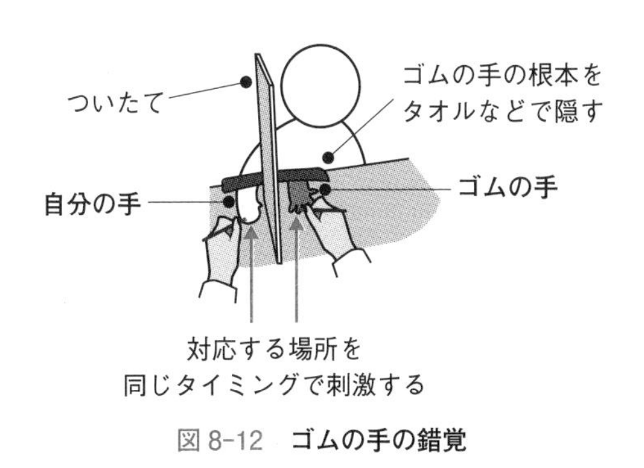

図 8-12 **ゴムの手の錯覚**

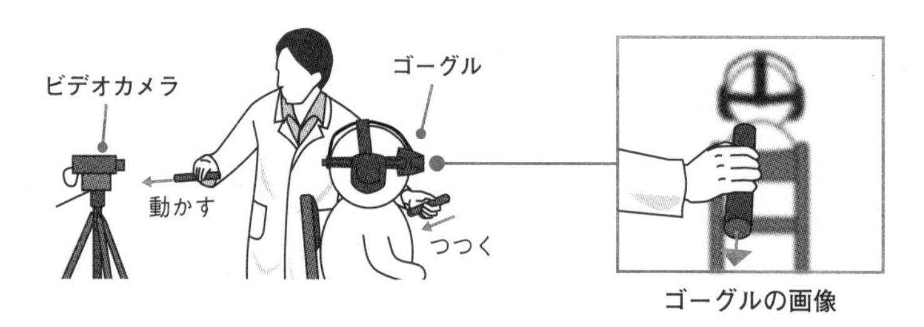

図 8-13 **体外離脱錯覚**

カメラに映った参加者自身の後ろ姿を映します。この状態で，施術者は片方の手に持った棒で参加者の胸元を軽くつつき，それと同じタイミングで，もう片方の手に持った棒をカメラに向かって動かします。すると，自分の意識が身体から抜け出して自分自身を背後から眺めているかのような，不思議な感覚が生じるのです（図 8-13）。

この錯覚も，ゴーグルで提供される視覚情報（棒が自分に向かって動いている）と皮膚感覚情報（棒状のものが胸元をつついている）が統合されることによって生じるものです。ゴーグルから得られる視覚情報は自分が直接見ているものではなく，背後のカメラの映像なのですが，視覚情報と皮膚感覚情報の2つでタイミングが一致しているため，これらがひとまとまりのものとして扱われて錯覚が生じると考えられるのです。

また，視覚による影響だけでなく，聴覚による影響によっても身体感覚に錯覚が生じることがあります。その一つが「**聴覚版ピノキオ錯覚**」です（Tajadura-Jiménez et al., 2017）[5]。この錯覚は，指先をつまんで上向きに引っ張るのと同じタイミングで音程が上昇する音を聞くと，引っ張られている指が実際より長くなったように感じられるというものです（図 8-14）。

この錯覚の仕組みはまだよくわかっていませんが，これには聴覚的な変化

---

5)「聴覚版」ではないピノキオ錯覚というものもあります。これは，目隠しをして自分の鼻をつまんだ状態で，上腕に小刻みな振動を与えると，鼻が伸びているように感じられるというものです（Goodwin et al., 1972）。

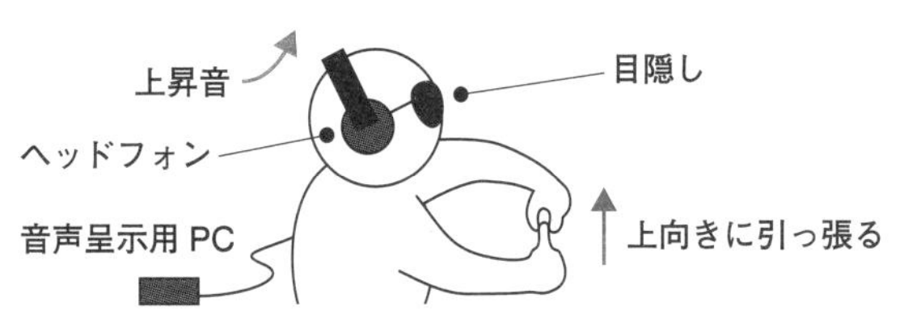

図 8-14　聴覚版ピノキオ錯覚

と空間的な位置の知覚の間のクロスモーダルな（複数感覚間の）対応関係が関係していると考えられています。これまで複数の研究において，音の上昇という聴覚的な刺激変化と対象の空間的な上下移動の感覚には，対応関係があるということが指摘されてきました（Spence & Deroy, 2013 など）。そのため，指先を上向きに引っ張りながら上昇する音を聞くと，その指先が上昇しているように感じられ，結果として指が伸びたように感じられるのではないかというのです（Tajadura-Jiménez et al., 2017）。

なお，ここまでクロスモーダルな知覚による錯覚を複数取り上げましたが，クロスモーダルな知覚がつねに錯覚を引き起こすわけではありません。クロスモーダルな知覚処理は，さまざまな感覚情報を総合することによって曖昧さを解消し，周囲の状況や自分自身の状態を適切に認識するための働きであって，通常の状況においては非常に効果的に作用しています。幾何学的錯視のところで述べたことの繰返しになりますが，もしこうした仕組みがなかったとしたら，周囲の状況や自分の状態の認識は困難なものになってしまうでしょう。しかし，VR ゴーグルを用いて自分自身の後ろ姿を自分の目で見るというような，通常ではあり得ないような特殊な状況においては，これらの働きでは矛盾した情報をうまく処理できず，錯覚が生じてしまうのです。

8.4　まとめ

本章では，私たちの感覚に生じるさまざまな錯覚についてみてきました。錯覚の中には，特定の形状や色・明るさの配置によって生じるようなものもあれば，複数の感覚間で情報に不一致があることによって生じるものもあります。これらの錯覚は，けっして知覚の異常や障害などではなく，私たちの知覚の仕組みが非常に巧妙にできており，そしてその仕組みが正常に機能しているからこそ生じるものです。そして，こうした錯覚の仕組みを知ることは，私たちの知覚に備わる対象認識の仕組みを知ることでもあるのです。

確認問題

Q8-1　次のうち，錯覚についての説明として適切なものを1つ選んでください。

(a) 錯覚は脳の障害によって生じるものであり，現在，その作用解明と治療を目的とした研究が数多く行われている。

(b) 人の知覚システムは複数種類の感覚情報を同時に処理することが苦手であり，錯覚はそれが原因で生じる機能障害の一つである。

(c) 錯覚は視覚と聴覚における現象であり，嗅覚や味覚，皮膚感覚では錯覚は生じない。

(d) 錯覚は脳の異常や障害ではなく，知覚情報処理の正常な働きによって生じるものである。

(e) 錯覚は古くから知られている現象であり，その中でも視覚に生じる錯視については，その発生機序がすべて明らかにされている。

Q8-2　次のうち，不可能図形についての説明として適切なものを1つ選んでください。

(a) 不可能図形とは，実際には1つのまとまりであるにもかかわらず，それらがまとまりとして認識されない図形のことである。

(b) 不可能図形とは，実際にはそこに描かれているにもかかわらず，そのことを認識できない図形のことである。

(c) 不可能図形とは，一見すると実現可能に見えながら，実際には矛盾を含んでおり，現実には存在し得ない構造を描いた図形である。

(d) 不可能図形とは，極度に複雑な構造を保つために，私たちの知覚システムでは理解できない図形のことである。

(e) 不可能図形とは，人には認識が可能でありながら，コンピューターでは認識できない特殊な特徴を備えた図形のことである。

Q8-3　次のうち，クロスモーダル知覚についての説明として適切なものを1つ選んでください。

(a)　視覚と聴覚，視覚と皮膚感覚など，複数の感覚にまたがった錯覚のことをクロスモーダル知覚と呼ぶ。

(b)　左半身の感覚情報は大脳の右半球で，右半身の情報は左半球で処理されるというように，感覚情報の処理が左右で交叉していることをクロスモーダル知覚と呼ぶ。

(c)　視覚刺激に対して音の知覚が，聴覚刺激に対して色の知覚が生じるというように，ある感覚刺激に対して本来とは種類の異なる知覚がなされることをクロスモーダル知覚と呼ぶ。

(d)　光の刺激に対して色だけでなく音の知覚も生じるというように，ある感覚刺激に対して通常の感覚に加えて別の感覚の知覚体験も同時に生じるものをクロスモーダル知覚と呼ぶ。

(e)　視覚情報が聴覚に，聴覚情報が味覚に影響を与えるというように，ある感覚情報が種類の異なる別の感覚の処理に影響する現象をクロスモーダル知覚と呼ぶ。

参 考 図 書

北岡 明佳（2017）．錯視の科学　日刊工業新聞社

錯視研究の第一人者による錯視の紹介，解説書です。著者によるオリジナルの錯視図もふんだんに含まれています。

杉原 厚吉（2018）．新 錯視図鑑――脳がだまされる奇妙な世界を楽しむ・解き明かす・つくりだす――　誠文堂新光社

数学的アプローチによる錯視立体の制作でも有名な研究者による錯視の紹介，解説書です。平面的な錯視だけでなく，著者が作成した変身立体など，さまざまな錯視が紹介されています。

竹内 龍人（2010）．だまし絵練習帖――脳の仕組みを活かせば描ける――基本の錯視図形からリバースペクティブまで――　誠文堂新光社

錯視の基本的な仕組みについての解説だけでなく，目の錯覚を応用したさまざまな図形を自分で作成するための方法まで解説されています。自分で錯視図を描

いてみることで，さらに理解が深められるでしょう。

ラマチャンドラン，V. S.・ロジャース＝ラマチャンドラン，D. 北岡 明佳（監修）日経サイエンス編集部（訳）（2010）．知覚は幻――ラマチャンドランが語る錯覚の脳科学―― 日経サイエンス社

世界的な知覚心理学者ラマチャンドランの執筆記事を日本語訳してまとめたものです。幻肢と呼ばれる現象や，錯覚による体外離脱体験など，身体感覚を含むさまざまな錯覚について取り上げられています。

9 注　　意

周囲の風景，周囲の音，ニオイ，暖かさや寒さなど，私たちの周囲には大量の情報が存在しています。これらの情報は多種多様で，かつ変化し続けるため，その情報量は膨大なものになります。私たちの脳は優れた情報処理能力をもっていますが，それでもこれらの情報をもれなく処理することは不可能です。そのため，私たちの情報処理システムは，感覚器を通じて入力される大量かつ多種多様な情報のうち，より重要と思われる情報に意識を集中させ，それらを優先的に処理するという方策をとっています。この，特定の情報に意識を集中させる働きは**注意**と呼ばれています。注意は，さまざまな認知的機能の基盤となるものであり，私たちが日常生活の中で適応的に行動するためになくてはならないものです。

9.1 自動的注意と能動的注意

注意にはさまざまな機能や性質があり，その分類方法もさまざまですが，その一つに自動的注意と能動的注意という区分があります。**自動的注意**というのは，第2章で取り上げた2種類の認識過程（2.1参照）のうちのボトムアップ処理に相当するもので，赤色の点滅するライトや大きな音，叫び声，嫌なニオイなど，刺激のもつ特徴によって反射的に引き起こされる注意です。このタイプの注意は**外発的注意**と呼ばれることもあります。自動的注意は，危険信号のような重要な情報をすばやく探知する上で大事な役割を担っています。

これに対し，トップダウン処理に相当するのが，意図的に特定の対象に向けられる**能動的注意**です。たとえば，講義を受ける場合，ただその場にいるだけでは，話はほとんど頭に入ってきません。講師の話に意図的に注意を向けることによって，はじめてその内容を理解できるようになるのです。このとき，窓の外の風景や他の学生の私語など，周囲の余分な情報に気をとられないようにし，講師の話に意識を集中させようとする努力が必要になることもあるでしょう。このように，特定の対象に意識を集中させる注意は，とくに**集中的注意**と呼ばれます。また，講師の話を聞きながらメモをとるというように，複数の対象に注意を向ける必要がある場合もあります。このように，必要に応じて複数の対象や行動に配分される注意は**分割的注意**と呼ばれます。

9.2 選択的注意

たくさんの情報があふれているとき，その中から特定の情報に選択的に注意を向けることを**選択的注意**と呼びます。たとえば，パーティ会場のように大勢の人がいるにぎやかな場所では，周囲にさまざまな音があふれているにもかかわらず，相手との会話などは容易に聞きとることができます。これは**カクテルパーティ効果**と呼ばれ，選択的注意の働きによる現象の代表的なものです（図 9-1）。

チェリー（Cherry, 1953）は，このカクテルパーティ効果について，実験参加者の左右の耳から別々の音声メッセージを聞かせる**両耳分離聴**と呼ばれ

図 9-1　**カクテルパーティ効果**

る手法を用いてさまざまな実験を行いました。たとえば，両耳から聞こえてくる音声のうちどちらか一方にのみ注意を払わせ，それを追唱させるという実験課題では，注意を向けていたほうの音声は正しく答えられても，注意を向けていなかったほうの音声はほとんど答えられませんでした。また，同様の実験課題で注意を向けていないほうの音声に機械音を挿入したところ，その機械音には多くの参加者が気づくことができました。これらの実験結果から，注意が向けられていなくても，人の話し声か機械音かを判断するというような，ごく基本的な知覚処理は行われていることがわかります。

9.2.1　フィルター・モデル

このチェリーの実験結果にみられる現象を説明する初期のモデルとしてよく知られているものに，ブロードベントのフィルター・モデルがあります(Broadbent, 1958)。ブロードベントは，注意の仕組みが情報を取捨選択するためのフィルターとして機能していると考えました（図 9-2)。

このモデルによると，私たちの認知情報処理システムでは意味の分析のような複雑な処理を同時に行える容量に限度があるため，音質や音の大きさといったごく基本的な情報処理を終えた情報のうち，注意を向けられたものだけが取捨選択されて意味の分析のような高次の処理過程へと送られます。そのため，注意を向けているほうの音は認識できても，そうでないほうの音声は認識できないと考えられるのです。

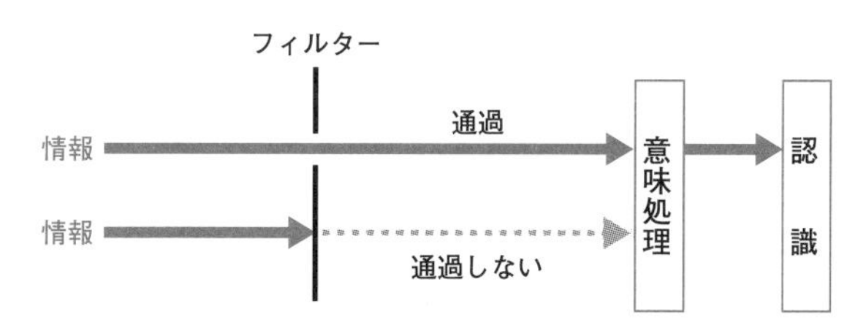

図 9-2　ブロードベントのフィルター・モデル

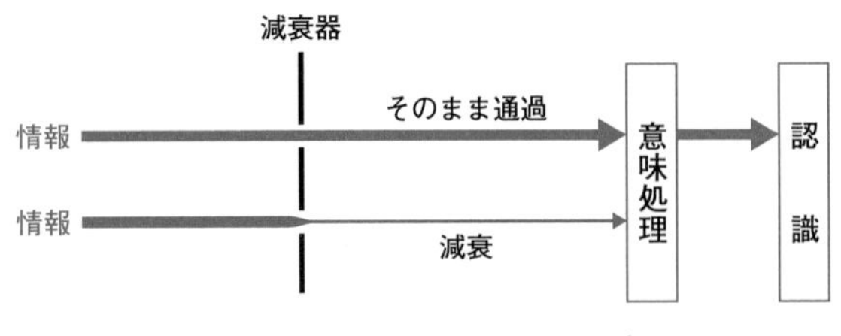

図9-3　トリーズマンの減衰モデル

9.2.2 減衰モデル

フィルター・モデルでは，フィルターを通過しなかった情報は完全に失われると仮定されます。しかし，パーティで隣の人と会話をしている最中，不意に誰かに自分の名前を呼ばれたとしても，私たちはそれに気づくことができます。つまり，フィルターを通過していないはずの情報にも，反応できる場合があるのです。注意を向けていない情報は完全に遮断されるという考えは，このような現象をうまく説明できません。

こうしたことから，トリーズマンは，注意を向けていない情報は完全に失われるわけではなく，それらの処理は弱められるだけで，意味的処理そのものは無意識的に行われているとする**減衰モデル**を提唱しました（Treisman, 1960）（図9-3）。

このモデルでは，注意を向けていない情報は弱いながらも意味処理の段階まで到達します。多くの場合，減衰器によって弱められた情報は意識化されることはありませんが，たとえば自分の名前のように自分と深く関連した情報や，直前の情報との関連性が高いものなどは，そうした弱められた情報であっても気づく場合があり，意識化されるというのです。

9.2.3 後期選択モデル

ブロードベントやトリーズマンのモデルは，情報の選択が情報処理過程の早い段階に行われると仮定されているため，**早期選択説**と呼ばれます。これに対し，入力された情報の選別が行われるのは意味処理などが行われた後で

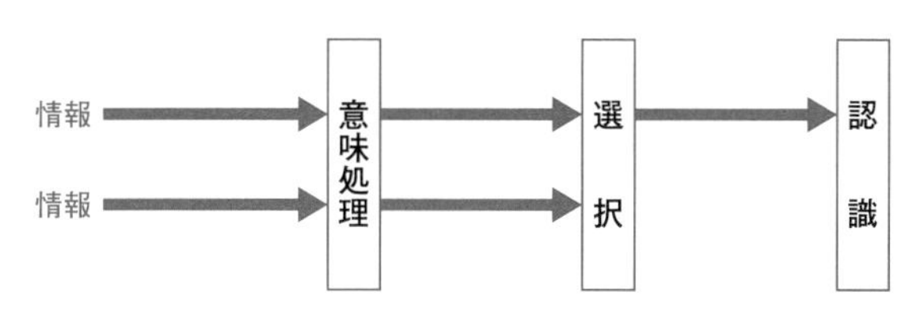

図 9-4　**ドイチュらの後期選択モデル**

あるとする考え方もあり，これは**後期選択説**と呼ばれます。図 9-4 は，その一つであるドイチュらのモデルです（Deutsch & Deutsch, 1963）。

このモデルでは，取り込まれた情報はフィルターや減衰器などは介さずにすべて意味的処理まで行われると説明します。そしてそれらが意識にのぼる段階で，意味的な重要性などに基づいて選択されると考えるのです。このモデルの場合には，注意を向けていない情報であっても意味処理が行われるので，自分の名前のような重要な情報であれば，たとえ注意を向けていなくても気づくことができます。

9.2.4　知覚的負荷モデル

選択的注意における情報選択はフィルターを介して早期に行われるとするモデルと，そうではなくずっと後期に行われるとするモデルがあるわけですが，どちらのモデルが正しいのでしょうか。この問題については，**知覚的負荷モデル**と呼ばれるラヴィの考え方が参考になるかもしれません（Lavie, 1995）（図 9-5）。

知覚的負荷モデルは，私たちの注意力を有限な**心的資源**（**認知資源**）ととらえる考え方（Kahneman, 1973）に基づくものです。私たちが日常的に行っているさまざまな行動や認知的処理には，かなりの労力が必要なものもあればそうでないものもあります。体力にも限度があるように，認知的情報処理に使用できる注意力の量にも限度があり，一つひとつの処理に必要な注意力が多くなるほど，同時に実行できる処理は少なくなると考えられます。

このモデルでは，情報選択の行われる段階は，情報処理に必要な負荷（心

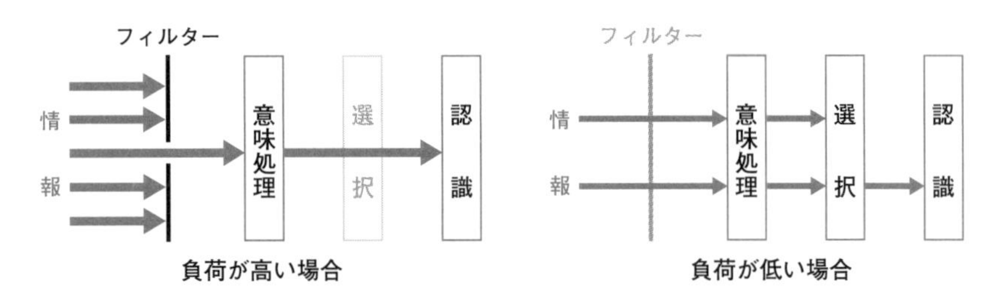

図9-5 ラヴィの知覚的負荷モデル

的労力）の大きさによって変化すると説明します。つまり，複数の情報が同時に与えられたとき，それらの処理に必要な労力が小さい場合には，それぞれの処理に十分な注意力を配分できるため，選択は認識処理後（後期段階）に行われます。しかし，同時に多数の情報が存在する場合や，それぞれの処理に必要な労力が大きい場合には，そのままでは心的資源が不足してしまうため，早い段階で情報を選別して減らしてから，意味の認識といった複雑な処理が行われるというわけです。

9.3 空間的注意

ここまでは，主に聴覚における選択的注意のモデルについてみてきました。次に，視覚的な注意についても簡単にみておきましょう。空間中の特定の情報に対して意識を向ける働きは**空間的注意**と呼ばれています[1]。

9.3.1 スポットライトとズームレンズ

ゲームに熱中していて目的地についたことに気づかず，電車を乗り過ごしてしまったという経験がある人もいるのではないでしょうか。このように，

1) 空間的注意は視覚的なものだけとは限りません。音源位置の定位のように聴覚的なものなどもあるわけですが，ここでは説明のために視覚的な注意のみを取り上げます。

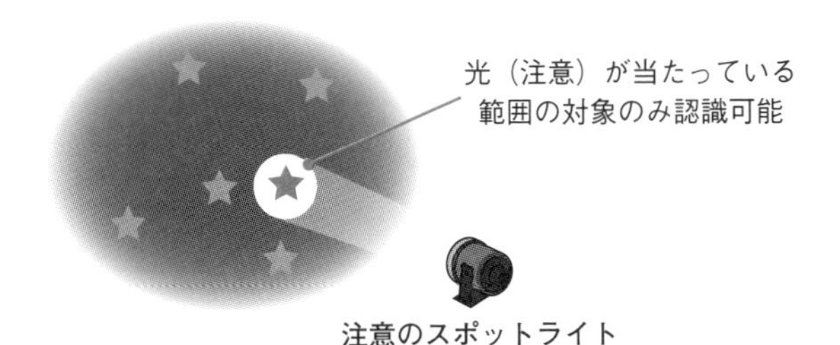

図 9-6　**注意のスポットライト・モデル**

何か 1 つの対象に意識を集中していると，それ以外のことには気づきにくくなるものです。ポズナー（Posner, 1980）は，このような私たちの注意の特性を，ごく狭い範囲のみを照らすスポットライトにたとえています（図 9-6）。スポットライトが当たっている部分は対象を認識できるのですが，そうでない部分は認識できないというのです。なお，このスポットライトは視線とはまた別のものです。たとえ対象に視線を向けていたとしても，そこに注意のスポットライトが当てられていなければ，「見ているはずなのに気づかない」ことになるのです。

このスポットライトの考え方を発展させ，空間的注意をズームレンズにたとえて説明しようとする考え方もあります（Eriksen & St. James, 1986 など）。この考え方では，スポットライトの光が当たる範囲は，課題の難易度などによって大きくなったり小さくなったりすると考えます（図 9-7）。たとえば，

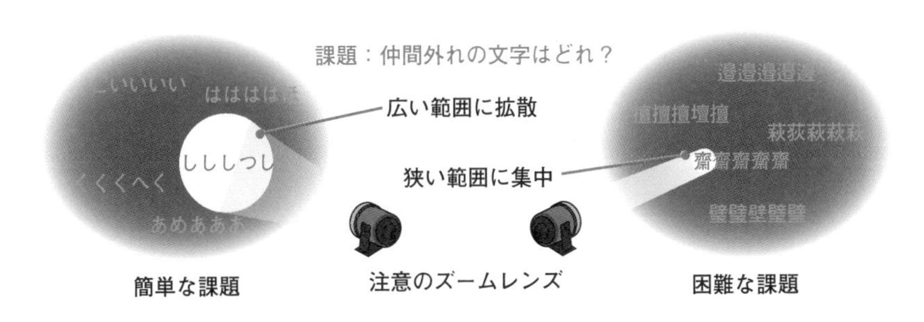

図 9-7　**注意のズームレンズ・モデル**

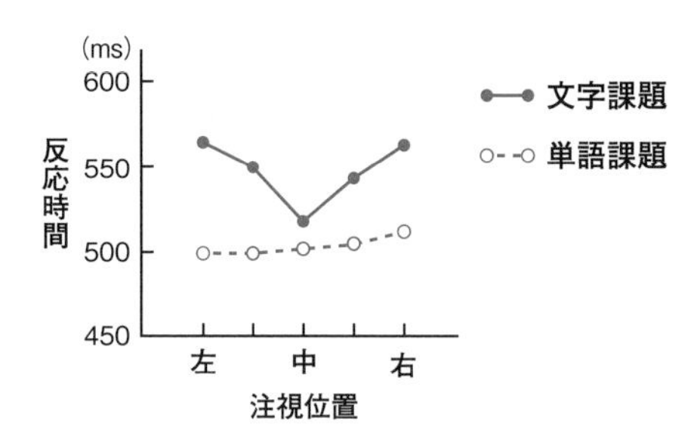

図9-8　**ズームレンズ・モデルの実証実験の結果**
（LaBerge, 1983 をもとに作成）

心的労力（明るさ）を必要としない簡単な課題状況では，一つひとつの情報に割りあてる注意力（光）は少量で済む（少し薄暗くてもよい）ため，より広い範囲に注意を向ける（広い範囲を照らす）ことができます。しかし，車の運転中に目の前に何かが飛び出してきたときなど，その情報の処理が非常に重要なものである場合には，その処理に多くの注意（強い光）を集中させる必要があるため，注意（照明）の範囲は狭くなります。

図9-8は，ズームレンズ・モデルについての検証実験の結果の一部を図示したものです。この実験では，参加者の注視点を操作しながら，5文字で構成される単語をコンピューター画面上に表示し，その単語が特定の種類のもの（人名など）かどうか，その単語の中央の文字が指定のもの（A～Gなど）であるかどうかを判断させました。その結果，単語の意味判断という，素早くできる課題（単語課題）では，直前の注視点がどの位置にあっても素早く反応できているのに対し，中央に指定の文字が含まれているかどうかという，注意力の必要な課題（文字課題）の場合には，注視点が中央に近いほど反応が素早く，注視点が中央から離れるほど反応が遅くなったのです。

この結果は，少ない注意力でできる課題の場合には注意（スポットライト）の範囲が広く保たれ，そうでない場合には狭い範囲に注意が集中していることを示しており，ズームレンズ・モデルが想定するように，注意の範囲が課題難易度によって変化することを示します。

9.4 自動的処理と制御的処理

さまざまな処理が必要とする労力は，その処理に対する慣れや習熟度によっても変化します。たとえば自動車の運転をしながら同乗者とおしゃべりをするというのは，運転に慣れた人であれば簡単なことでしょうが，運転免許を取りたての人には難しいかもしれません。それは，運転に不慣れな段階では一つひとつの運転操作に多くの労力が必要で，それ以外のことに割ける心的資源が枯渇してしまうからです。しかししばらくして運転に慣れてくると，基本的な運転操作はほとんど意識せずに行えるようになってきます。そのため，同乗者とのおしゃべりなど，他のことに心的資源を配分する余裕が生まれてくるのです。

車を運転しない人は，料理の場面を思い浮かべるとわかりやすいかもしれません。はじめて作る料理の場合，レシピで分量や手順を一つひとつ確認しながら作ることになるため，手間も時間もかかります。しかし，その料理を何度も作り，定番のお得意料理といえるぐらいになると，調理手順などはすっかり覚えてしまっているため，手順を逐一確認したりせず，「いつもどおり」にさっと作れるようになっていることでしょう。

このように，習熟によって意識せずに実施できるようになった処理のことは**自動的処理**と呼ばれます。自動的処理では，慣れた手順をいつもどおりに実行するだけなので心的資源がほとんど消費されず，かつ素早く行うことができます。これに対し，はじめて行う処理など，一つひとつ確認しながら進める必要があるような処理のことは**制御的処理**と呼ばれます。制御的処理では，処理の実行中に逐一確認が行われることなどから，心的資源が多く消費され，また，実行にも時間がかかります。

私たちの日常行動の多くは，何度も繰り返されて自動化されたものになっています。たとえば，自分の名前を書くときに，文字が正しいか1文字ずつ確認したり書き順を調べたりすることはないでしょう。しかし，覚えたての外国語の場合には，自分の名前ですら，1文字ずつ確認しないと書けないということもあり得ます。このように，繰返し行う処理や行動が習慣化し自動化されることで，一つひとつの処理に多くの心的資源を割く必要がなくなり，複雑なことでも素早く効率的に行えるようになるわけです。

しかし，特定の処理が自動化されていることで，他の処理が困難になるという場合もあり得ます。その典型的な例が**ストループ効果**と呼ばれる現象です。ストループ効果は，「あか」のように文字の意味（あか）と色（あお）が一致していない場合，意味と色という2つの情報が干渉し合い，その文字に対する反応が通常よりも遅くなってしまう現象です。この場合，一般には文字の色を無視して意味を答える（その文字が意味する色を答える）よりも，意味を無視して色を答える（文字のインクの色を答える）ほうが困難であることが知られています（図9-9）。

これは，文字から意味を理解するという処理は日常的に何度も繰り返されるために高度に自動化されているのに対し，対象物の色を答えるという行動はそこまで自動化されていないということが一因にあると考えられています。「あか」の文字色を答えるという課題では，必要とされる反応（文字のインクの色）よりも，必要でない反応（文字の意味）の処理のほうが自動化されていて素早く実行されるために，文字色の反応が困難になってしまうと考え

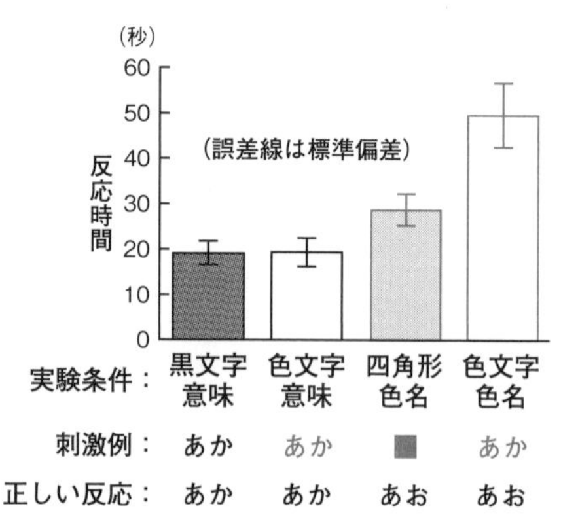

図9-9 **ストループ効果の実験結果の例**（Stroop, 1935をもとに作成）

られるのです（Posner & Snyder, 1975）。

9.4.1 アクションスリップ

卵を割って，殻を捨てるつもりが，うっかり中身を捨ててしまったという経験はないでしょうか。あるいは，普段とは逆方向の電車に乗る必要があったのに，うっかりいつもの電車に乗ってしまったという経験をしたことのある人もいるでしょう。このように，何らかの意図をもって行われた行動が，何らかの原因によって意図しない結果に終わってしまうことをスリップあるいはアクションスリップと呼びます（図 9-10）。

このアクションスリップにも，注意の働きが大きく関与しています。私たちの日常行動の多くは，習慣化され，注意をほとんど必要としない自動的処理の組合せによって構成されています。自動的処理は，心的資源を少ししか消費せず，かつ素早く実行できる利点がありますが，その反面，処理に対して少ししか注意が払われておらず，意識的にコントロールすることが難しいため，何かの拍子にずれが生じたとき，軌道修正が困難になってしまうのです。そしてその結果，行動に失敗してしまうことになるわけです。先ほどの卵の例は，「中身をボウルに入れる」という動作と「殻をゴミ箱に入れる」という動作を混同してしまったものといえます。また，電車の例は，普段の

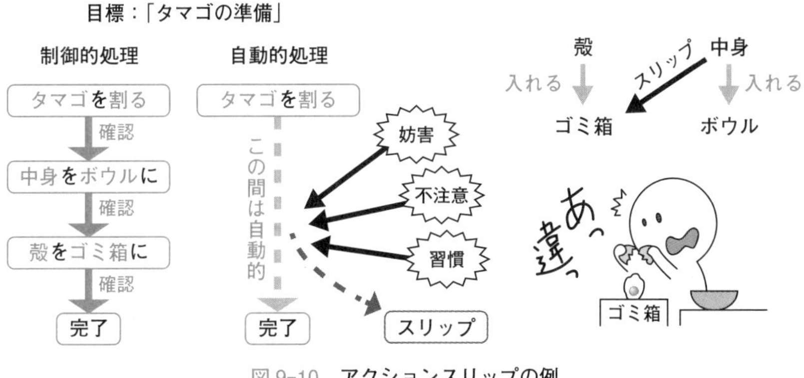

図 9-10　アクションスリップの例

習慣的な行動が，そうすべきでないときにも自動的に生じてしまったものといえるでしょう。

もちろん，自動的処理だけが行動の失敗を引き起こすわけではありません。まだ十分に慣れていない，大部分が制御的処理で構成されているような行動の場合にも，知識や経験が不十分なために失敗してしまったり，判断を誤ったりして失敗する可能性があります。このような知識不足，経験不足による失敗，つまり初心者型の失敗と，行動が習慣化，自動化しているからこそ生じる熟練者型の失敗とでは，当然ながら失敗防止のための対策は異なってきます。

また，こうした失敗は，日常におけるちょっとした失敗談で済むようなものであれば大した問題にはなりませんが，自動車の運転や工場の機械操作などでは，小さな失敗が大事故につながることもあり得ます。そうしたことから，人の注意の特性については，ヒューマンエラーによる事故防止という観点からも盛んに研究が行われています。

9.5 まとめ

本章では，さまざまな認知情報処理の基礎ともいえる注意の機能について，基本的な働きとそのモデルを取り上げました。私たちが一度に使用できる注意の量（心的資源）には限度があるため，繰返し行われる基本的な処理は自動化して心的資源の消費を節約するといった効率化が行われていますが，自動化された処理はそうでない処理よりも意識的なコントロールが難しいため，それが原因で他の行動が影響を受けたり，行動の結果が意図しないものになってしまったりすることもあります。注意は重要な情報とそれ以外の情報を振り分けたり，必要なところに心的資源を集中させたり配分したりといった，認知情報処理における非常に重要な機能を担っています。この注意の働きのおかげで，私たちは効率的に対象を認識したり理解したりできるのです。

確 認 問 題

Q9-1　次のうち，注意の機能でないものを1つ選んでください。

(a) たくさんの情報の中から重要なものを選別する。

(b) 労力の必要な処理に心的資源を集中させる。

(c) 失敗した処理に対して忠告を与える。

(d) 必要に応じて各処理に心的資源を配分する

(e) 環境中に重要な情報があることに気づかせる。

Q9-2　次のうち，心的資源の考え方についての説明として適切なものを1つ選んでください。

(a) 森林資源や海洋資源，鉱物資源などと同じく，人間にとって，認知情報処理能力は重要な資源であるという考え方。

(b) 知性や協調性，リーダーシップなど，社会的成功につながりやすいと考えられる心理的特性を一種の資源としてとらえる考え方。

(c) 認知情報処理など心理的な諸活動に利用される原材料としての心的資源は，物理的な資源とは異なり枯渇することがないとする考え方。

(d) 形や音の高さの認識など，刺激情報についての基本的な認識処理は，理解や記憶など高次の認知処理を支える資源であるという考え方。

(e) 認知情報処理過程において同時に可能な処理量には上限があり，これらは有限な資源のようなものであるという考え方。

Q9-3　次のうち，自動的処理と制御的処理の説明として適切なものを1つ選んでください。

(a) 習慣化し，自動化された自動的処理は，逐一確認しながら進める制御的処理に比べ，処理に必要な心的資源が少なくてすみ，素早く実行可能である。

(b) 自動的処理は，本人の意思とは関係なく情報に含まれる特徴によって引き起こされる処理で，それらの処理に優先順位をつけ，交通整理を行う役目を担うのが制御的処理である。

(c) 自動的処理は，本能などその動物種が先天的に有している行動や処理のことをいい，経験を通じて学習される行動や処理は制御的処理と呼ばれる。

(d) 自動的処理は，反射のようなごく単純で基本的な処理であり，これらに条件分岐などの制御機構を加えて複雑で高度な処理を可能にしたものが制御的処理である。

(e) 自動的処理は，素早く実行できる反面，その処理に少量の心的資源しか使えないため，形の認識のようなごく単純な処理しか実行できない。これに対し，制御処理は大量の心的資源を使用できるので，文字の意味を理解するというような複雑な処理も可能である。

参考図書

熊田 孝恒（2012）．マジックにだまされるのはなぜか――「注意」の認知心理学―― 化学同人

「マジック」を題材に，人の注意そして不注意のメカニズムについて解説しています。専門的な内容を含んでいますが，読みやすい文体で書かれており，入門書としても適しています。

河原 純一郎・横澤 一彦（2015）．注意――選択と統合―― 北大路書房

注意の機能やそのモデルについて，詳しく解説されています。かなり専門的な内容ですが，注意の性質や機能を検証するための手法や実験例が豊富に紹介されているのが特徴的です。

原田 悦子・篠原 一光（編）（2011）．注意と安全 北大路書房

注意の機能とその神経科学的基盤についてだけでなく，注意と記憶の関係，注意の発達，ヒューマンエラーなど，注意に関するトピックが広範囲に扱われています。

井上 毅・佐藤 浩一（編著）（2002）．日常認知の心理学 北大路書房

本章の最後に取り上げたアクションスリップについて，その研究の歴史や代表的モデル，スリップの分類などについて，第3章の「ヒューマンエラーとアクションスリップ」で詳しく解説されています。

10 記憶と忘却

記憶とは，過去に経験したことに関する情報を保持し，必要に応じて取り出すための心の働きです。記憶のおかげで，私たちは経験により得た情報や知識を後に利用することができたり，久しぶりに会った友人の顔を認識することができます。一度自転車に乗れるようになると，何年かぶりであっても自転車に乗ることができます。また，幼少期の思い出を語ることもできますし，将来の計画を立て実行することもできます。一方で，一度覚えたはずのものが思い出せないことがあります（忘却)。このように，私たちの日常の行動は記憶により支えられています。本章では，私たちの記憶と忘却の仕組みの基礎についてみていきます。

10.1 記憶の仕組み

10.1.1 記憶の3つの過程

記憶には3つの過程があると考えられています。それは，記銘・符号化，保持・貯蔵，そして，想起・検索の過程です。記憶の過程を説明しようとしたとき，符号化，貯蔵，検索のようなコンピューターの働きに関連した用語が用いられます。それは，認知心理学が人の心の仕組みをコンピューターの情報処理過程に置き換えて説明しようと試みてきたからです。

1. 記銘・符号化

記憶の最初の過程は，**記銘**または**符号化**です。この過程で知覚した刺激や出来事に含まれる情報は記憶情報に変換されます。これは覚える段階ということができます。

2. 保持・貯蔵

記憶の次の段階は**保持**または**貯蔵**です。私たちは知覚した刺激や出来事に含まれる情報をいつでも利用することができます。それは，それらの情報が保持もしくは貯蔵されているからです。この段階は，覚えておく段階ということができます。

3.　想起・検索

記憶の最後の段階は，**想起**または**検索**です。想起と検索は，符号化され，貯蔵された情報を何らかの形で再生することです。つまり，思い出す段階ということができます。

10.1.2　多重貯蔵モデル

記憶の仕組みを説明するために，アトキンソンとシフリン（Atkinson & Shiffrin, 1968）は多重貯蔵モデルを提唱しました（図 10-1）。**多重貯蔵モデル**によると，記憶は情報の保持時間が異なる感覚記憶，短期記憶，長期記憶という貯蔵庫から構成されています。

図 10-1 に示すように，私たちが知覚した刺激や経験した出来事に含まれる外界からの情報は，最初に感覚記憶に入ります。感覚記憶では，きわめて

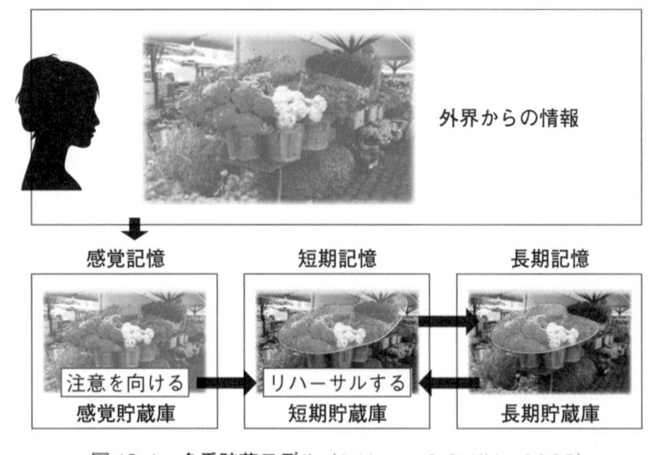

図 10-1　**多重貯蔵モデル**（Atkinson & Shiffrin, 1968）

短い時間，情報を保持することができます。ここで，**注意**を向けた情報が短期記憶に送られ，注意を向けなかった情報は失われます。短期記憶では，感覚記憶よりは長い時間，情報を保持することができます。しかし，ここで何もしないとその情報は失われてしまいます。そこで，重要な情報には**リハーサル**が行われます。リハーサルには維持リハーサルと精緻化リハーサルがあります。**維持リハーサル**とは情報を繰返し何らかの形で再生して符号化することで，**精緻化リハーサル**とは情報に意味やイメージを関連づけて符号化することです。長期記憶では半永久的に情報を保持することができます。私たちが1年前の出来事を思い出すことができるのは，その出来事の情報が長期記憶に保持されているからといえるでしょう。続いて，多重貯蔵モデルを構成する3つの記憶の特徴をみていきましょう。

1. 感覚記憶

感覚記憶は，感覚器によって収集した情報をきわめて短い時間だけ保持することができます。感覚記憶のこうした特徴は，スパーリング（Sperling, 1960）の実験により確かめられています。観察者に3行×4列に配列した12個の文字（図10-2）をわずか50ミリ秒の時間だけ呈示し，文字が消えた瞬間に，高音，中音，低音のいずれかの音を呈示しました。観察者は，高音が呈示されたときは上段の文字を，中音のときには中段の文字を，低音のときは下段の文字を答えなければなりませんでした。12個の文字が消えてから約1秒後にいずれかの音が鳴った場合には，観察者は4つの文字を答えることができました。しかし，文字が消えてから，いずれかの音が呈示され

7 1 V F
X L 5 3
B 4 W 7

図10-2　**感覚記憶の実験刺激**（Sperling, 1960）

るまでの時間が長いほど，その成績は悪くなりました。こうした実験の結果から，文字という視覚情報は1秒程度正確に保持されるが，時間経過とともに，その情報は想起できなくなることがわかりました。

なお，視覚情報の感覚記憶を**アイコニックメモリ**と呼びます。また，聴覚情報の感覚記憶は**エコイックメモリ**と呼ばれます。こうした感覚記憶のおかげで，私たちは，知覚した刺激を連続的に認識することができると考えられています。

2. 短期記憶

短期記憶では，情報を数十秒ほど保持することができます。感覚記憶よりも長く情報を保持できるわけですが，短期記憶を特徴づけるのはこの保持時間だけではありません。短期記憶には，一時的に保持できる情報の量に限りがあるといわれています。ミラーは，私たちが一時的に保持できる項目の最大数は7 ± 2であると報告しました（Miller, 1956）。ここでの項目の単位はチャンクです。チャンクとは情報のまとまりとしての単位です。たとえば，「りんご」は，文字のまとまりとしては3チャンク（「り」と「ん」と「ご」）です。しかし，「りんご」のまとまりとしての意味を知っている人にとっては1チャンクとなります。

3. ワーキングメモリ

短期記憶は情報を保持するだけでなく，情報を一時的に保持しながら同時にその情報に何らかの処理を行うことができます。たとえば，20 + 13 + 11を暗算する過程を考えてみましょう。まず，20に13を足します。その答えは33です。次に，計算の過程の値（33）を一時的に記憶に保持して，その値に11を足します。すると，44という正解にたどりつきます。暗算は，短期記憶で数字の視覚的な情報を一時的に保持しながら，同時にその情報に計算の処理を行うことで実現します。こうした情報を処理する働きをもつことから，短期記憶は**ワーキングメモリ**とも呼ばれています。

バドリーとヒッチは，ワーキングメモリに関する重要なモデルを提唱しました（Baddeley & Hitch, 1974）。初期のモデルでは，ワーキングメモリを説

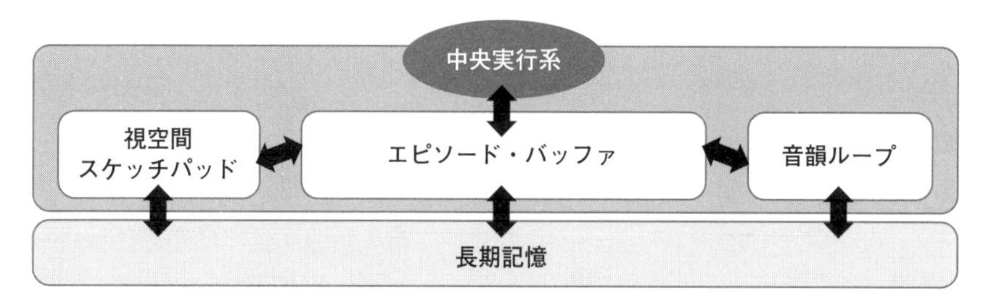

図 10-3　**ワーキングメモリのモデル**（Baddeley, 2000）

明するために，音韻ループ，視空間スケッチパッド，そして，中央実行系の3つの構成要素を設定しています（図 10-3）。**音韻ループ**は音韻情報を，**視空間スケッチパッド**は視空間的情報を一時的に保持し処理します。**中央実行系**は，音韻ループと視空間スケッチパッドからの情報を統合するなど，複数の情報を制御する役割を担っています。つまり，この中央実行系はあらゆる感覚モダリティからの情報を処理しているといえます。先ほど例にあげた暗算は，数字の視覚的情報を一時的に保持して処理を加えていますので，視空間スケッチパッドの働きにより実現されていると考えることができます。近年では，4つ目の構成要素としてエピソード・バッファが加えられました（Baddeley, 2000）。**エピソード・バッファ**は，中央実行系で統合された情報を一時的に保持し，長期記憶からの情報のやり取りを行います。ワーキングメモリのおかげで，私たちは暗算や会話などのあらゆる認知的活動を実現することができます。

4. 長 期 記 憶

長期記憶は，情報を数分から半永久に保持することができると考えられています。さらに，短期記憶とは異なり，保持できる情報の量に制限がないとされています。私たちが過去の出来事を思い出すことができるのは，その出来事に関連した情報が長期記憶で保持されているからです。

長期記憶と短期記憶があるという考え方は，実験の結果により支持されています（Glanzer & Cunitz, 1966）。彼らの実験において，参加者は15個の単語のリストから1つずつ単語が呈示され，それらの単語を覚えました。続いて，最後の単語が呈示された直後に，呈示順に関係なく覚えている単語を書き出すように指示されます（直後再生テスト）。こうした課題を**自由再生課題**と呼びます。

ここで課題について説明を加えます。記憶を測定するための課題には，大きく分けて再生課題と再認課題があります。**再生課題**では，参加者に単語リストを覚えてもらい（学習段階），その後のテスト段階で覚えた単語を書き出すなどして再生してもらいます。テスト段階で覚えた順序に関係なく自由に再生する場合は**自由再生課題**，覚えた順番通りに再生する課題を**系列再生課題**と呼びます。**再認課題**では，学習段階で単語リストを覚えた後，テスト段階で単語が1つずつ呈示されます。そして，その単語が学習段階の単語リストに「あった」か「なかった」かを答えます。

実験の結果，単語リストの前半と後半の単語の再生率が，リストの真ん中で呈示された単語よりも高いことがわかりました（**図10-4**）。前半の単語の再生率が高いことを**初頭効果**と呼び，後半の単語の再生率が高いことを**新近性効果**と呼びます。こうした現象は**系列位置効果**として知られています。さらに，単語リストを呈示した後，計算課題を数十秒行うと（遅延再生テスト），新近性効果が消失することがわかりました（**図10-4**）。

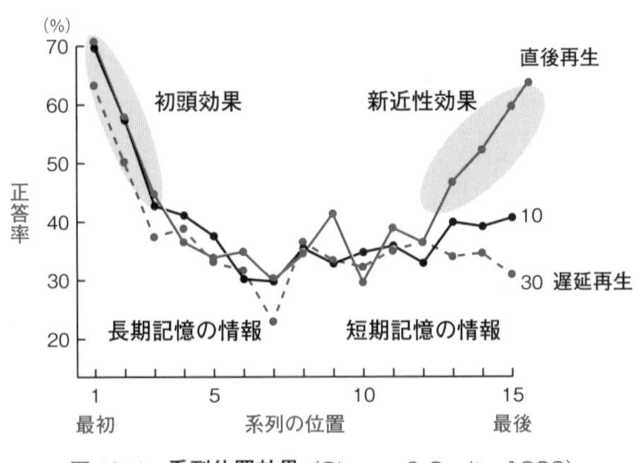

図10-4　**系列位置効果**（Glanzer & Cunitz, 1966）

初頭効果と新近性効果の解釈は次の通りです。前半に呈示された単語は，後半で呈示された単語と比較して再生するまでに時間があります。その間，リハーサルを繰り返すことで，その単語は短期記憶から長期記憶に送られます。長期記憶で保持している単語は再生可能ですので，前半の単語の再生率が高まります。つまり，初頭効果が生じます。一方，後半の単語はというと，参加者は単語の呈示が終了した直後に，テストが行われました。そのため，テスト段階では後半の単語は短期記憶で保持されていることになります。短期記憶で保持されている単語も再生可能ですので，後半の単語の再生率は高まります。その結果，新近性効果が生じます。

計算課題による新近性効果の消失という結果も，後半の単語が短期記憶で保持されていることを支持します。計算課題は，最後の単語が呈示された後の数十秒間で行われました。本来であれば，この間に，短期記憶にある後半の単語はリハーサルされ長期記憶へと送られるのですが，計算課題がこのリハーサルを妨害したと考えることができます。そして，短期記憶で保持していた後半の単語は長期記憶に送られることなく失われてしまい，再生率の低下が引き起こされたと解釈されています。

10.2　記憶の方略

私たちは，情報を記憶するときにさまざまな工夫を行います。こうした工夫を**記憶の方略**と呼びます。それでは，どのようにしたら記憶に残りやすくなるのでしょうか。ここでは，符号化過程や検索過程における記憶の方略をみていきます。

10.2.1　情報をまとめる

1. チャンキング

チャンキングは，情報を何らかのまとまりとして処理することで，情報の符号化を促進します。図 10-5 に示すような図形では，これを図形としてと

図 10-5　**チャンキング**

らえるか，「シンリガク」という単語としてとらえるかで，再生のしやすさの程度は異なります。これはチャンキングが符号化を促進する一例です。

他にも，チェスの上級者は，わずかな時間駒の配置を観察しただけで，配置を再現できることが知られています。その記憶方略を分析してみると，チェスの上級者は駒の配置をそれまでの経験に基づいて，意味のあるまとまりにチャンキングして記憶していることがわかりました（Chase & Simon, 1973）。

2. スキーマ

スキーマとは構造化された知識です。私たちは，物事を理解しようとするとき，このスキーマを利用します。つまり，物事を既存の知識をもとに理解する傾向にあります。これまでに，物語文の呈示前にタイトルを伝えた場合と伝えなかった場合で，物語文の再生成績に差が生じることが示されています（Dooling & Lachman, 1971）。ここでは，タイトルを呈示されたほうが，物語に関する再生成績が上昇しました。この結果は，タイトルの呈示により，物語文の符号化段階で，タイトルに関連したスキーマが利用可能な状態になり，物語文の理解が促進されたために生じたと解釈することができます。

3. 階層化

情報の階層化は情報の符号化を促進します。**階層化**とは，情報のまとまりを段階的に統合することです。バウアーは，参加者に単語リストをランダムもしくは階層的にカテゴリー化して呈示し，その単語を再生してもらいました（Bower et al., 1969）。その結果，単語リストを階層的にカテゴリー化して呈示すると，再生成績が高いことがわかりました。こうした結果から，情報を階層化して符号化することは記憶の形成に重要であると考えられます。

10.2.2　情報に深い処理を行う

クレイクとロックハートは，記憶の形成には符号化段階の処理が重要であるとして**処理水準説**を提唱しました（Craik & Lockhart, 1972）。この説では，符号化段階の処理には，浅い処理から深い処理までさまざまな水準があると仮定しています。この深さが大きいほど，情報に対してより高度な意味処理や認知処理が行われることを意味します。そして，符号化段階で深い処理が行われた情報は浅い処理が行われた情報よりも記憶に残ると説明しています。

多くの研究は，処理水準説を支持する結果を報告しています。クレイクとタルヴィングは偶発学習パラダイムを用いて記憶課題を行いました（Craik & Tulving, 1975）。参加者には3つの条件下で単語が呈示されます。形態条件では，参加者は単語の文字が呈示されて，その単語が大文字と小文字のどちらで書かれているかを判断します。音韻条件では，参加者は単語の音が呈示されて，その単語が他の単語と韻を踏んでいるかどうかを判断しました。意味条件では，参加者は呈示された単語が，文の空白にあてはまるかどうかを判断しました。ここでは，3つの条件の中でもっとも浅い処理は形態条件で，もっとも深い処理は意味条件です。その後，すべての条件の参加者に単語を再生してもらうと，意味条件で再生成績はもっとも良く，続いて，音韻条件，形態条件の順番に低いことがわかりました。つまり，意味や他の知識と結びつけるなどの深い処理がなされた情報は，他の浅い処理がなされた情報よりも記憶に残りやすいのです。

10.2.3　検索手がかりを利用する

検索手がかりとは，検索するきっかけとなる手がかりです。タルヴィングとパールストンは，参加者に各カテゴリーに属する単語のリストを記銘してもらいました（Tulving & Pearlstone, 1966）。そして，検索手がかり（たとえば，カテゴリーの名前）を与えなかったときには再生できない単語も，検索手がかりを与えると再生できることがわかりました。

10.2.4　文脈を利用する

検索手がかりの一つに，**符号化時の文脈**があります。タルヴィングとトムソンは，情報の符号化時の文脈と検索時の文脈が一致しているほど，その情報を検索しやすい，つまり思い出しやすい，と考えました（Tulving & Thomson, 1973）。この考え方を**符号化特定性原理**（encoding specificity principle）と呼びます。ここでの文脈には外的文脈と内的文脈があります。**外的文脈**とは自分がいる環境のことで，**内的文脈**は自分の気分や感情の状態のことをさします。

1.　文脈依存記憶

記憶における外的文脈の効果を示す有名な実験があります（Godden & Baddeley, 1975）。図 10-6 に示すように，ある参加者は水中で単語を覚え，ある参加者は陸上で単語を覚えます。その後，水中もしくは陸上で単語を再生してもらいました。その結果，水中で単語を覚えた参加者たちは陸上よりも水中での単語の再生率が高く，陸上で単語を覚えた参加者たちは水中よりも陸上での単語の再生率が高いことがわかりました（図 10-6）。こうした記憶は，文脈に依存した記憶として**文脈依存記憶**（context-dependent memory）と呼ばれています。

2.　状態依存記憶

符号化のときの物理的な文脈だけでなく，自分の内的な状態も検索手がか

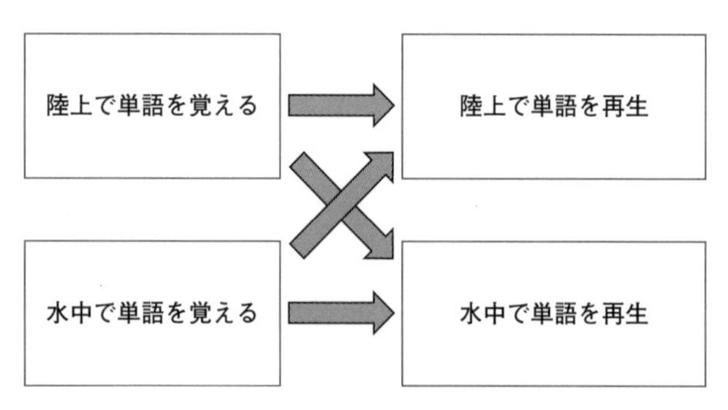

図 10-6　**文脈依存効果の実験状況**

りとなることが報告されています（Goodwin et al., 1969）。参加者にアルコールを飲んだ状態（酔った状態），もしくは，アルコールを飲んでいない状態（酔っていない状態）で文章を覚えてもらいました。その後，酔った状態もしくは酔っていない状態で文章を再生してもらいました。その結果，文章を符号化するときと検索するときが同じ状態であるほうが，そうではない条件と比較して，成績が良いことがわかりました。こうした記憶は，気分状態に依存した記憶として，**状態依存性記憶**（state-dependent memory）と呼ばれています。

10.3　長期記憶の分類

10.3.1　宣言的記憶と非宣言的記憶

長期記憶は内容によりいくつかの種類に分類されています。図 10-7 のように，長期記憶は大きく**宣言的記憶**（**陳述記憶**）と**非宣言的記憶**（**非陳述記憶**）に分けられます。宣言的記憶は，言葉により表現することができる記憶です。これは，「昨日のお昼ご飯はサケのおにぎりだった」や「東京は日本の首都である」といった記憶です。一方で，非宣言的記憶は言葉で表現する

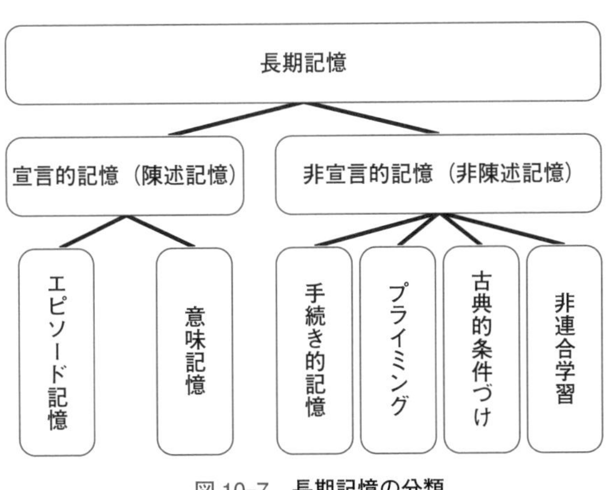

図 10-7　**長期記憶の分類**

ことが難しい記憶です。これは，「自転車に乗る」や「歩く」など，主に動作により表現される記憶です。宣言的記憶にはエピソード記憶と意味記憶があります。非宣言的記憶には手続き的記憶，プライミング，古典的条件づけ，非連合学習が含まれます。

10.3.2　宣言的記憶の種類

1. エピソード記憶

エピソード記憶は，個人が経験した出来事に関する記憶です。エピソード記憶は，出来事の内容とともに，その出来事に関連した時間的・空間的文脈の情報が記憶されているという特徴があります（Tulving, 1972）。たとえば，「18歳の誕生日に自宅でイチゴのバースデーケーキを食べました」といったような出来事の記憶です。ここには18歳の誕生日という「いつ」の時間的文脈，自宅でという「どこで」の空間的文脈の情報が含まれています。また，そのときの感情状態といった情報も含まれることがあります。

2. 意味記憶

意味記憶は，一般的な知識や事実に関する記憶です。たとえば，「誕生日」や「ケーキ」が何であるかを知っているとき，その知識は意味記憶となります。意味記憶は，私たちが生活を通して獲得した世界に関する一般的な知識や事実を指します。

10.3.3　非宣言的記憶の分類

1. 手続き的記憶

手続き的記憶は，技能や習慣に関する記憶です。技能や習慣は繰返し経験することにより獲得され，一度獲得されると失われることがありません。また，技能や習慣はどのように行うのか言葉で説明することが困難です。代表的な例に「自転車の乗り方」があります。一度，自転車に乗れるようになれば，何年かぶりに自転車に乗っても，スムーズに乗ることができます。しかし，自転車に乗れたとしても，どのようにバランスをとるのか，どのようにペダルを踏むのかなど，乗り方を言葉で説明することはなかなか困難です。

2. プライミング

プライミングとは，事前に経験した刺激や出来事が，後の刺激や出来事の処理に何かしらの影響を与えることです。プライミングの例として，「テレビでパフェの映像を見た後，何気なく入ったカフェでいつもなら注文しないパフェを注文した」といった例があげられます。このとき，パフェの映像という記憶はプライミングを引き起こす記憶として考えられ，非宣言的記憶に分類されます。こうしたプライミングを引き起こす記憶は，長期的に後の出来事の処理に影響を与えると考えらえています。

3. 古典的条件づけ

古典的条件づけの代表的な実験に，パヴロフによるイヌを対象にした実験があります。実験者であるパヴロフが，イヌに餌と同時にメトロノームの音を呈示します。餌とメトロノームの音を対にして繰返し呈示すると，イヌは餌が呈示されていなくても，メトロノームの音を呈示されただけで唾液を出すようになります。つまり，餌に対する反射である唾液を出すという無条件反応が，もともとは関係のないメトロノームの音に対して出るように条件づけが成立したことになります。こうした刺激（餌）と刺激（メトロノーム）の間の連合に基づく反応は，長期的に起こると考えられています。

4. 非連合学習

非連合学習は，1つの刺激を繰返し呈示することで生じる学習です。その学習には**馴化**と**鋭敏化**があります。馴化は刺激を繰返し経験することにより，その刺激に対する反応が減少するという現象です。たとえば，目覚まし時計のアラーム音を何度も何度も聞いていると，そのうち気にならなくなります。一方，鋭敏化は刺激を繰返し経験することにより，その刺激に対する反応が増加するという現象です。たとえば，大きな地震を経験すると，小さな地震に対しても敏感に反応するようになります。こうした刺激に対する反応は長期的に起こります。

10.4 日常の記憶

10.4.1 自伝的記憶

自伝的記憶は，特に過去の記憶の中でもその人にとって重要な意味を持ち，自分のアイデンティティを形成するような記憶のことを指し，エピソード記憶に分類されます。自伝的エピソードの特徴を調べた研究では，参加者にこれまでに経験した出来事を自由に再生してもらい，その出来事を年代ごとにまとめました（図10-8）。その結果，自伝的記憶の想起には，幼児期健忘，レミニセンス・バンプ，新近性効果という3つの特徴があることがわかりました（Conway & Pleydell-Pearce, 2000）。

幼児期健忘とは，3，4歳以前の乳幼児期の出来事がほぼ想起されないことを指します。幼児期健忘が生じる理由にはいくつかの説があります。たとえば，自分が経験した出来事を符号化するときに必要な言語能力や自己概念が未発達であることがあげられます。**レミニセンス・バンプ**とは，青年期から成人期の出来事を思い出しやすい傾向のことです。この傾向は，青年期から成人期は自分のアイデンティティを形成する上で重要な時期であり，この時期の出来事は重要な情報として符号化されているために生じると考えられ

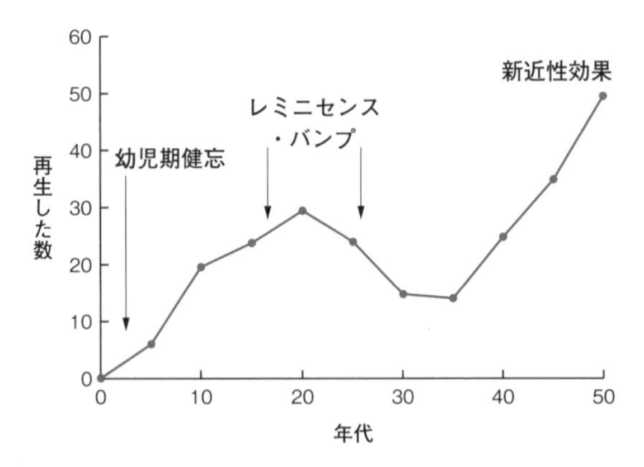

図10-8 **年代ごとの再生数**（Conway & Pleydell-Pearce, 2000）

ています。最後に，**新近性効果**がありますが，これは最近の出来事は思い出しやすいということです。

10.4.2 展望記憶

展望記憶とは，予定や約束に関する記憶です。記憶の内容は過去に経験した出来事や知識に関することだけではありません。記憶には，「朝食後に薬を飲む」や「○月○日 13 時に友人と駅で会う」などの将来すべきことの情報も保持されています。こうした予定や約束は，未来で実行することを意図した行動であり，多くの場合，計画されてからある程度の時間を空けて実行されます。この間，予定や約束に関する情報は長期記憶で保持されていると考えられています。

展望記憶の特徴は想起するタイミングです。「○月○日 13 時に友人と駅で会う」のであれば，○月○日 13 時の前にこの約束を想起しなければなりません。適切なタイミングで想起するために，私たちは予定帳やメモを活用します。

10.4.3 目撃者の記憶

事故や事件の**目撃者の証言**は捜査や裁判で役に立つことが多いのですが，一方で，その証言により捜査や裁判の結果を誤らせてしまうこともあります。それは，人の記憶が偏りやすく歪みやすいからです。

ロフタスらは，記憶の歪みやすさに関する重要な実験を行い，事後情報により記憶が変容することを明らかにしました（Loftus & Palmer, 1974）。この研究では，参加者に疑似的に作成した自動車事故の映像を見てもらいました。その後，第 1 グループの人たちには「車がぶつかったとき，速度はどれくらいでしたか？」，第 2 グループの人たちには「車が激突したとき，速度はどれくらいでしたか？」と質問します。第 3 グループの人たちはこれらの質問を受けませんでした。1 週間後，参加者たちはこの映像に関する複数の質問に答えました。その中の質問の一つが「あなたはガラスが割れたのを見ましたか？」でした。実際に映像の中にガラスが割れる場面はありませんでしたので，「いいえ」が正解です。参加者の回答を分析してみると，1週間前に「ぶつかった」の単語を使用して質問された参加者と何も質問されなかった参加者で「はい」と答えた人は少なかったのに対して，「激突した」の単語を使用して質問された参加者では約3分の1の人が「はい」と答えました。こうした結果から，参加者が見た映像の中の情報は，その後の質問で与えられた情報により変容したと考えられています。

10.5 忘　却

長期記憶は半永久に情報を保持することができると説明しましたが，私たちは覚えているはずの情報を思い出すことができないことがあります。たとえば，小学生のときのクラス写真を見て，全員の氏名を思い出すことができるでしょうか。ほとんどの人が当時は覚えていたはずなのに，どうしても思い出せないことでしょう。このように，覚えていた情報を思い出すことができないことを**忘却**と呼びます。ここでは，長期記憶の忘却がどうして起こるのか，3つの考え方をみていきましょう。

10.5.1 減衰説

減衰説は，記憶は時間とともに減衰するという考え方です。エビングハウスは記憶の忘却に関する有名な実験を行いました（Ebbinghaus, 1885 宇津木・望月訳 1978）。この実験では，参加者に無意味語（XEG，KIB，YOS）のリストを学習してもらい，その後，そのリストの再学習にかかる時間を調べました。そして，最初に学習に要した時間と再学習に要した時間から**節約率**という指標を計算します。たとえば，最初に学習に要した時間が10分で，再学習に要した時間が1分であった場合，それらの時間の差の9分は節約した時間となります。つまり，もともと学習にかかる時間の90％の時間を節約したことなります。これが節約率です。この値は100％に近いほど最初に

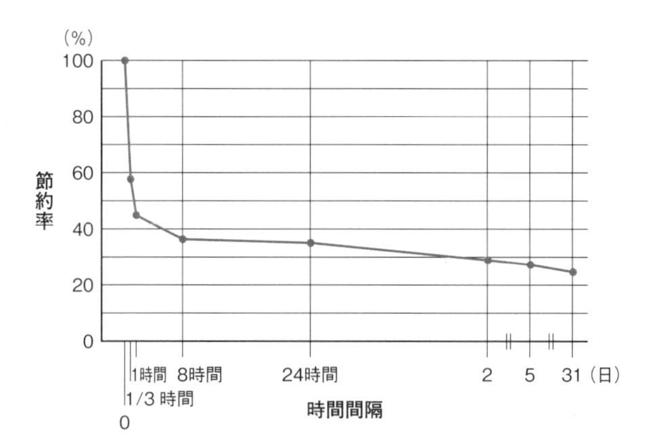

図 10-9　**エビングハウスの忘却曲線**（Ebbinghaus, 1885）

学習したときよりも短い時間で学習できたことを意味します。いいかえれば，最初に学習した無意味語を覚えていることになります。実験の結果から，学習直後に忘却が急速に進み，その後，忘却は緩やかになることがわかりました（図 10-9）。この忘却と時間経過の関係を表した曲線を**エビングハウスの忘却曲線**と呼びます。こうした結果から減衰説が主張されるようになりました。

10.5.2 干 渉 説

干渉説では，記憶情報以外の情報の干渉により，記憶の忘却が引き起こされると考えます。これを支持する実験を紹介しましょう。睡眠グループの参加者には，無意味綴り語を学習してもらい，その後，テストまでの時間は寝て過ごしてもらいました。覚醒グループには，無意味綴り語を学習した後，寝ずに過ごしてもらいました。この 2 つのグループの記憶成績を比較すると，睡眠グループの成績のほうが良いことがわかりました。こうした結果から，何らかの認知的活動が記憶した情報の処理に干渉することで，忘却が起きると考えられるようになりました（Jenkins & Dallenbach, 1924）。

干渉には，順行干渉と逆行干渉があります。**順行干渉**は，先に学習した情報が，新しく学習する情報の利用を抑制することをいいます。一方，逆行干渉は，新しく学習した情報が先に学習した情報の利用を抑制することです。

10.5.3 検索の失敗説

検索の失敗説では，記憶にある情報を検索することができないために忘却が生じると考えます。タルヴィングとパールストンの研究では，検索手がかりを呈示しないと再生できなかった単語も，検索手がかりが呈示されると再生できることが報告されています（Tulving & Pearlstone, 1966）。つまり，この実験結果は，忘却は情報が失われた結果ではなく検索の失敗であることを意味します。

10.6 記憶の発達

近年，乳児の心の仕組みを測る方法が考案されて，乳児たちは長期にわたり情報を保持していることがわかりました。ロヴィー＝コリアーは，ベビーベッドに吊るしたモビールを用いて，乳児が情報をどれほど長く保持することができるかを調べました（Rovee-Collier, 1999）。まず，乳児の足首とモビールをリボンで結びます（図10-10）。乳児が足を蹴ると，モビールが動きます。乳児は，足を蹴るとモビールを動かすことができることを経験しました。その後，乳児が同じ状況におかれたときの足を蹴る行動を記録します。もし，乳児がモビールを動かした経験を記憶しているのであれば，モビールを動かそうとして足を蹴るという行動が増えるだろうと考えました。実験の結果，乳児はその状況におかれると足を蹴るという行動を示しました。そして，生後6カ月の乳児が，足首を動かすとモビールが動くという出来事の記憶を2週間保持していることがわかりました。

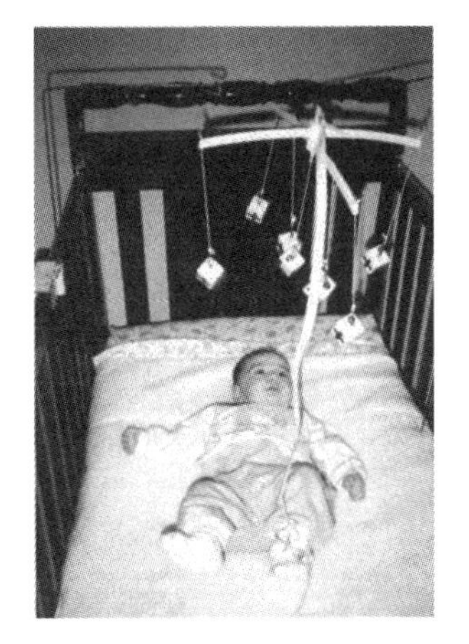

図 10-10 **モビール実験の状況**（Rovee-Collier, 1997）

10.7 まとめ

本章では，記憶の仕組みの基本についてみてきました。記憶には，記銘・符号化，保持・貯蔵，想起・検索の 3 つの過程がありました。また，記憶は情報を保持できる長さにより，感覚記憶，短期記憶，長期記憶に分類することができます。現在では，短期記憶はそのダイナミックな性質からワーキングメモリとも呼ばれています。長期記憶はその内容からいくつかに分類することができます。本章で取り上げた記憶のモデル，分類法，そして，現象は膨大な記憶研究の一部にすぎません。それは，記憶の仕組みが複雑であることを示しています。

確認問題

Q10-1　記憶についての説明としてもっとも適切なものを 1 つ選んでください。

(a) 記憶には，符号化，貯蔵，検索の 3 つの過程がある。

(b) 記憶は情報の検索時間が異なる感覚記憶，短期記憶，長期記憶という貯蔵庫から構成されている。

(c) 長期記憶は大きく宣言記憶と陳述記憶に分けられる。
(d) 符号化の段階でより浅い処理が行われた情報ほど記憶に残りやすい。
(e) 記憶は常に鮮明で変容することがない。

Q10-2　記憶の方略についての説明としてもっとも適切なものを1つ選んでください。

(a) 符号化時の文脈と検索時の文脈が一致しているほど，その情報を検索しやすい。
(b) 符号化時の文脈と検索時の文脈が一致しているほど，その情報を忘却しやすい。
(c) 情報のチャンキングは符号化を促進するが，情報の階層化は符号化を抑制する。
(d) 符号化時と検索時に異なる気分状態であることが符号化を促進する。
(e) 符号化の段階でより深い処理が行われた情報ほど変容しやすい。

Q10-3　自伝的記憶についての説明としてもっとも適切なものを1つ選んでください。

(a) 特徴の一つに新近性効果があるが，これは最近の出来事は想起されやすいということである。
(b) 将来のすべきことの情報が保持されており，適切なタイミングで想起することが重要である。
(c) 非宣言的記憶に分類される。
(d) 生活を通して獲得した世界に関する一般的な知識や事実に関する記憶である。
(e) 技能や習慣は繰返し経験することにより獲得され，一度獲得されると失われることがない記憶である。

参考図書

箱田 裕司・都築 誉史・川畑 秀明・萩原 滋（2010）．認知心理学　有斐閣

「認知心理学」のタイトル通り，記憶と忘却についてだけでなく，認知心理学領域における重要なテーマを解説しています。専門的な内容も含まれていますが，用語，概念，そして研究の知見について丁寧に説明されています。

太田 信夫・厳島 行雄（編）（2011）．記憶と日常（現代の認知心理学2）　北大路書房

記憶の仕組みについていろいろな視点から考察しています。記憶に関する基本的かつ重要なトピックだけでなく，臨床場面における記憶の働きについてもふれられています。

11 知　識

現代では，コンピューター上，あるいはインターネット上に膨大な量の情報が貯蔵されていますが，コンピューターやインターネットは，私たちのようにそれらの情報を場面や用途に合わせて活用するということができません。これに対し，私たちはある場面で獲得した情報を別の場面に応用したり，複数の情報を組み合わせて新たなアイデアを生み出したりなど，非常に柔軟にそれらの情報を活用することができます。このようなことが可能なのは，私たちの長期記憶にある情報が，ただ単に貯蔵されているというだけでなく，**知識**として構成されているからです。

11.1 カテゴリーと知識

たとえば四輪の自動車を見たとき，私たちはそれがトラックであるのか，乗用車であるのか，バスであるのかといった区別を容易に行うことができます。しかし，「乗用車」はどれも同じ形や色をしているわけではなく，さまざまな形や大きさ，色をしています。にもかかわらず，私たちはそれが乗用車なのかトラックなのかを瞬時に判断できるのです。このように私たちが対象をうまく認識できるのには，**カテゴリー化**と呼ばれる認知機能が大きな役割を担っています。

カテゴリー化とは，同じ種類や性質をもつ対象を１つのまとまり（**カテゴリー**）としてとらえることをいいます。さまざまな対象をそれぞれ適切なカテゴリーに分類するためにはカテゴリーについての知識が必要になりますが，どのような対象がそのカテゴリーに含まれるのか，そのカテゴリーに共通する特徴は何かといった，カテゴリーについての一般的な知識のことを**概念**と呼びます。こうした知識を活用することで，私たちは思考やコミュニケーションを効率化しているのです。

概念がどのように構成されているのかについてはさまざまな理論がありますが，その中でもよく取り上げられるものに，定義的特性理論，プロトタイプ理論，範例理論，理論ベースの概念理論があります。

11.1.1 定義的特性理論

定義的特性理論は，概念（カテゴリーについての知識）がそのカテゴリーを定義する特性（**定義的特性**）の集合によって構成されているとする考え方です。たとえば，「自動車」というカテゴリーに含まれる対象は，「陸路を走る」「車輪がある」というように，そのカテゴリーに共通するさまざまな特性（特徴）をもっています（図11-1）。そのため，概念というのは，各カテゴリーに含まれる対象がもつ特性についての知識であるというわけです。

定義的特性理論では，各カテゴリーに含まれる対象には，そのカテゴリーを定義する必要十分な特性を共通してもっていると考えます。つまり，○○というカテゴリーに属する対象は，そのカテゴリーの定義的特性をすべて備えていなくてはなりません。また，ある対象が○○というカテゴリーに属す

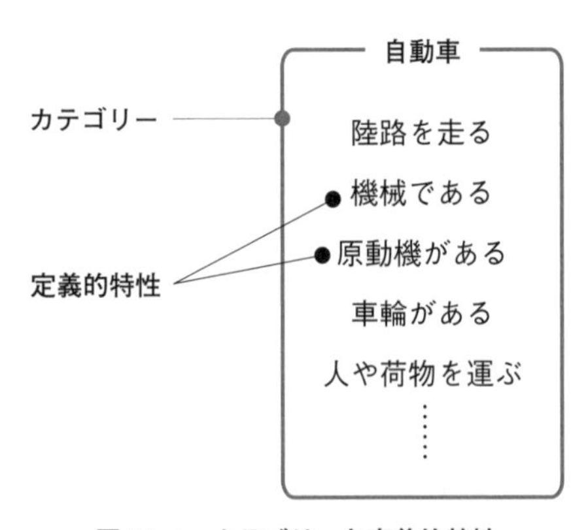

図11-1 **カテゴリーと定義的特性**

るかどうかは定義的特性の有無によって決まるため，その対象が○○であるかどうかは明確に区別することができます。このような考え方は，しばしば概念の「古典的理論」と呼ばれるように，非常に古くから存在するものです（Smith & Medin, 1981）。

しかし，こうした概念の考え方は，「『偶数』は2で割り切れる整数である」といった数学的概念や，「『スピード違反（速度超過違反）』とは，法令に定められた最高速度を超える速度で進行した場合をいう」といった法律的概念などの場合にはうまくあてはまるのですが，私たちが日常的に使用している概念には，このような考え方ではうまく説明できないものがたくさんあります。

たとえば，「野菜」や「果物」の定義的特性にはどのようなものがあるでしょうか。また，「アボカド」が「野菜」と「果物」のどちらに属するかを，明確に区別することはできるでしょうか[1]。

11.1.2　プロトタイプ理論

「果物」や「野菜」など，日常私たちがふれている概念は自然概念と呼ばれるもので，こうした概念には定義が明確でないものが数多くあります。そして，このような自然概念におけるカテゴリー判断を説明するための考え方の代表的なものが**プロトタイプ理論**と呼ばれる考え方です。

プロトタイプ（典型例）とはそのカテゴリーを代表する例，つまり「いかにも○○らしい」もののことです。そしてプロトタイプ理論では，各対象がどのカテゴリーに含まれるかの判断は，その対象と各カテゴリーのプロトタイプの類似度を基準に行われると考えます（Rosch & Mervis, 1975）。たとえば，「アボカド」は「野菜」か「果物」かというような判断では，アボカ

---

[1] アボカドは樹木に実る果実であるため，農林水産省による定義では「果物」に分類されます。なお，このような定義では，イチゴやメロンなどは果物ではなく「野菜」に分類されることになります。

ドという対象が「野菜のプロトタイプ」と「果物のプロトタイプ」のどちらにより近いかによって，それが野菜であるか果物であるかの判断が行われるということになります。

定義的特性による考え方では，たとえばアボカドが果物かどうかという判断においては，その答えは「果物である」か「果物でない」かのどちらかしかありません。しかし，プロトタイプ理論の考え方では，アボカドが果物かどうかという判断において，その答えは「いかにも果物である」から，「かなり果物っぽい」「あまり果物っぽくない」「ぜんぜん果物っぽくない」というように，「果物らしさ」の程度について強弱が存在し得ることになります。

このような，私たちがプロトタイプとの類似度によってカテゴリー判断を行っているとする考え方には，それを支持する実験結果もあります。たとえば，スミスら（Smith et al., 1974）は，さまざまな対象が「トリ」や「果物」といったカテゴリーに含まれるかどうかを判断させるという課題を行い，答えるまでの時間や誤判断率について測定しています。その結果，より「トリらしい」対象や「果物らしい」対象ほど，その判断が素早くなり，また正確になることが示されました（図11-2）。このように，よりプロトタイプに近い（典型的）なものほどカテゴリー判断が素早く正確になることを**典型性効果**といいます。

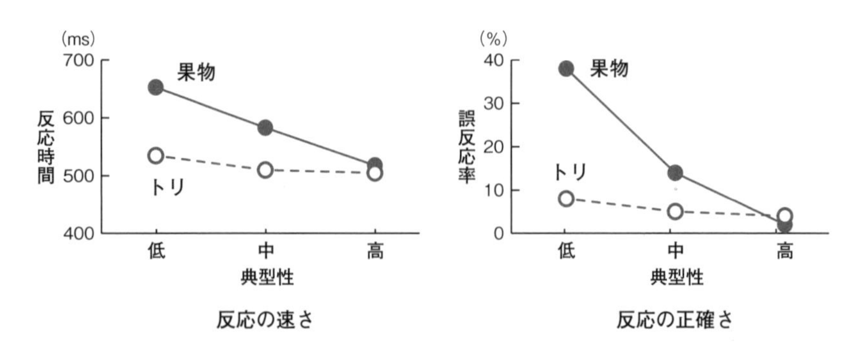

図11-2　**カテゴリー判断と典型性**（Smith et al., 1974）

11.1.3 範例理論

「イヌ」というカテゴリーには，チワワやトイプードルのように小さな体のものからレトリーバーや土佐犬のような大きな体のものまでさまざまなものが含まれますが，「ネコ（家猫）」というカテゴリーに含まれる対象には，体の大きさにそれほどばらつきがありません。このように，カテゴリーによってそこに含まれる対象がもつ特徴のばらつきが異なることもあります。

たとえば見た目が「ネコ」に似た動物を見たとき，その体長が30 cm程度であればそれを「ネコ」だと思っても，体長1.5 mほどなら，それが「ネコ」だと思う人は少ないでしょう。しかし，イヌの場合には，体長が30 cm程度の場合にも1.5 mの場合にも，それが「イヌ」だと判断できるはずです。このように，実際のカテゴリー判断では，そのカテゴリーに含まれる対象のばらつきに関する知識なども利用されていると考えられます。しかし，特定のプロトタイプとの類似度でカテゴリーの判断を行うと説明するプロトタイプ理論では，こうした現象はうまく説明できません。

そこで，カテゴリー判断は平均化された1つのプロトタイプとの比較ではなく，記憶の中にある個別の見本（範例）との比較を通して行われているとする考え方が**範例理論**です（Medin & Schaffer, 1978）。この考え方では，カテゴリーに含まれる個々の範例を参照することで，新しく遭遇したその対象と各カテゴリーとの類似性や相違性が判断されると考えます。たとえば，ある動物を見てそれがネコであると判断したとしましょう。その場合，それは「典型的なネコ」と似ているからそう判断されたのではなく，これまでに見たことのあるミケネコやトラネコ，ペルシャネコなどに似ているからだというわけです（図11-3）。このように，1つのプロトタイプではなく個別の範例を用いた判断であれば，「ネコはだいたいどれも似たような大きさである」といった情報を用いた判断も可能になります。

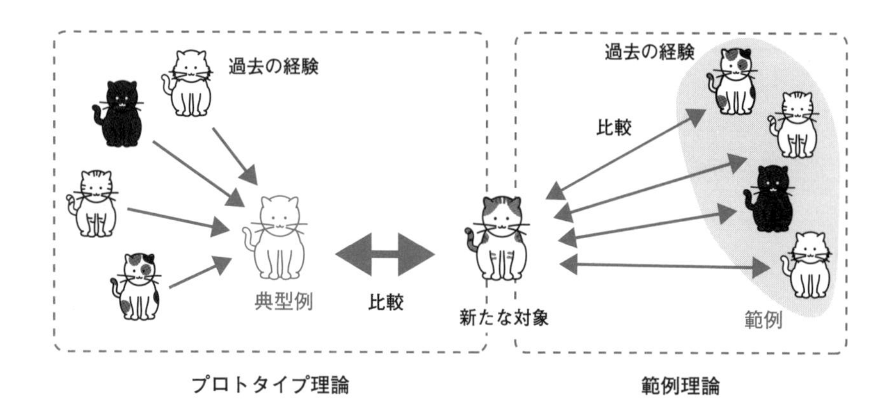

図11-3 **プロトタイプ理論と範例理論**

11.1.4 理論ベースの概念理論

日常のさまざまなカテゴリーの中にはさらに，プロトタイプや個別事例との類似性ではうまく説明できないようなものもあります。たとえば，「正義」という概念にはどのようなプロトタイプがあるのでしょうか。また，「ハロウィーン・パーティに着ていく衣装」や「防災用品」というカテゴリーに含まれる対象にはどのような類似性があるのでしょうか。

「ハロウィーン・パーティに着ていく衣装」や「防災用品」のようなカテゴリーは，つねにそのようなカテゴリーが記憶情報として保持されているというよりは，特定の目的に応じてそのつど構成されるものといえます。こうした，その場の状況や目的に応じて即興で作成されるカテゴリーはアドホック・カテゴリーと呼ばれます（Barsalou, 1983）。このようなカテゴリーでは，対象の特徴がもつ類似性よりも，目的とする行動やその状況に対する知識や理論が重要な役目を担うことになります。このように，カテゴリーはそれに関連する理論に基づいて構成されるものであるという考え方を**理論ベースの概念理論**と呼びます（Murphy & Medin, 1985）。

ここまでにみてきたプロトタイプ理論や事例理論など複数の概念理論は，ある現象についてはこの理論でうまく説明できるが，別の現象についてはこちらの理論のほうがうまく説明できるというように，どれも概念の性質をすべて説明できるものにはなっていません。そのため，これらの理論はどれが正しくてどれが間違いというようなものではなく，それぞれ概念がもつ異なる側面を説明しているものと考えられています（Murphy, 2002）。

11.2 知識と意味記憶

知識に関しては，それらがどのように意味記憶として貯蔵されているのかということも心理学的な関心の一つです。意味記憶に関してもさまざまなモデルが提唱されていますが，ここではそれらのうち代表的なものについてみていくことにします。

11.2.1 階層モデル

コリンズとキリアンは，意味記憶が上位の（抽象的な）概念から下位の（具体的な）概念へという形で階層的に体制化されているとする**階層モデル**を提唱しました（Collins & Quillian, 1969）。この階層モデルでは，それぞれの概念は固有の属性をもつノードとして表現され，概念間の関係はそれらのノードの間のリンクによって示されます（図 11-4）。

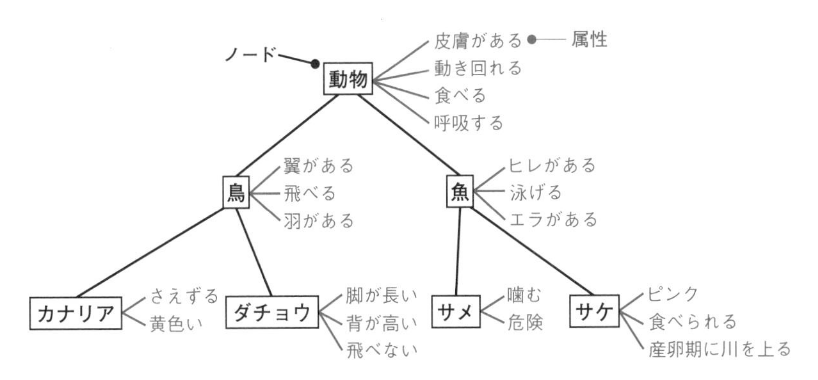

図 11-4　**意味記憶の階層モデル**（Collins & Quillian, 1969 をもとに作成）

このモデルでは，各概念の下位ノードにはそのノードに固有の属性情報のみが与えられ，より一般的な属性（特性）は上位のノードに与えられるという形になっています。たとえば，「カナリア」というノードには，「黄色い」や「さえずる」といった属性が与えられていますが，「飛べる」や「翼がある」といった属性は与えられていません。それは，それらの属性がその上位ノードである「鳥」に与えられているからです。

このようにして複数の概念に共通する情報を上位ノードにもたせることで，複数のノードが同じ情報を重複してもたなくてもよいようになり，情報処理の効率が高まります。このような，より多くのことをより少ない情報で表現可能な特徴を**認知的経済性**と呼びます。

このモデルには，もう一つ重要な仮定があります。それは，各概念がもつ属性情報にはノードのリンクを経由してアクセスする必要があるということです。たとえば図 11-4 に示したモデルでは，「カナリア」が「飛べる」かどうかを判断するには，ノード間のリンクをたどり，「鳥」という上位ノードの属性にアクセスする必要があると考えるのです。この考え方によれば，「カナリア」が「さえずる」かどうかについては，「さえずる」という属性が「カナリア」のノードに与えられているために素早く判断できますが，「カナリア」が「飛べる」かどうかについては上位ノードにアクセスする必要がある分，わずかに判断が遅くなることになります。

このことを確かめるため，コリンズとキリアンは概念についての真偽を判断させる課題を用いた実験を行っています（Collins & Quillian, 1969）。この実験では，「カナリアはさえずる」や「カナリアは魚である」といった短文を参加者に示し，それらの文の内容が正しいかどうかをできるだけ素早く判断させるという課題を行わせました。その結果をまとめたものが図 11-5 です。

図 11-5 をみるとわかるように，「カナリアはさえずる」という文よりも「カナリアは飛べる」という文のほうが，そして「カナリアは皮膚がある」という文のほうが判断までに長い時間がかかりました。同様に，カナリアが

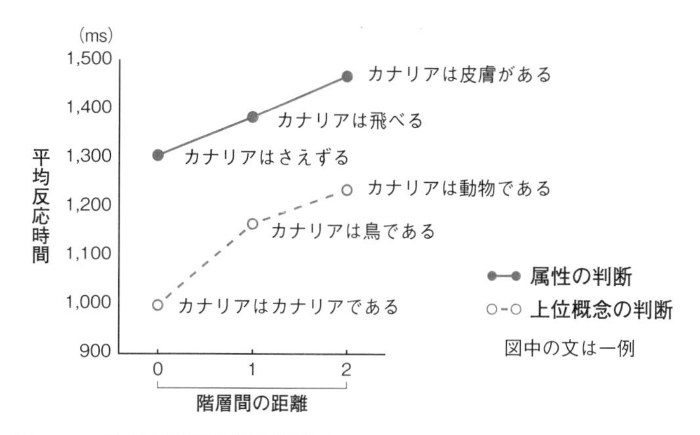

図 11-5　**階層と判断時間の関係**（Collins & Quillian, 1969 をもとに作成）

「カナリア」であるかどうかの判断よりも，カナリアが「鳥」であるかどうか，「動物」であるかどうかの判断のほうが時間がかかることもわかります。このような，上位ノード（概念）へのアクセスが必要な場合には判断時間が長くなるという結果は，知識が階層的に貯蔵されているというモデルを支持するものといえます。

このように知識が階層的な構造をもつという考え方は，概念についての理論の中にもみられます。たとえばロッシュらは，自然カテゴリーにはその抽象レベルによって上位水準，基礎水準，下位水準という階層性が存在するという考え方を提唱しています（Rosch et al., 2004）。

この 3 段階の水準のうち，カテゴリーの典型例となる視覚的なイメージが存在し，異なるカテゴリー間の区別（たとえばイヌとネコの区別）が容易な水準が**基礎水準**です。これより抽象性が高い上位水準の概念，たとえば「動物」などでは，その典型例として特定の形を思い浮かべることが困難になります。また，基礎水準より下位水準にある概念（たとえばイヌの種類やネコの種類など）では，近接するカテゴリー間（たとえば「秋田犬」と「柴犬」など）での区別が難しくなります。

ロッシュらによれば，さまざまな概念の水準のうち，私たちが日常的にもっともよく用いるのは「イヌ」や「ネコ」などの基礎水準の概念です。また，小さな子供が言葉を覚える際，「イヌ（あるいはワンワン）」という基礎水準の概念より先に「コリー」とか「レトリーバー」というような下位概念が獲得されることは非常にまれでしょう。このように，基礎水準の概念は，私たちの日常のコミュニケーションにおいて，また，言語の獲得過程において，重要な働きを担うものであると考えられるのです。

11.2.2 活性化拡散モデル

コリンズとキリアンの実験では階層モデルに基づく予測と一致した結果が得られましたが，このモデルではうまく説明できない現象もありました。たとえば，「動物」と「哺乳類」では，「動物」というカテゴリーのほうが「哺乳類」よりも上位にくるはずでが，「犬は哺乳類である」と「犬は動物である」では，「犬は動物である」のほうが判断時間が短いのです（Landauer & Freedman, 1968）。また，階層モデルでは，概念における典型性効果をうまく説明することもできません。たとえば「カナリアは鳥である」という文と「ダチョウは鳥である」という文では，その典型性の違いから「カナリアは鳥である」のほうが真偽判断に要する時間は短くなるはずですが，「カナリア」と「ダチョウ」はどちらも「鳥」の下位ノードですから，階層モデルではこれらの反応時間に違いが生じないことになります。

そこで，こうした問題を解決するために，コリンズとロフタスは階層モデルに修正を加え，**活性化拡散モデル**と呼ばれる意味記憶のモデルを提唱しました（Collins & Loftus, 1975）（図 11-6）。活性化拡散モデルでは，それぞれの概念がネットワークとして構成され，そして概念の関連度はノード間の距離やリンクの総数によって表現されます。

このモデルでは，各概念は階層構造ではなくネットワークとして構成されているため，「犬は哺乳類である」より「犬は動物である」のほうが判断が容易であるというような現象についても，ノード間の距離の違いや関連度の違いという形で説明することができます。また，典型性効果についても同様

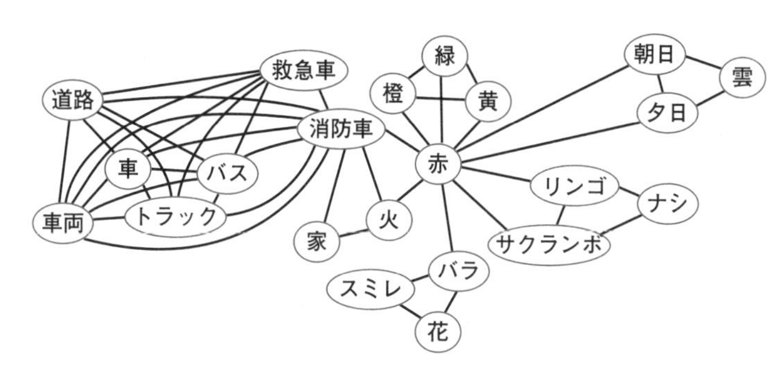

図 11-6 **活性化拡散モデル**（Collins & Loftus, 1975 をもとに作成）

で，そのカテゴリーにおいて典型的なものほどカテゴリーの知識（概念）との関連が強いため，素早く判断できると考えられるのです。

また，この活性化拡散モデルでは，**意味プライミング**と呼ばれる現象をうまく説明できることも知られています。意味的プライミングとは，まず最初に「パン」のような語句を呈示した後に「バター」という単語が意味のある言葉であるかどうかを判断させた場合，「カサ」の後に「ワイン」という単語の意味判断をさせるよりも素早く判断できるようになることをいいます（図 11-7）。これは，「パン」と「バター」の意味的な関連性が，「カサ」と「ワイン」の意味的関連性よりも強いことによって生じるものだと考えられ

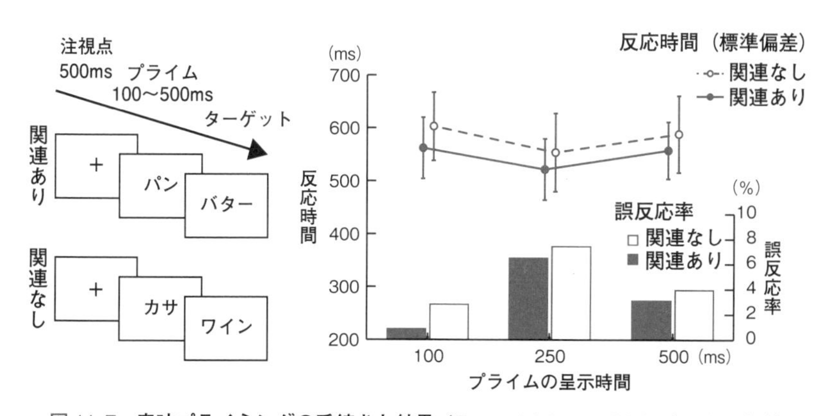

図 11-7 **意味プライミングの手続きと結果**（Ferrand & New, 2004 をもとに作成）

ています。

活性化拡散モデルでは，ある記憶ノードが活性化したとき，その活性化が関連するノードに拡散していくと仮定します。そのため，「パン」という単語によってそのノードが活性化されると，それに関連する「バター」や「ジャム」「ミルク」などのノードにも活性化が伝わり，それらのノードが活性化しやすい状態（プライミングされた状態）になります。そのため，「パン」の直後に「バター」という単語の意味判断を行わせると，通常よりも素早く判断できるようになると考えられるのです。

11.2.3 コネクショニスト・モデル

私たちの脳内では，膨大な数の神経細胞（ニューロン）が非常に複雑な神経ネットワークを形成しており，これらの神経ネットワークの働きによって，知覚や記憶，思考といった知的活動が支えられています。活性化拡散モデルにもその傾向がみられますが，認知心理学では，こうした神経ネットワークを模式化して，認知的な情報処理の仕組みを説明しようとするアプローチがしばしば用いられます。

その中でも，さまざまな知識を複数のユニット（神経細胞または神経回路に相当）のネットワークという形で表現し，複数の情報が同時並行的かつ分散的に処理される脳内の情報処理の仕組みを模したモデルは**並列分散処理モデル（PDP モデル）**や**コネクショニスト・モデル**と呼ばれています（Rumelhart & Todd, 1993）。

図 11-8 は，単純な階層モデルとそれをコネクショニスト・モデルで表現したものです。コネクショニスト・モデルでは，さまざまな概念を複数の層からなる神経ネットワークの形で表現します。そして，このネットワーク・モデルに「カナリアは鳥である（「カナリア」「〜である」「鳥」）」や「カナリアは飛ぶ（「カナリア」「〜する」「飛ぶ」）」といった文を繰返し与えて「カナリア」という概念を学習させると，各ユニット間のネットワークのつながりの強さが学習によって変化し，最終的には入力層の「カナリア」ユニ

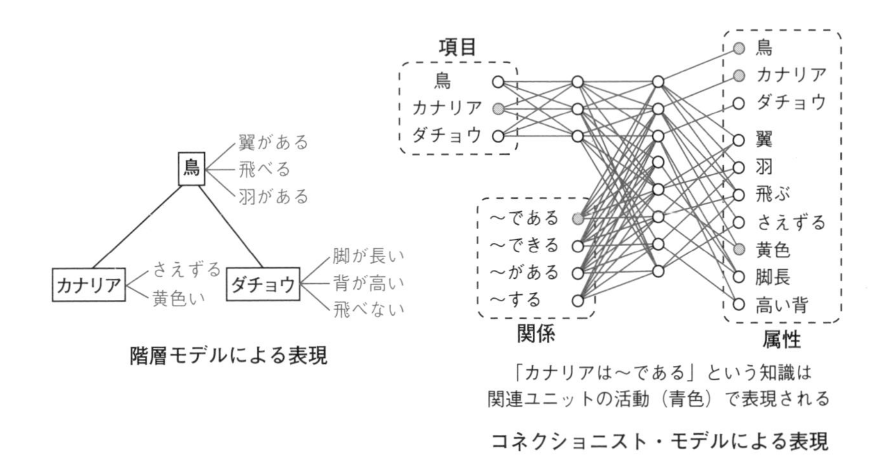

図 11-8　コネクショニスト・モデルによる意味記憶の表現
（McClelland, 2000 をもとに作成）

ットと「である」ユニットを刺激したときに,「鳥」や「黄色」など, 適切な属性ユニットが活性化するようになるのです。このように, コネクショニスト・モデルの考え方では, 概念はユニット間のネットワークの形で分散的に記憶されると説明されます。

このモデルでは, さまざまな対象に関する知識を学習させることによってカテゴリーの階層構造を獲得可能であることや, 各対象やカテゴリーについて類似性に基づく判断を行うことで典型性効果を説明可能であることが示されています（McClelland & Rogers, 2003）。

11.3　スキーマ

さまざまな知識を場面や目的に合わせて効率的に用いるには, それぞれの情報をただ単に記憶として貯蔵しておくだけでなく, それらをとりまとめ, 効果的に活用するための仕組みが必要になります。そして, そのための仕組みとして考えられているのが, 第 1 章でも取り上げた**スキーマ**です。ラメルハートらは，さまざまな記憶情報が高度に抽象化されたものをスキーマと呼び，このスキーマが新たな知識の獲得や獲得した知識の構造化（整理・整頓）における中心的な役割を担っていると考えました（Rumelhart & Norman, 1978; Rumelhart & Ortony, 1977）。

ラメルハートらによれば，スキーマは記憶に貯蔵されている知識が一般化されたものであり，対象についてのスキーマ，場面についてのスキーマ，出来事についてのスキーマなど，さまざまなスキーマが存在します。たとえば，第1章で取り上げた「ラーメン屋での食事」に関連していえば，「金銭を支払って注文をし，出されたものを食べる」という枠組みはラーメン屋だけでなく飲食店全般にあてはまるものであり，これはより一般的な「外食」のスキーマということができるでしょう（図 11-9）。

そして，この「外食」という場面には，店員と客，店舗，商品などの要素が含まれていますが，これらの各要素には，その「外食」の場面が高級レストランなのか，大衆食堂なのか，ラーメン屋なのか居酒屋なのかによって異なるものが含まれます。スキーマのうち，個別の場面によってそれぞれに異なる可能性がある要素は**変数**と呼ばれ，このように変数を用いて一般的な枠組みを構成することで，さまざまな場面に対して知識を柔軟に活用できるようになるのです。

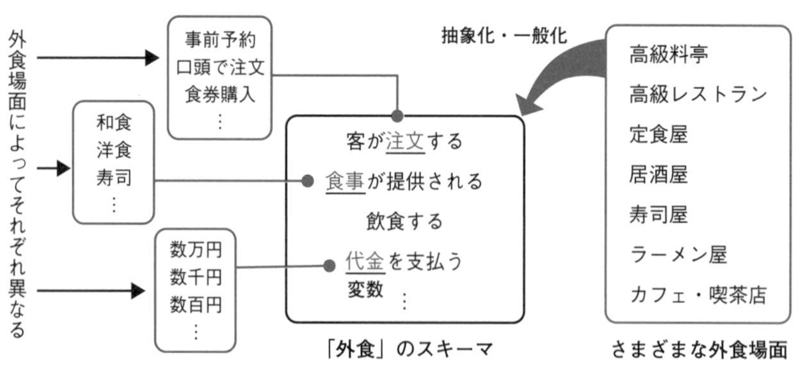

図 11-9　一般的な枠組みとしてのスキーマ

11.4 まとめ

本章では，私たちがもつ知識のうち，とくに概念と呼ばれるものを中心に，その構造や意味記憶における貯蔵方法についての代表的な考え方を取り上げました。私たちが日常用いる概念には，奇数か偶数かといった区別が明確なものから，野菜か果物かというように境界が曖昧なものまで，さまざまなものがありますし，すでにもっている知識を利用してカテゴリーを構成することもあります。これらの知識がどのような形で意味記憶として貯蔵されているのか，あるいはそれらが場面や目的に応じてどのように利用されるのかについてはまだよくわからない部分も多いですが，活性化拡散モデルやコネクショニスト・モデルなど，それを説明するために複数のモデルが提案されています。

確認問題

Q11-1　次のうち，代表的な概念モデルについての説明として適切なものを1つ選んでください。

(a) 理論ベースの概念理論では，各カテゴリーにとって必要十分な条件が理論という形で定義されていると考える。

(b) 範例理論では，各カテゴリーに含まれる対象から，そのカテゴリーを代表する平均的な1つの範例が形成されると考える。

(c) 定義的特性理論では，概念の典型性効果は定義的特性の有無によって説明できると考える。

(d) プロトタイプ理論では，カテゴリーの判断は各カテゴリーの典型例との類似性を基準に行われると説明する。

(e) 数学的な概念や法的な概念の説明には範例理論が，野菜や果物など，日常的な概念の説明には定義的特性理論が適している。

Q11-2　次のうち，意味記憶についての説明として適切なものを1つ選んでください。

(a) 階層モデルでは，意味記憶が具体的な概念から抽象的な概念まで階層的に体制化されていると考える。
(b) 階層モデルでは，記憶の頑健性を高めるため，水準の異なるノードに同じ属性情報が重複して保存されていると考える。
(c) 活性化拡散モデルでは，より具体的な概念の意味が拡散することによって抽象概念が形成されると説明する。
(d) 活性化拡散モデルでは，類似度の高い概念ほど遠くに貯蔵することで，脳全体の活性化が促進されると考える。
(e) コネクショニスト・モデルでは，各概念の関連度は概念ノード間の距離やリンクの数という形で表現される。

Q11-3 次のうち，スキーマについての説明として適切なものを1つ選んでください。

(a) スキーマとは，判断対象の単語の直前に，それと関連する単語を呈示した場合，対象語の意味判断が素早くできるようになる現象をいう。
(b) スキーマは，日常的に遭遇するさまざまな場面についての詳細で具体的な記述であり，各場面に1つずつ存在する。
(c) スキーマは各カテゴリーの典型例によって構成されており，日常的な使用頻度が高い，基礎水準の概念である。
(d) スキーマとは，さまざまな記憶情報が抽象化，一般化されたものであり，知識の獲得や利用における枠組みとなるもののことである。
(e) スキーマは，さまざまな概念の間に存在するギャップ（隙間）のことであり，新たに獲得した知識はこの隙間を埋めるようにして記憶される。

参考図書

森 敏昭（編著）(2001). おもしろ記憶のラボラトリー　北大路書房

認知心理学的視点から記憶について紹介した本で，記憶に関するさまざまな問題についてわかりやすく解説されています。本章で取り上げた内容については，主に第6章で扱われています。

守 一雄・都築 誉史・楠見 孝（編著）(2001). コネクショニストモデルと心理学――脳のシミュレーションによる心の理解――　北大路書房

専門的な内容が多く，難易度は高いですが，コネクショニスト・モデルの考え方や，その実際の研究例について詳しく紹介されています。

中島 義明（2006）．情報処理心理学——情報と人間の関わりの認知心理学——
　サイエンス社

認知心理学が扱うさまざまなテーマについてコンパクトにまとめられています。プライミング効果とスキーマについては，それぞれ第6章と第7章で取り上げられています。

12 推論と問題解決

フランスの思想家であり数学者であったパスカルの言葉，「人間は1本の葦，つまり自然界における最弱の存在に過ぎない。だが，それは考える葦なのだ（L'homme n'est qu'un roseau, le plus faible de la nature, mais c'est un roseau pensant.）」にもみられるように，私たち人間を特徴づける要素の一つに「考える」ことがあります。もちろん，人間以外の動物でも，その動物なりの方法で考えることはできるかもしれません。しかし，さまざまなアイデアを言語や絵画，音楽などで表現したり，正義や愛といった抽象的な概念について思考したりなど，人間の思考は他の動物とは大きく異なる特徴をもっています。本章では，そうした私たち人間の思考のうち，推論と問題解決という2つの側面について取り上げたいと思います。

12.1 推　論

すでにもっている知識を利用して未知のことがらについて考えたり，論じたりすることを**推論**といいます。推論の方法にもさまざまなものがありますが，その中でもとくに代表的なものに帰納的推論と演繹的推論の2つがあります。

12.1.1 帰納的推論

帰納的推論とは，個別の経験や知識をもとに，より一般的な結論を導き出す思考方式です。たとえば，近所に新しいレストランができたとしましょう。試しに入って食べてみた料理はとてもおいしいものでした。そこでまた別の日にそのお店に行き，前回とは別のメニューを注文したところ，こちらもとてもおいしかったとします。すると多くの人は，そのレストランのメニューを全部試していなくても「あのお店の料理はどれもおいしいに違いない」と考えることでしょう。

このように，少数の個別事例をもとに全体について考える思考方式が帰納的推論です。一つひとつの体験から一般的な法則性を導き出すという帰納的な推論は，科学的な発見（観測データから法則性を発見する）に役立つことはもちろんですが，母語の獲得過程（さまざまな発話から文法知識を獲得する）などにも大きく関係しています。

1. 帰納的推論の過程

では，私たちはどのようにしてこの帰納的推論を行っているのでしょうか。ジョンソン＝レアードによれば，帰納的推論には，観察などを通じた事例の獲得，暫定的な仮説の形成，仮説の評価の3つの段階があります（Johnson-Laird, 1994）（図12-1）。

たとえば，先ほどのレストランの例では，そのお店の食事がおいしかったという体験を数回繰り返したことで「このお店の料理はどれもおいしい」という仮説（結論）に至りました。このとき，そのお店の食事がおいしかったという体験が，帰納的推論における事例の獲得にあたります。

このようにして1つあるいはそれ以上の事例が獲得されると，それらをうまく説明できるような一般的な仮説が形成されます。仮説というと何か難しいもののように感じるかもしれませんが，この場合の仮説には，それまでの

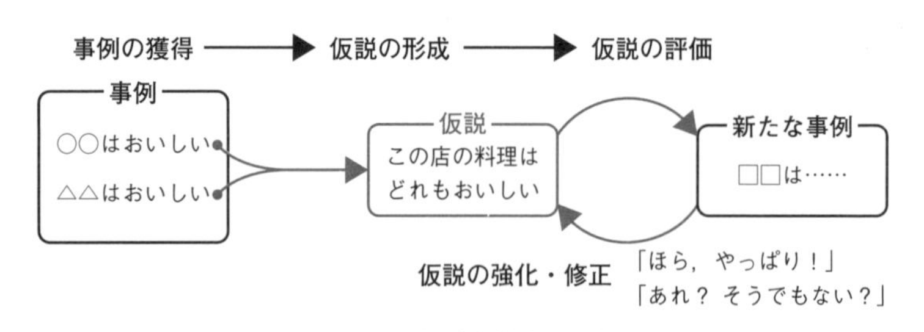

図12-1　帰納的推論の過程

食事体験をもとに「このお店の料理はどれもおいしい」と考えることなども含まれます。

このようにして形成された仮説はあくまでも暫定的なものなので，それが本当に正しいかどうかは分かりません。後日またそのお店で食事をしたとき，その料理がおいしければ，この仮説はますます確かなものだと感じられるでしょう。しかし，あまりおいしくない料理が出てきたとしたら，「このお店の料理はどれもおいしい」という仮説に反する事例に遭遇したことになり，その仮説が否定されてしまうか，「このお店の料理は大抵はおいしい」や，「肉料理はおいしいが魚料理はいまいちだ」のように，仮説に修正が加えられることでしょう。このように，複数の事例と仮説の整合性をチェックし，仮説の採否を決めたり仮説に修正を加えたりするのが，3つ目の段階にあたる仮説の評価です。

そして，これまでの仮説が否定されたり，修正されたりして新しい仮説，修正済みの仮説ができると，さらにその仮説に対して事例を用いて検証して……というように，この帰納的推論の過程は何度も何度も繰り返されていくことになります。

2. 帰納的推論の誤り

私たちの思考には誤りがつきものですが，この帰納的推論も例外ではありません。たとえば，はじめて訪れた国で道に迷って困っていたところ，とおりがかりの人が助けてくれたとします。すると，その体験（事例）に基づいて「この国の人はとても親切だ」という仮説が形成されるかもしれません。しかし，たった一度，たった一人の体験から，「この国の人」のすべてあるいは大部分が親切だと考えるのは少し一般化しすぎでしょう。もしかしたら，ほとんどの人が素通りしていた中で，その人だけが見かねて助けてくれたのかもしれません。このように，私たちはごく少数の事例を過剰に一般化してしまいがちな傾向をもっています。

また，形成された仮説について検証する際にも，私たちはその仮説にあてはまる事例の有無ばかり気にし，仮説に反する事例に注意を向けない傾向が

これらの数字の背後にあるルールは？

図12-2　**ウェイソンの2-4-6課題**

あることが知られています。そのことを示す典型的な例が，**ウェイソンの2-4-6課題**と呼ばれる課題を用いた実験です（Wason, 1960）（図12-2）。

この課題は，参加者に「2，4，6」という3つの数字を与え，これらの数字の背後に設定されたルールを推測させるというものです。その際，参加者はそのルールを探しあてるために任意の3つの数字をあげることができ，そしてそれらの数字がそのルールにあてはまっていれば「適合」，そうでなければ「不適合」という反応を実験者から得ることができました。このやりとりを数回繰り返し，ルールを見つけたと思ったら，参加者はその答えを実験者に伝え，そしてそれが正解であればそこで実験は終了します。参加者の答えが間違いであれば，3つの数字をあげてルールを推測するやりとりを継続します。

この実験における実際のルールは「増大する3つの整数」という単純なものだったのですが，参加者たちは「2ずつ増える整数」や「最初の数の倍数」など，さまざまな仮説を立ててそれを検証しようとしました。その際，たとえば「2つずつ増える整数」が正解だと思った参加者は，「4，6，8」や「8，10，12」などを例としてあげ，それが「ある法則」にあてはまっているかどうかを確認しようとしたのです。その場合，「4，6，8」や「8，10，12」に対する実験者の反応はいずれも「適合」になりますが，だからといってそれは「2つずつ増える整数」という仮説が正しいということを意味しません。なぜなら，これらの数字はいずれも「増大する3つの整数」という本来の法則にあてはまるからです。

この場合，正解にたどり着くためには「2 つずつ増える整数」という仮説に反するような例（「2，3，4」など）をあげ，それが「不適合」になるかどうかを確認する（反証を探す）ことも必要なのですが，参加者の多くはそのような方法をとることができませんでした。そうではなく，自分の仮説にあてはまる数字ばかりをあげ，それらがルールに適合していることを確認しようとしたのです。このように，仮説検証の際に仮説にあてはまる事例ばかりを集め，仮説に反する事例に注意が向かない傾向は**確証バイアス**と呼ばれています（Wason, 1960）。

12.1.2 演繹的推論

演繹的推論は，すでにある一般的知識や法則，事実を組み合わせて用いることで個別の事例について判断しようとするもので，個別の経験から一般的な結論を導き出す帰納的推論とは対照的な思考方式です。たとえば，自分の担任が宿題忘れに厳しい先生だったとしましょう。そしてある朝の登校中，あなたは宿題をやり忘れていることに気がつきました。この場合，あなたは「しまった，先生に叱られる」と思うことでしょう。

この「先生に叱られる」という考えは，「宿題を忘れると先生が怒る」という前提と，「自分が宿題を忘れた」という事実の組合せから導き出された結論です。このように，複数の前提や事実を組み合わせることによって，「自分が宿題を忘れた場合」という個別的，特殊的な状況についての判断を行うのが演繹的推論です。

1. ウェイソンの選択課題

私たちがこの演繹的推論をどのように行っているかについては，ウェイソンの選択課題（Wason, 1966）と呼ばれる課題や，そこから派生した課題を用いた研究が数多く行われてきました。それらの研究では主に私たちの演繹的推論における誤りが注目され，そのような誤りがなぜ生じるのかという点から演繹的推論過程についての説明が行われてきました。

「表が母音なら裏は偶数」

このルールが守られていることを確認するには？

図 12-3　**ウェイソンの選択課題**

ウェイソンの選択課題とは，表面にアルファベット，裏面に数字が印刷されたカードについて，「カードの表面が母音ならば，その裏面の数字は偶数である」というルールが成立しているかどうかを確かめるというものです。この課題では，参加者には4枚のカードが与えられ，そのうち2枚は表面（「A」「D」），残りの2枚は裏面（「4」「7」）が見える状態になっています。そしてこの状態で，先ほどのルールどおりであることを確かめるためにはどのカードを裏返すべきだと思うかを答えてもらいます（図 12-3）。

4枚のカードを用いることから4枚カード課題とも呼ばれるこの課題は，「表が母音ならば裏は偶数」という条件（ルール）と，それぞれのカードの見えている面の情報（母音，子音，偶数，奇数）を組み合わせて判断する必要があることから演繹的推論が用いられていると考えられます。しかし，この課題は一般に正解率が低いことが知られています。この課題では「A」と「7」のカードを裏返すのが正解なのですが[1]，大部分の人は，「A」と「4」の2枚，または「A」のカード1枚のみを選択するのです（Wason & Shapiro, 1971）。

---

[1] なぜ「4」でなく「7」のカードなのでしょうか。奇数カード（7）の表が母音の場合，「母音の裏は偶数」に反することになります。しかし，偶数カード（4）の表が子音であっても「母音の裏は偶数」というルールには違反しません。なぜなら，「母音の裏は偶数」というルールは，「子音の裏が偶数」という可能性を否定していないからです。そのため，ここで4のカードを選択しても，ルールの確認にはならないのです。

このような結果は，一見すると帰納的推論のところで取り上げた**確証バイアス**が関係しているようにみえます。しかし，この課題で「表が母音なら裏は偶数である」というルールを「表が母音なら裏は奇数でない」と表現した場合には，ルールそのものの意味は変わらないにもかかわらず，正解率が大幅に向上します（Evans & Lynch, 1973)。つまり私たちの思考には，あるルールの正しさについて判断する際，そのルール（表が母音なら裏は奇数でない）に含まれている言葉（「母音」や「奇数」）と一致するものを好んで選択する傾向があるのです。このように，ルールの表現に含まれている言葉と一致するものを選ぼうとする傾向は**マッチング・バイアス**と呼ばれています（Evans, 1972)。

2. 三段論法と演繹的推論

演繹的推論の誤りに関しては，三段論法を用いた研究も数多く行われてきました。**三段論法**とは，大前提と小前提という 2 つの前提から 1 つの結論を導き出す推論方式で，たとえば次のようなものです。

彼は，ワインとビールを同時には飲まない　（大前提）
今，彼はビールを飲んでいない　（小前提）
ゆえに今，彼はワインを飲んでいる　（結　論）

そして，2 つの前提については正しいものとした上で，そこから導き出される結論が妥当（論理的に正しい）かどうかを判断させるという課題を実施し，どのような場合に判断を誤りやすいのかを調べることで，その背後にある推論過程についての考察が行われてきたのです。

さて，先ほど例として示した三段論法は論理的に正しいとはいえないものなのですが，その理由がわかるでしょうか。先ほどの三段論法では，大前提に「ワインとビールを同時には飲まない」とあります。これは「ワインを飲んでいる」という状態と「ビールを飲んでいる」という状態が同時には生じないということなので，この場合に考えられる状態は，「ワインを飲んでいる（ビールは飲んでいない)」「ビールを飲んでいる（ワインは飲んでいない)」「ワインとビールのどちらも飲んでいない」の3とおりということになります。

すると，小前提のとおり「ビールを飲んでいない」場合に考えられる状態は「ワインを飲んでいる」か「ワインとビールのどちらも飲んでいない」のいずれかになりますが，このどちらであるのかについては情報がないので判断できません。そのため，この結論は論理的には正しくないということになるのです。

この三段論法の誤りに気づけなかった人がどの程度いるかはわかりませんが，私たちは一般に，前提条件を論理的に組み合わせて判断するといったことはあまり得意ではありません。そのため，ウェイソンの選択課題のところでもふれたように，前提文の文章表現を変えただけで正解率が大きく変化したりするわけです。

そしてこの三段論法の妥当性の判断には，文章表現だけでなく，文章の意味内容も影響することが知られています。たとえば次の三段論法が論理的に正しいかどうかを考えてみてください。

魚は泳ぐ
マグロは泳ぐ
―――――――――
ゆえに，マグロは魚である

この三段論法は，一見すると正しいように感じられるかもしれませんが，実際には論理的に正しい三段論法にはなっていません。では，次の三段論法はどうでしょうか。

人は呼吸する
イヌは呼吸する
―――――――――
ゆえに，イヌは人である

この三段論法に誤りがあるのは一目瞭然でしょう。しかし，この三段論法と先ほどの三段論法は，どちらも次のような構造になっており，論理構造としては同じです。つまり，論理的推論としてはどちらも同様に誤りなのです。

A は○○する
B は○○する
―――――――――――
ゆえに，A は B である

にもかかわらず，最初の三段論法のおかしさがわかりにくいのは，結論として述べられている内容（「マグロは魚である」）が，私たちのもっている知識に一致した内容だからです。つまり私たちは，結論が自分の考えに一致していると，その結論に至るまでの推論過程も正しいと感じてしまう傾向をもっているのです。このような傾向は，**信念バイアス**と呼ばれています（Evans et al., 1983）。

この信念バイアスの演繹的推論への影響について調べるために，エヴァンズらは実験参加者に前提条件とその結論で構成されたさまざまな文章を読ませ，そこで用いられている結論の導出方法が論理的に正しいといえるかどうかを判断させるという実験を行いました（Evans et al., 1983）。その結果，文章の結論が自分のもつ知識に一致している（信じられる）場合には，実際にその文章が論理的に正しいかどうかとは関係なく，ほとんどの参加者がそれを「正しい」と判断したのです（図 12-4）。

なお，ここまで，確証バイアスやマッチング・バイアス，信念バイアスなど，「バイアス」という言葉が何度も出てきましたが，バイアス（**認知バイアス**）というのは，私たちの思考における偏り，あるいは思考のクセのことを指します。私たちがもつ認知バイアスには，ここで取り上げた以外にもさまざまなものがあり，それらさまざまな認知バイアスが，私たちの思考を特徴づけています。

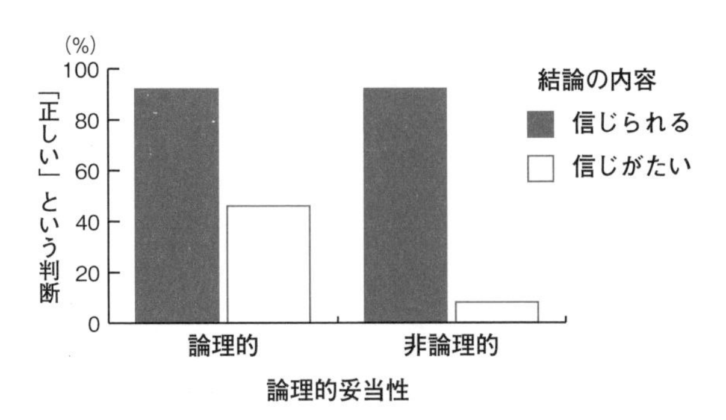

図12-4　**結論の意味内容と妥当性判断**（Evans et al., 1983をもとに作成）

12.2 問題解決

私たちは，日常の中で大小さまざまな問題に直面し，それに対処しながら生活しています。「問題」の中には，仕事や人間関係のトラブルというようなものもあれば，授業に遅刻しないためには家を何時に出ればよいか，というようなものもあります。こうした**問題解決**の過程についても，これまでに数多くの研究が行われてきました。

問題解決過程の研究でも，実際の問題解決場面を単純化した課題が用いられることが多いのですが，その際によく取り上げられるのが「**ハノイの塔**」と呼ばれるパズルです。このパズルは，図12-5に示したように，3本の柱と大きさの異なる円盤で構成されており，左端の柱にある円盤をルールにしたがってすべて右端の柱に移動するというものです[2)]。

ニューウェルとサイモンは，こうした課題における問題解決の過程を詳細に観察，分析し，私たちが問題解決の際に用いている思考手順を模した情報処理モデルを作成しました（Newell & Simon, 1972）。このモデルでは，問

[2)] 正解手順についてはここではふれませんが，有名なパズルなので「ハノイの塔手順」などのキーワードでインターネットを検索すれば簡単に正解手順を見つけられるでしょう。

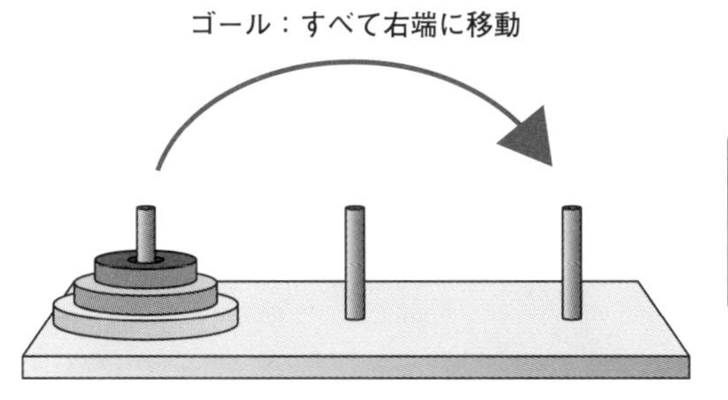

図 12-5 ハノイの塔

題解決のための方略として**手段目標分析**という手法が用いられています。手段目標分析は，現在の状態と目標状態を比較し，両者の差を縮めることのできる操作を探して適用する，という手順を繰り返すことによって問題解決につなげる方法です。また，適用可能な操作がうまく見つからないような場合には，目標に到達するための中間目標を設定し，その中間目標に現在の状況を近づけていきます。

この手順をハノイの塔のパズルにあてはめると次のようになります。まず，パズルの初期状態では，円盤はすべて左端の柱に置かれています。そして，このパズルの目標状態は，3 つの円盤がすべて右端の柱に移動した状態です。この状態で実行可能な操作は，一番小さい円盤を真ん中の柱に移動させるか，右端の柱に移動させるかのいずれかです。この 2 つの操作のうち，その操作後の状態が目標状態（右端に円盤が 3 つ）に近いのは後者なので，小さい円盤を右端に移動するという操作を適用するというわけです（図 12-6）。

しかし，解決のためにあえて遠回りにみえる操作を選ぶ必要がある課題では，このような方法だけでは問題をうまく解決できず，行き詰まってしまうことになります。その場合には，最終的な目標状態から逆算して，そこに到達するために必要な中間目標を作成します。たとえば，ハノイの塔で最終的な目標状態に到達するには，一番大きな円盤を右端の柱に移動させる必要があります。そしてその操作を可能にするためには，右端の柱が空いていて，

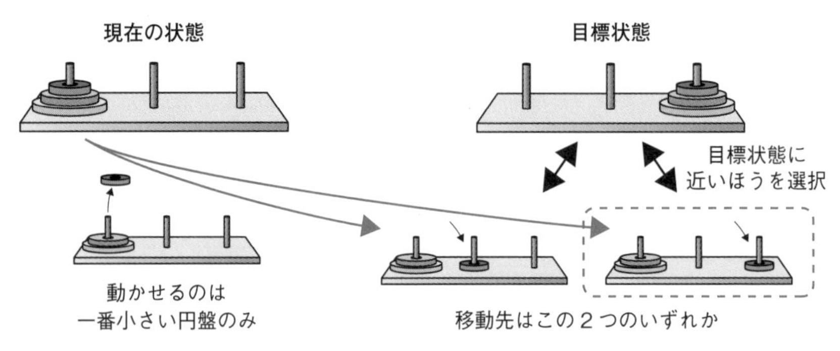

図12-6　**手段目標分析による問題解決**

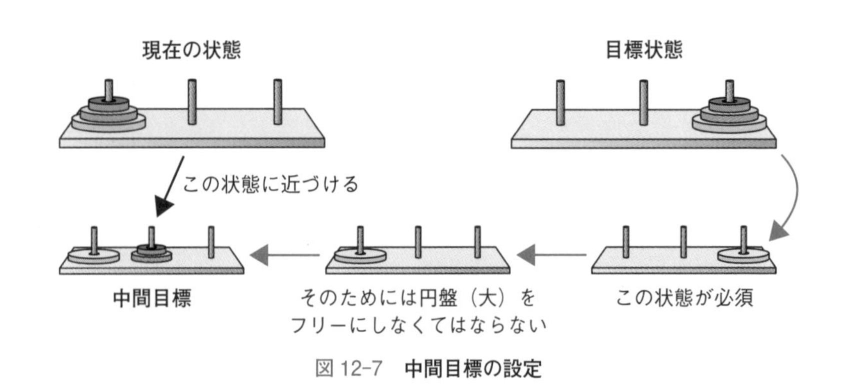

図12-7　**中間目標の設定**

かつ一番大きな円盤の上に他の円盤が置かれていない状態になっていなければなりません（図12-7）。そこで，一番大きな円盤以外の2つが真ん中の柱にある状態を中間目標として設定した上で，初期状態をそこに近づけるための操作を適用していきます。

ニューウェルとサイモンは，このモデルを用いてGPS（一般問題解決器）と呼ばれるコンピューター・プログラムを作成し，ハノイの塔の他にもさまざまな問題を解決できることを示しました。ただし，このプログラムに問題を解決させるには，その問題の目標状態や操作，現在の状態と目標状態の差の評価方法などをあらかじめ明確に定義しておかなければなりません。

私たちがこうした問題解決に取り組む際には，その問題の構造を理解し，

ヒマラヤのとある村で，非常に上品で洗練されたお茶会が開かれます。このお茶会は，亭主と正客，次客の 3 人で執り行われます。お茶会ではまず，亭主が 2 人の客人に対して次の 3 つの振る舞いを行います。これらの振る舞いは，1 から 3 の順に品位が高いものとされています。

1. 火をおこす
2. 茶をたてる
3. 詩を吟ずる

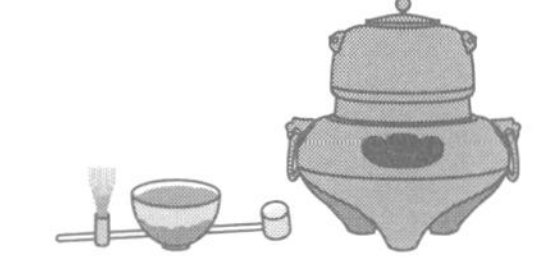

お茶会では，3 人のうち誰でも，他の参加者に対して「僭越ながら，その振る舞いを私に引き継がせていただけませんか」と申し出ることができます。ただし，その際に引き継ぐことのできるのは，相手が行っている振る舞いのうち，もっとも品位が低いもの 1 つだけです。また，その時点で自分が何らかの振る舞いを行っている場合には，それより品位の高い振る舞いを引き継ぐことはできません。
伝統では，お茶会終了時までに，3 つの振る舞いすべてが亭主から正客に引き継がれなければなりません。さて，どうすれば無事にお茶会を終えられるでしょうか。

図 12-8 **ヒマラヤのお茶会問題**（Simon & Hayes, 1976 をもとに作成）

目標状態や可能な操作などを見つけ出す必要があります。つまり，問題をどのように理解するかという点も重要なのです。この問題理解の重要性についてみるために，図 12-8 の問題について考えてみてください。なんとも不思議な話ですが，この問題を解くことはできるでしょうか。

じつは，この問題はハノイの塔の問題を言い換えただけのもので，問題の構造はハノイの塔と同じです（Simon & Hayes, 1976)。この問題では，お茶会の亭主と 2 人の客人がハノイの塔のパズルにおける 3 本の柱に，お茶会の際に用いられる 3 種類の振る舞いが 3 枚の円盤に相当します。

このようにまったく同じ問題構造であるにもかかわらず，このお茶会問題の解決がハノイの塔に比べて難しく感じられるのは，亭主と客人，振る舞いの品位の高さなど，問題構造の理解が困難になるような形で問題が表現されているためです。

12.2.1 タイプが異なる 2 つの方略

ところで，3 つの円盤を用いたハノイの塔のような単純な問題であれば，手段目標分析を用いなくても，可能な移動パターンをすべて書き出すことで正解に到達することは可能です。しかし，たとえばチェスや将棋のようなゲームの場合，数手先までであっても可能な指し手の組合せは膨大な数になってしまい，すべてを書き出すというのは現実的ではありません。

また，私たちの日常における問題の多くは，ハノイの塔のパズルのように目標やルール，利用可能な操作が明確ではありません。たとえば，どうすれば学校の成績を上げられるか，会社の売上げを伸ばすことができるかといった問題では，そこで実行可能な操作やルールがあらかじめ決められているわけではなく，最終的なゴールもはっきりしていません。このような問題の場合，取り得る手をすべて書き出すということ自体が不可能です。

このような場合，私たちは，確実とはいえないものの，比較的単純でとりあえず問題解決に近づきそうな方法を用いて問題を解決しようとします。このような問題解決方略は**ヒューリスティック**と呼ばれます。これに対し，手順どおりに実施すれば確実に正解にたどりつける問題解決方略は**アルゴリズム**と呼ばれます。

先ほどのハノイの塔のパズルでいえば，手段目標分析を用いて問題解決に近づきそうな操作を優先的に実行するというのはヒューリスティックにあたります。この方法は，比較的単純で，かつ多くの場合には有効ですが，問題によっては最終目標に到達できない場合もあります。なお，推論のところで取り上げた**マッチング・バイアス**や**信念バイアス**といった認知バイアスも，ヒューリスティックを用いて推論の妥当性を判断しようとする結果生じるものと考えることができます（Evans, 2006）。

これに対し，ハノイの塔のパズルで可能な移動パターンをすべて書き出し，その中から正解に到達する手順を選択するという方略がアルゴリズムです。すべての移動パターンをしらみつぶしに調べていくのは円盤の数が増えると大変な作業になってしまいますが，それが可能であれば確実に正解に到達することができます。

図12-9は，アルゴリズムとヒューリスティックの特徴をまとめたもので

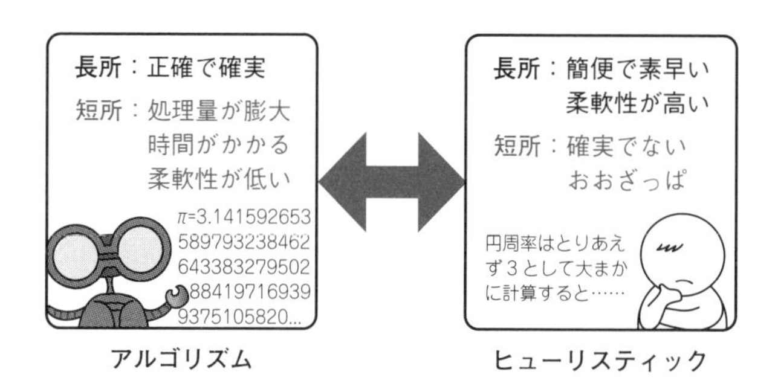

図 12-9　アルゴリズムとヒューリスティック

す。アルゴリズムは確実に正解にたどりつける反面，処理すべき情報が多くなりがちです。また，アルゴリズムで正解を導き出すためには，その材料となる情報がすべてそろっている必要があるのですが，先ほども述べたように，日常の問題の多くは目標や手段が明確ではありません。また，日常の問題の場合には，そもそもアルゴリズムが存在しないということもあり得ます。

しかし，ヒューリスティックの場合，正確さには欠けるものの，その時点で得られる情報を利用しておおよその答えを出せるため，さまざまな場面に柔軟に対応することができますし，かつ簡便な方法を用いるため，判断に必要な時間や労力を節約することもできます。また，判断の正確さに欠けるとはいえ，多くの場合にはそれなりに妥当な結論を導き出すことができるわけですし，日常の問題解決場面において，精緻で確実な結果が必要とされる場面はそれほど多くありません。

こうしたことから，私たちの日常の問題解決場面ではほとんどの場合，アルゴリズムではなくヒューリスティックが用いられていると考えられます。つまり，私たちの用いるさまざまなヒューリスティックが，私たちの思考を人間らしくしているといっても過言ではないのです。そのため，知覚・認知心理学においては，私たちが用いるヒューリスティックについて明らかにすることが重要な研究テーマの一つとなっています。

12.3 まとめ

本章では，人間の思考過程のうち，とくに推論と問題解決についてみてきました。私たちの思考がつねに論理的かというとそうではなく，ヒューリスティックやバイアスのために，さまざまな誤りを含む可能性があるということがこれまで数多く示されてきました。しかし，論理的判断のための基準がなかったり，明確な正解が存在しなかったりと，さまざまな不確実性が存在する日常の問題解決場面においては，ヒューリスティックを使用して問題を解決することはむしろ適応的といえるのです。

確認問題

Q12-1　次のうち，推論についての記述として適切な内容のものを1つ選んでください。

(a) 帰納的推論では誤りが生じ得るが，演繹的推論では誤りは生じない。
(b) 演繹的推論は，事例獲得，仮説形成，仮説評価という過程を経て結論が導き出される。
(c) 帰納的推論の過程では，個別事例に基づいて一般的な結論が導き出される。
(d) 帰納的推論の過程では，一般的な前提を複数組み合わせることで，個別事例に関する結論が導き出される。
(e) 演繹的推論では，三段論法を用いることで推論の誤りを防ぐことができる。

Q12-2　次のうち，問題解決における思考過程についての説明として適切なものを1つ選んでください。

(a) 日常の問題解決場面では，可能な操作をすべて列挙し，その有効性を1つずつ吟味していくという方略がとられやすい。
(b) 人間の問題解決思考では，現在の状態と目標状態，そこで可能な操作やそのルールが明確に定義されている場合のみ問題の解決が可能である。
(c) 目標に到達するためにあえて遠回りに見える選択をする必要がある課題は，私たちには解決することができない。
(d) 問題解決場面では，現在の状況と目標状態の差を小さくするような操作を優先的に適用するなど，比較的単純な方略が用いられることが多い。

(e) 問題の表現の仕方が異なっていても，問題の構造が同じであれば問題解決の難易度は変わらない。

Q12-3　次のうち，ヒューリスティックについての説明として適切なものを1つ選んでください。

(a) どんな問題にも適用できる方法をアルゴリズムと呼び，目標や手段が明確な特定の問題にのみ適用可能な方法をヒューリスティックと呼ぶ。

(b) 正解にたどりつける保証はないが，多くの場合に有効で，かつ素早く答えを出すことのできる簡便な方法をヒューリスティックと呼ぶ。

(c) コンピューター・プログラムはヒューリスティックによる問題解決が得意であるが，人間はアルゴリズムによる解決のほうが得意である。

(d) ヒューリスティックは，人間の思考にみられる誤りのことであり，私たちの思考にみられる負の側面である。

(e) ヒューリスティックによる解決は，アルゴリズムによる解決よりも認知的負荷が高く，解決に至るまでの時間も長い。

参考図書

市川 伸一（1997）．考えることの科学——推論の認知心理学への招待——　中央公論社

論理的推論や確率的な推論に関する心理学的な知見が分かりやすくまとめられています。ところどころに取り上げられている問題（パズル）を考えてみるだけでも，いい頭の体操になるでしょう。

安西 祐一郎（1985）．問題解決の心理学——人間の時代への発想——　中央公論社

出版年は少し古いですが，問題解決の心理的過程についてやさしく解説されており，今でも十分役立つ内容です。知識や経験と思考の関係，感情と思考の関係についてもふれられています。

藤田 政博（2021）．バイアスとは何か　筑摩書房

タイトルのとおり，さまざまな認知バイアスについて解説されています。また，単に代表的なバイアスを取り上げるだけでなく，私たちの思考にはなぜバイアスがあるのか，バイアスをなくすことはできるのかなど，さまざまな視点からバイアスについての議論がなされています。

13 意思決定と確率判断

今日は昼食に何を食べようか，今日は傘を持って出るべきかどうか，急行に乗るべきか混雑を避けて各停で行くのがよいかなど，私たちの日常は選択の連続です。問題解決の中でも，このように複数の選択肢の中からとるべき行動を選択する過程は**意思決定**と呼ばれます。また，傘を持って出るべきかどうかの判断には，外出中に雨が降る可能性がどの程度あると思うかが大きく影響することからもわかるように，意思決定には確率的な判断も深く関わっています。これら意思決定や確率判断の過程についても，これまでに数多くの研究が行われてきました。本章では，私たちの意思決定や確率判断の仕組みやその特徴についてみていきたいと思います。

13.1 意思決定

章の冒頭にも述べたように，複数の選択肢の中から1つあるいは複数を選択する過程が意思決定です。この意思決定の過程については，人間は合理的な判断を行っているという前提で意思決定過程を説明しようとする考え方と，人が合理的に判断する場面は限定的であるとして，むしろ非合理にみえる選択行動がどのように生じるかを説明しようとする考え方があります。

13.1.1 期待効用理論

人間の判断は合理的なものであるという視点に立つ規範的理論の代表的なものに，**期待効用理論**があります。期待効用理論は，私たちの選択行動が，その選択肢を選ぶことによる効用（メリット）の期待値によって決まるとする考え方です。

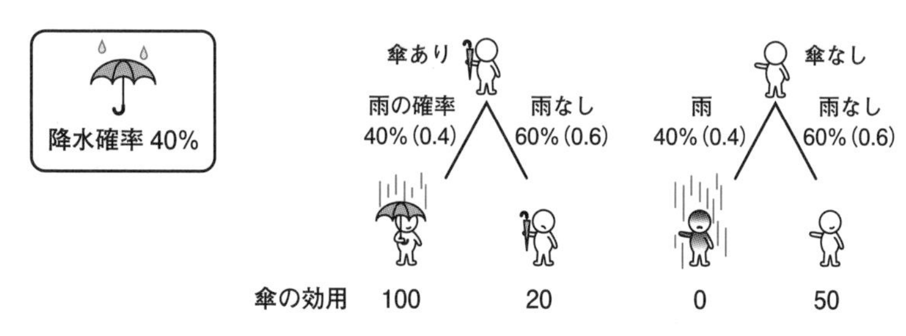

図13-1　**傘を持って出かけることの期待効用**

たとえば，天気予報で降水確率が40％のとき，外出時に傘を持って出かけるかどうかについて判断する場面を考えてみましょう。ここでは仮に，雨が降ったとき，降らなかったときに傘を持っていた場合，そして持っていなかった場合の効用を図13-1のように考えたとします。

この場合，傘を持って出かける場合に期待される効用は，$100 \times 0.4 + 20 \times 0.6 = 52$，傘を持たずに出かける場合は，$0 \times 0.4 + 50 \times 0.6 = 30$ となって，傘を持って出かけるほうが期待される効用が大きくなります。そのため，傘を持って出かけるという選択肢が採用されるというわけです。

このとき，各組合せに対する効用値は，個人ごとに異なる可能性があります。たとえば，傘が荷物になるのが嫌だというような人の場合，傘ありで雨なしの場合の効用値は図13-1よりずっと小さくなるかもしれません。また，ここでは雨の降る，降らないを天気予報の確率で計算しましたが，ここに**主観的確率**（その個人が雨の降る確率をどのように見積もっているか）が用いられることもあります。

ノイマンとモルゲンシュテルン（von Neumann & Morgenstern, 1947）は，各結果の好ましさに決まった順序がある[1]などいくつかの条件を満たす場合に，私たちの意思決定を期待効用理論でうまく説明できると述べています。

---

[1] 各結果に決まった順位がない例としてじゃんけんがあります。じゃんけんの場合，グー，チョキ，パーの3つの間で強弱の順序が1つに決まりません。

13.1.2 非合理な選択行動

しかし，期待効用理論に基づく考え方ではうまく説明できない現象もあります。ここで，期待効用理論の反例として知られる現象をいくつかみてみましょう。

1. アレのパラドックス

次の場面について考えてみましょう。2種類の宝くじのうち，どちらか1つを購入するとします。あなたならどちらを選ぶでしょうか。

A：確実に1億円もらえる宝くじ
B：5億円もらえる確率が10%，1億円の確率が89%，
　はずれ（0円）の確率が1%の宝くじ

では，今度はどうでしょう。次の2つの宝くじのうち，どちらか1つを選ぶとしたら，あなたはどちらを選ぶでしょうか。

C：1億円もらえる確率が11%，はずれの確率が89%の宝くじ
D：5億円もらえる確率が10%，はずれの確率が90%の宝くじ

このような問題では，ほとんどの人が最初の選択ではAのくじを，2つ目の選択ではDのくじを選びます。しかし，この選択結果は期待効用理論ではうまく説明できません。図13-2に示したように，この場合，数学的にはどちらも0.11×1億円の効用と0.10×5億円の効用を比較していることになるにもかかわらず，AとB，CとDで選択が逆転しているのです。

この現象は**アレのパラドックス**として知られるもので，私たちの選択行動が必ずしも合理的ではないことを示す一例です（Allais, 1953）。AとBのくじにおいて，多くの人が期待効用が低いほうのくじを選択するのは，もらえるかどうかが不確実なくじよりも確実にもらえるほうが優先されるという**確実性効果**によるものと説明されています（Kahneman & Tversky, 1979）。

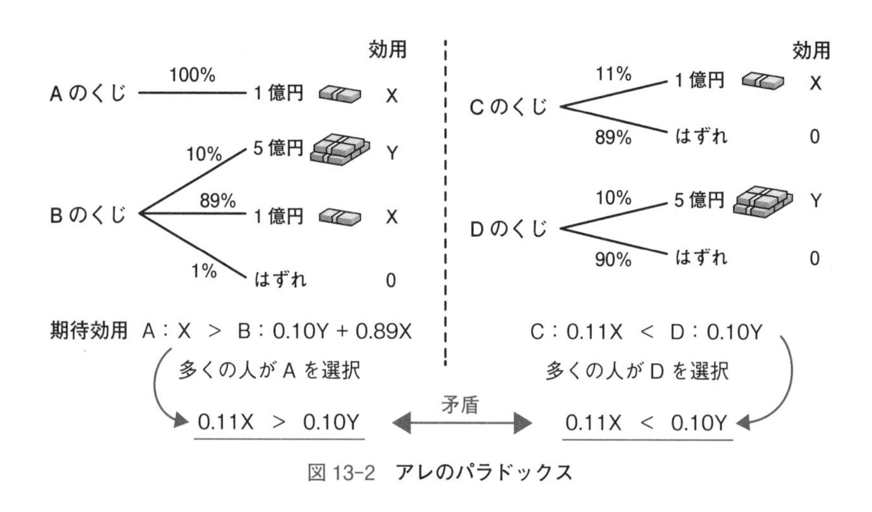

図13-2　アレのパラドックス

2. フレーミング効果

今度は次の問題について考えてみてください。新たな感染症が発見され，国内で60万人の死者が出る可能性があるとします。この感染症の予防のため，現在2つの対策案が議論されており，各案についての正確な科学的推定値は次のようになっています。この場合，あなたならどちらの案を選ぶでしょうか。

A案：20万人の命を救うことができると予測される案
B案：60万人を救える可能性が3分の1，誰も救えない可能性が3分の2と予測される案

では，今度はどうでしょうか。同じ状況で出されている2つの案について，その正確な科学的推定値が次のようになっています。この場合，あなたはどちらを選ぶでしょうか。

C案：40万人が死亡することになると予測される案

D 案：死者なしの可能性が3分の1，60万人死亡の可能性が3分の2と予測される案

さて，これら2つの問題では，多くの人が最初の問題ではAを，2つ目の問題ではDを選択することが知られています。しかし，問題をよくみてください。C案は予測される死者60万人のうち40万人を救うことができないと考えられているわけですが，これはつまり20万人は救える可能性があるということです。つまりA案とC案は，どちらも意味するところは同じなのです。

同様に，B案とD案も表現の仕方が異なっているだけで，全員助かる可能性が3分の1，誰も助からない可能性が3分の2という，まったく同じ内容が述べられています。つまり，この2つの問題では，意味内容がまったく同じであるにもかかわらず，生存の可能性に着目した表現をとるか，死亡の可能性に着目した表現をとるかによって選択結果が変化するわけです。このように，意味内容が同じ問題であっても，問題表現としてどのような枠組み（フレーム）が用いられるかによって判断結果が異なってしまう現象は**フレーミング効果**と呼ばれます（Tversky & Kahneman, 1981）。

13.1.3 プロスペクト理論

ここまでみてきたように，意思決定における私たちの判断は必ずしも合理的とは限りません。そこで，そうした非合理な側面も含めた意思決定の過程を説明しようとする理論も複数提唱されてきました。その代表的なものの一つが**プロスペクト理論**です（Kahneman & Tversky, 1979; Tversky & Kahneman, 1992）[2)]。プロスペクト理論の「プロスペクト」とは，「見込み」や「見通し」という意味で，この理論では，選択の結果によって得られる利益や損失に対

---

2) プロスペクト理論（Kahneman & Tversky, 1979）は，後に**累積プロスペクト理論**（Tversky & Kahneman, 1992）へと拡張されていますが，ここでは両者をひとまとめにしてプロスペクト理論と呼ぶことにします。

する見込みが意思決定に影響すると説明します。前章でもみたように，私たちの思考にはさまざまな認知バイアスがあるわけですが，プロスペクト理論では，そうした認知バイアスによる影響を含めた形で見込みの形成過程を説明します。

たとえば，私たちは一般に利益よりも損失による影響を過大視する傾向をもっています（Kahneman & Tversky, 1979）。「10 万円を得る」喜びよりも，「10 万円を失う」ショックのほうが心理的な影響が大きいのです。また，1 万円と 2 万円，101 万円と 102 万円ではどちらも 1 万円の差であるにもかかわらず，後者のほうが違いが小さく感じられるでしょう。このように，私たちの判断には，利益や損失が大きいほど変化量あたりの影響力が小さくなる傾向もみられます。

こうした私たちの判断における特徴を図示したものが図 13-3 の価値関数です。プロスペクト理論では，利益と損失の評価は，判断基準となる点（参照点）を上回っているか下回っているかという形で行われます。たとえば，単に 10 万円もらった場合（0 円が基準の場合）と，もともと 100 万円もらえるはずだったのが 10 万円になった場合（100 万円が基準の場合）とでは，同じ「10 万円をもらった」という事実に対する評価は異なるでしょう。こ

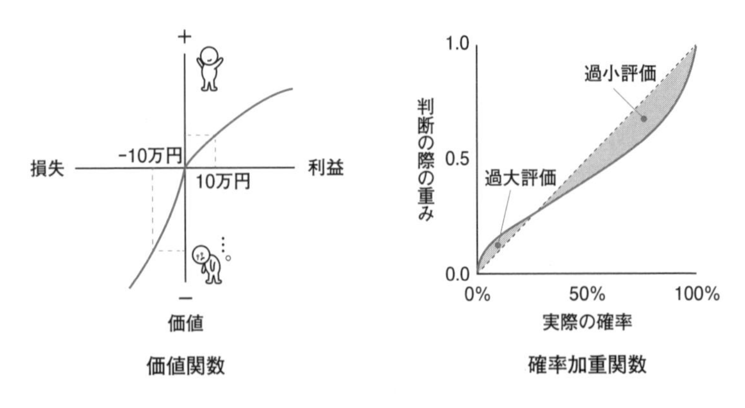

図 13-3　**プロスペクト理論の価値関数と確率加重関数**
（Kahneman & Tversky, 1979 および Tversky & Kahneman, 1992 をもとに作成）

のように，参照点の違いによって，同じ結果に対しても異なる評価が行われることになります。

プロスペクト理論ではさらに，この価値関数に図 13-3 の**確率加重関数**と呼ばれる関数の値を掛け合わせることで最終的な損益の見込みを算出します。この確率加重関数には，小さな確率を過大視しやすく，大きな確率を過小視しやすいという，私たちの確率判断における認知バイアスが反映されています。このようにして利得と損失に対する評価の違いや参照点の移動，確率に対する感じ方の違いを意思決定の過程に取り入れることで，私たちの意思決定の過程をよりよく説明できると考えられるのです。

たとえば，先ほどあげたアレのパラドックスにおける判断の矛盾は，1%や 10%といった小さな確率が過大視され，90%といった大きな確率が過小視されるというプロスペクト理論の確率加重関数の性質から説明可能です。また，フレーミング効果の問題における判断の矛盾も，問題のフレームによって参照点が移動することから説明が可能になります（図 13-4）。

つまり，A 案と B 案の比較では生存者数にフレームがあてられているため，確実に 20 万が生存できる案か，その 20 万が 0 になってしまう可能性もある案かという比較になるのに対し，C 案と D 案では死者の数にフレームがあてられているため，確実に死者 40 万になる案か，その 40 万を 0 にできる可能性がある案かという比較になるわけです。そのため，A 案と B 案では確実に利益を得られる A 案が，C 案と D 案では損失を 0 にできる可能性のあ

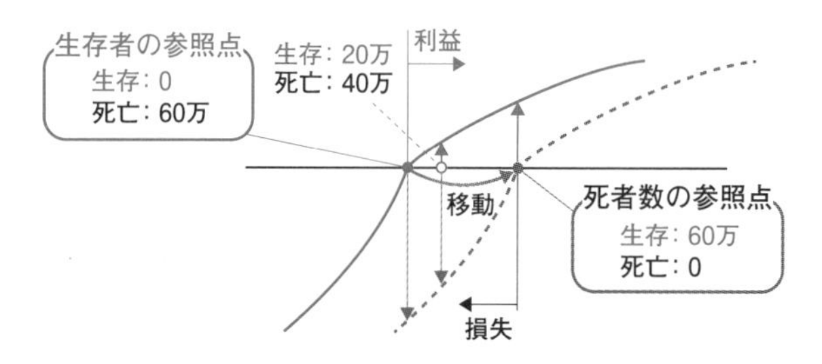

図 13-4　**参照点の移動と価値判断**

る案（D案）が選択されやすいと考えられるのです。

13.2 確率判断とヒューリスティック

意思決定のところでも繰返しみてきたように，私たちはさまざまな場面で確率判断を行っています。しかし，日常場面における私たちの確率判断の多くはヒューリスティックによる直感的なものであり，数学的な計算に基づいているわけではありません。そのため，私たちの確率判断にはさまざまなバイアスが含まれています。ここでは，確率判断における代表的なヒューリスティックについてみていきたいと思います。

13.2.1 代表性ヒューリスティック

次の問題について考えてみてください。この文章は，「Uさん」の家族について述べたものです。この文章を読んで，次の問いに答えてください。

> Uさんの家族はうどんが大好きで，かなりの頻度で食卓にうどんがのぼります。統計によると，日本国内の1世帯あたりのうどんの消費量は年間約6,000円程度ということですが，軽くその2倍は消費しているでしょう。それくらい，家族全員うどんが好きなのです。

ここで質問です。このUさん家族が住んでいるのは，次の3つの都府県のうちどれである可能性がもっとも高いといえるでしょうか。

A. 東京都　　B. 大阪府　　C. 香川県

さて，皆さんはどの都府県を選択したでしょうか。「うどんの消費量が多い」という記述から，「C. 香川県」の選択肢を選んだ人もいるかもしれません。しかし，この問題について確率的に考えた場合，もっとも可能性が高いのは「A. 東京都」になります。なぜだかわかるでしょうか。

その理由は，各都府県の世帯数にあります。各都府県の統計資料をみてみると，東京都の世帯数は全部でおよそ700万世帯，大阪府は約400万世帯，香川県は約40万世帯です。ということは，この3都府県の全世帯から無作為に1世帯を選んだとき，その世帯（家族）が東京都のものである確率は700万/(700万+400万+40万)=0.614……で61.4%になるのです。これに対し，それが香川県の世帯である確率は3.5%程度しかありません。

いや，でも，うどんが好きなんでしょと思うかもしれませんが，東京や大阪にだってうどんが好きな家族はいるでしょう。仮に東京の全世帯のうち6%がうどん好き家庭だったとすると，700万×0.06=42万で，それだけで香川県の全世帯数を超えてしまいます。つまり，うどんが好きだという情報を考慮したとしても，もともとの世帯数がダントツに多い東京都である可能性のほうが確率的にはずっと高いのです（図13-5）。

ところで，この問題で「Uさん家族はうどんが好き」という記述を理由に「C. 香川県」を選択した人は，**代表性ヒューリスティック**と呼ばれるヒューリスティックを用いて判断を行ったことになります。代表性ヒューリスティックとは，ある対象がどのカテゴリーに属する確率が高いかを判断する際，その対象と各カテゴリーの代表的（典型的）なイメージとの類似性の高さを手がかりとするヒューリスティックです（Kahneman & Tversky, 1973）。つまり，このグループっぽいイメージだから多分そうだろうという判断の仕方です。

なお，先ほどの例はカーネマンとトヴェルスキー（Kahneman & Tversky,

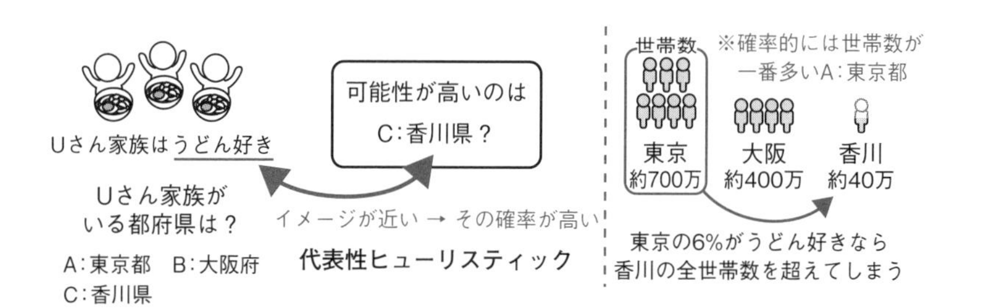

図13-5　**代表性ヒューリスティック**

1973）の実験をもとにしたものです。カーネマンらは，「トム・W」という架空の大学院生についての文章を参加者に読ませ，そのうえでトムが所属する専攻を選ばせるという実験を行いました。その際，トムの人物描写には，「秩序や明快さを好む」「文章中にSFっぽい表現を用いる」などの記述が含まれていました。

実験の結果，参加者の多くはトムの専攻としてコンピューター科学を選択しました。しかし，参加者たちに各専攻の学生数を推測させてみたところ，もっとも多かったのが人文・教育系の20％で，コンピューター科学専攻は7％という答えでした。つまり，この実験の参加者たちも，各専攻の学生数を考慮せずに，イメージの近さだけでトムの専攻を選んでいたと考えられるのです。

それぞれの専攻に対する典型的なイメージは，おそらくその専攻にそのようなタイプの学生が多かったりして形成されてきたものなのでしょう。なので，コンピューター科学専攻ではトムのような学生の比率が高そうだというのは，あながち間違いではないかもしれません。もしすべての専攻で学生数が同じだったとしたら，この答えが確率的に正しい可能性もあり得ます。同様にして，もし東京と大阪，香川の3都府県で世帯数がほぼ同じなら，Uさん家族は香川県にいる可能性が一番高いといえたかもしれません。つまり，このヒューリスティックが効果的な場面というのはあるわけです。

しかし，Uさん家族の問題やトムの問題の場合には，世帯数や学生数が都府県や専攻によって大きく異なります。人文・教育系にも秩序やSFが好きな人はいるでしょうし，コンピューター科学が専攻だからといって，全員が秩序やSF好きというわけではありません。そうなると，確率的には全体の学生数がもっとも多い人文・教育系にいる可能性がもっとも高いということになるのです。

13.2.2 利用可能性ヒューリスティック

今度は次の問題について考えてみてください。次にあげる5つを，日本国内における総数が多いと思う順に並べてください。どのような順序になるでしょうか。

- クリーニング店
- 交通信号機（車両用，歩行者用）
- コンビニエンス・ストア
- 歯科診療所（歯医者）
- 美容室

では，実際の順位をみてみましょう。各施設・設備の総数とその順位については本章の最後に示してあります。皆さんが並べた順序と，実際の順序はどの程度一致していたでしょうか。思っていたのと随分違っていたものが複数あったのではないでしょうか。ではそのような違いはなぜ生じたと考えられるでしょうか。

これについて，マニスらの実験（Manis at al., 1993）をもとに考えてみましょう。彼らは，男女各 20 人の名前をランダム順に 1 つずつ読みあげた音声を実験参加者に聞かせたあと，そのリストに男性の名前がいくつあったと思うか，女性の名前がいくつあったと思うかを質問しました。なお，実験には 2 種類の人名リストが用いられており，一方のリストでは男性名には知名度の高い俳優などの名前が，女性名には知名度の低い名前が用いられ，もう一方のリストでは，知名度の高い女性名と，知名度の低い男性名が用いられていました。

実験の結果，どちらのリストも男女の名前は 20 人ずつで同数であったにもかかわらず，男性名が有名人，女性名は非有名人のリストを用いたグループでは男性名のほうが多いと判断され，女性有名人と男性非有名人のリストを用いたグループでは女性名のほうが多いと判断されました。どうやら，名前の個数について考える際，男性有名人の名前が含まれたリストでは男性名のほうが思い出しやすいために男性名がたくさんあったと感じられ，女性有名人の名前が含まれたリストでは女性名のほうが思い出しやすいために女性名がたくさんあったと感じられたようです。つまり参加者たちは，男性名や女性名の個数について判断する際，それぞれの名前がどの程度思い出しやすいかを手がかりに個数の多さを判断していたのです。

このように，ある対象の確率や頻度について考える際，その対象がどの程度容易に思い出せるか，あるいはそれらをどれだけたくさん思い出せる（利用できる）かを手がかりとして判断しようとする方法は**利用可能性ヒューリスティック**（**思い出しやすさのヒューリスティック**）と呼ばれています。

確かに頻繁に経験するもののことは覚えている可能性も高く，すぐ思い出せるでしょうから，それを逆手にとって「すぐ思い出せるということはそれだけたくさんあるのだろう」と判断してうまくいく場面はあるでしょう。しかし，マニスらの実験で用いられた人名リストのように，思い出しやすさが経験頻度以外の要因（有名度など）によって影響を受けている場合には，判断を誤ることになってしまいます。

先ほどのコンビニエンス・ストアや美容室の数の問題では，おそらく多くの人がコンビニエンス・ストアをかなり上位においたことでしょう。また，美容室が信号機よりも多いとは思わなかった人も多かったはずです。そして，そのような判断には，この利用可能性ヒューリスティックが関係していると考えられます（図 13-6）。

コンビニエンス・ストアは日常的に利用する機会が多いものですし，また家や学校の近所だけでなく，ちょっとした外出先や旅行先など，さまざまな場所で利用するものでもあります。そのため，コンビニエンス・ストアにつ

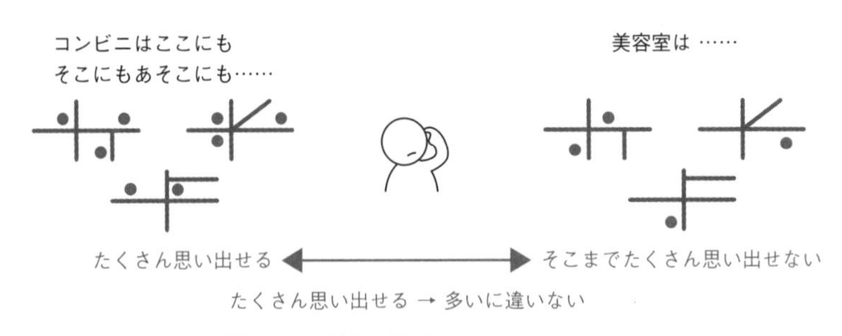

図 13-6　**利用可能性ヒューリスティック**

いてはあそこにもあった，ここにもあったというように，たくさん思い出すことができます。これに対し，美容室やクリーニング店，歯科診療所などは，コンビニエンス・ストアほど頻繁に利用するものではありませんし，しかも利用するのはいきつけのお店や診療所だけということがほとんどでしょう。そのため，コンビニエンス・ストアほどにはたくさん思い浮かびません。

各施設の総数を判断する際には，こうした思い出しやすさの違いが影響を与えるため，簡単にたくさん思い出せるコンビニエンス・ストアはたくさんあるように感じられ，それほどたくさん思い出せない美容室などは，実際よりも少ししかないように感じられやすいのです。

13.2.3　適応的道具箱

ここまで，確率判断における代表的な 2 つのヒューリスティックについてみてきました。説明の中ではヒューリスティックによる判断の誤りの例をいくつか取り上げましたが，カーネマンやトヴェルスキーの研究で用いられている題材は，判断に間違いが生じやすいものがあえて選ばれているのであって，ヒューリスティックがつねに間違いにつながるわけではないという点には注意が必要です。

そこで，今度は確率判断や意思決定におけるヒューリスティックの有用性に注目してみることにしましょう。ギーゲレンツァーは，単純なヒューリスティックによる判断の正確さが複雑な計算に勝るとも劣らない例を取り上げ，それを**レス・イズ・モア効果**[3]と呼んでいます（Gigerenzer, 2008; Gigerenzer & Gaissmaier, 2011; Gigerenzer et al., 1999 など）。

ここで，そのうちの一つをみてみましょう。マーケティングの世界では，過去に商品やサービスの利用がありながら，それ以後の利用がない顧客を「休眠顧客」と分類し，商品やサービスの利用率を上げるために，さまざま

[3] レス・イズ・モア（less is more：より少なきは，より多きこと）は，もとはドイツ出身の建築家，ミース・ファン・デル・ローエが「シンプルさを極めることで快適さが生まれる」という考えを表すのに用いた言葉とされています。

な対策をとっているようです。その際，大規模な顧客データベースをもつ小売チェーンであれば，そのデータを活用して，統計的なモデルを使って休眠顧客とそれ以外を区分するということも可能でしょう。実際，そのような方法は複数開発されています。

しかし，実際の現場では，そのような「洗練された」方法ではなく，単純に前回の利用（購入）から一定の期間利用がない顧客を休眠顧客と分類するという**空白期間ヒューリスティック**[4]がよく用いられているようです。そこでヴュッベンとワーゲンハイムは，航空会社，アパレル，オンラインCD販売の3つの業界を対象に，空白期間ヒューリスティックによる分類結果と，Pareto/NBDと呼ばれる統計的購買モデルによる分類結果を比較し，ヒューリスティックによる分類の精度がどの程度高い（あるいは低い）といえるのかについて検討しました（Wübben & Wangenheim, 2008）。

彼らの実験では，40週分のデータを用いて3つの方法それぞれで顧客を「休眠」と「アクティブ」に分類した上で，その後の40週に購買行動がみられたかどうかを確かめるという形で分類結果の精度を検証しました。その結果をまとめたものが**図13-7**です。この結果から，どの業界でも，ヒューリスティックによる判断は統計モデルによる判断の精度と同程度か，むしろやや上回るものであることがわかります。

このように，たくさんの情報を利用して複雑な計算を行った結果よりも，ごく単純な方法でシンプルに判断した結果のほうが高い精度が得られるのですから，これは「レス・イズ・モア」だといえるでしょう。

もう一つ別の例をみてみましょう。ゴールドスタインとギーゲレンツァーは，アメリカ人の学生とドイツ人の学生に「サン・ディエゴとサン・アントニオではどちらの人口が多いと思うか」という質問に答えてもらいました（Goldstein & Gigerenzer, 2002）。なお，この2つの都市のうち，人口が多い

---

[4] ここでは「空白期間ヒューリスティック」と訳しましたが，原語では「hiatus heuristic」です。このヒューリスティックにはまだ定訳がありません。

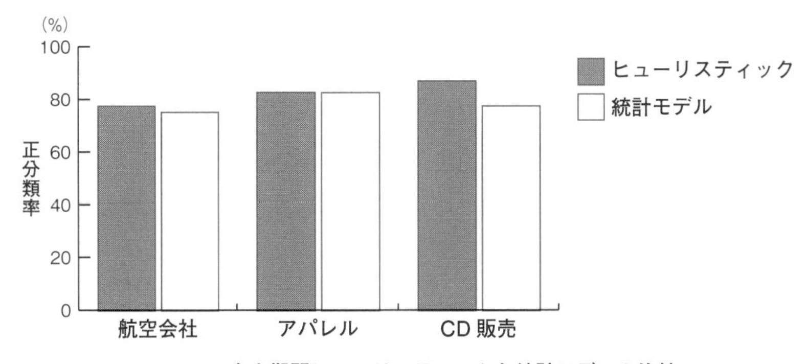

図 13-7　**空白期間ヒューリスティックと統計モデルの比較**
(Wübben & Wangenheim, 2008)

のはサン・ディエゴのほうです。質問の結果，アメリカ人学生は約3分の2の回答者がサン・ディエゴを選択しました。これに対し，ドイツ人学生はなんと全員がサン・ディエゴを選択したのです。

なぜこのような結果になったのでしょうか。サン・ディエゴとサン・アントニオはどちらもアメリカの都市で，サン・ディエゴはカリフォルニア州ではロサンゼルスに次いで2番目に人口が多く，世界的な大都市です。一方のサン・アントニオもテキサス州で2番目に規模の大きな都市ですので，多くのアメリカ人学生は少なくとも名前程度は知っていたと思われます。

しかし，ドイツ人学生は，サン・ディエゴという都市の名前は聞いたことがあってもサン・アントニオについては知りませんでした。そのため，どちらの人口が大きいかと聞かれたとき，名前を聞いたことがあるサン・ディエゴのほうが大きいだろうと判断したと考えられるのです。このように，2つの選択肢のうち，一方を知っていて，もう一方については知らないとき，知っている選択肢のほうが「大きい」「強い」「優れている」などと判断する方略は**再認ヒューリスティック**と呼ばれています。ドイツ人学生は，サン・アントニオについて知らなかったおかげで再認ヒューリスティックによって正解できたと考えられますので，やはりここでも「レス・イズ・モア」ということになります。

前章で取り上げた問題解決でもそうであったように，日常において意思決定や確率判断が必要とされる場面は，曖昧で不確かな要素を多く含んでいることがほとんどです。そのような状況で，少数の目立った情報のみを用い，素早くそれらしい結論を導き出すヒューリスティックを利用することは，十分に合理的であり，適応的なものだといえるでしょう。ギーゲレンツァーは，私たちが用いるさまざまなヒューリスティックを**適応的道具箱**の中の道具にたとえています（Gigerenzer, 2008; Gigerenzer & Gaissmaier, 2011; Gigerenzer et al., 1999 など）。

もちろん，ここまで複数の例でみてきたように，ヒューリスティックがつねに成功するわけではありません。それぞれのヒューリスティックには，それがうまく機能する状況とそうでない状況があります。カナヅチで釘を打てても木を切ることはできないのと同様に，適応的道具箱の中の道具にもそれぞれ適材適所があるのです。このように，それぞれのヒューリスティックの有用性は，その状況の複雑さや不確かさ，その場面で何が求められているのか，判断までにどれくらいの時間や労力をかけることができるのかなど，問題の環境構造との関係によって決まるのです。

施設総数の順位 [a]

1. 美容室 257,890 施設
2. 信号機 207,848 基
3. クリーニング店 83,700 店舗
4. 歯科診療所 68,500 施設
5. コンビニエンス・ストア 55,931 店舗

[a] 信号機の総数は警察庁資料（2020年），コンビニエンス・ストアの総数は日本フランチャイズチェーン協会資料（2022年2月），クリーニング店および美容室の総数は厚生労働省衛生行政報告例（2020年），歯科診療所は医療施設調査（2019年）のそれぞれに基づく値です。

13.3 まとめ

本章では，意思決定場面における私たちの判断過程についての考え方と，その背後にある確率判断で用いられることの多いヒューリスティックについてみてきました。私たちの選択や可能性の判断方法は，数学的・統計的に定義される「正解」ではない場合も多く，一見すると非合理なものにみえますが，日常の意思決定場面における状況の曖昧さを考慮すると，合理的といえる側面もあります。さまざまなヒューリスティックは，間違って用いれば判断の誤りにつながりますが，状況に応じて適切に用いることができれば，ごく単純な処理で済むにもかかわらず，複雑な計算を用いた場合と同等か，それ以上の精度で判断することもできるのです。

確認問題

Q13-1 次のうち，意思決定モデルについての説明として適切なものを1つ選んでください。

(a) 期待効用理論と呼ばれるモデルでは，選択肢の中で確率が最大（期待が最大）のものが選択されると説明する。

(b) プロスペクト理論では，人の心理的特性として損失よりも利益が過大視されやすい傾向があると想定する。

(c) 意思決定のモデルでは，それぞれの選択肢を選択した結果として見込まれる効用や価値が最大になるものが選択されると説明される。

(d) 人は基本的にギャンブル好きであり，確実に利益が得られる選択肢よりも，多少のリスクを冒してでも最大の利益が得られる可能性がある選択肢を好む傾向があると考えられている。

(e) 私たちの意思決定は，本人が気づいているかどうかにかかわらず，つねに合理的に行われており，それらは論理的，数学的なモデルによって説明可能である。

Q13-2　次のうち，利用可能性ヒューリスティックについての説明として適切なものを1つ選んでください。

(a) 利用可能価値があると思われる選択肢を優先的に選択するというヒューリスティック。

(b) どのような場面でも利用可能であり，アルゴリズムよりも精度が高い，汎用性のあるヒューリスティック。

(c) 利用可能な典型例との類似性をもったカテゴリーに属する可能性が高いと判断するヒューリスティック。

(d) 各選択肢の確率が明確であるなど，利用可能な一定の条件が整った場合に正しい答えが出せるヒューリスティック。

(e) 思い出しやすいもの，たくさん思い出せるものほど頻度が高い，数が多いと判断するヒューリスティック。

Q13-3　次のうち，再認ヒューリスティックについての説明として適切なものを1つ選んでください。

(a) 聞いたことのある対象とそうでない対象がある場合，聞いたことのあるほうの対象は優れている，あるいは大規模であるに違いないと判断するヒューリスティック。

(b) 以前に見たり聞いたりしたことのある対象は，今後もまた見たり聞いたりすることがあるに違いないと判断するヒューリスティック。

(c) 過去に利用してうまく作用した対処方法は，それ以後もまたうまくいくだろうと考えるヒューリスティック。

(d) 以前に見聞きしたことがある対象に繰返し遭遇したとき，それはその対象が自分にとって必要なものだからだと考えるヒューリスティック。

(e) 何度も繰返し見聞きする対象を，陳腐でありふれたものとみなして意識を払わないようにするヒューリスティック。

参考図書

ギーゲレンツァー，G．小松 淳子（訳）（2010）．なぜ直感のほうが上手くいくのか？——「無意識の知性」が決めている——　インターシフト

ヒューリスティックによる判断の歪みに注目するカーネマンらとは対照的に，ヒューリスティックのプラスの側面に目を向けるギーゲレンツァーによる著作の翻訳書です。レス・イズ・モアについて複数の例があげられています。

広田 すみれ・増田 真也・坂上 貴之（編著）（2018）．心理学が描くリスクの世界　第3版——行動的意思決定入門——　慶應義塾大学出版会

リスク（不確実な可能性）状況における意思決定について，知覚，認知，感情など，さまざまな視点から論じられています。身近な話題が数多く取り上げられており，また，各トピックについてそれぞれ2～4ページ程度にまとめられていて読みやすい入門書です。

知覚と認知の障害

ここまで，私たちが世界の物事を認識するための心の仕組みについて考えてきました。しかし，病気や事故により脳に損傷を受けると認知的活動に障害が生じます。この章では，これまでみてきた心の仕組みの中から視覚認知，注意そして記憶に関する障害を取り上げます。

14.1 視知覚の障害

14.1.1 視知覚の脳内機構

1. 脳機能とは

視覚情報は網膜で検出されて，視神経から大脳の後頭葉にある第1次視覚野（V1）に送られます。第1次視覚野では，視覚情報に含まれる線の傾きや運動などの基本的な分析が行われます。そして，第1次視覚野から出力された情報は複数の脳部位で処理が行われます。それぞれの脳部位には特化した機能があります（**脳の機能単位**）。たとえば，第4次視覚野（V4）では色の分析が，側頭葉では形の分析が，側頭葉と頭頂葉の境界にある第5次視覚野（V5）では動きの分析が行われます（図14-1）。それぞれの脳部位で情報の処理が行われることで，形，色，動きの知覚体験が生じます。そのため，各脳部位に損傷を受けると，その脳部位が担っている知覚が障害されます。

2. 腹側経路と背側経路

視覚情報の処理経路には大きく腹側経路と背側経路があります（図14-1）。**腹側経路**では，視覚情報は第1次視覚野から側頭葉に進んで処理が行われます。腹側経路では視覚情報の色や形の分析が行われることから，その情報が何であるかを分析する経路（What経路）として考えられています。腹側経

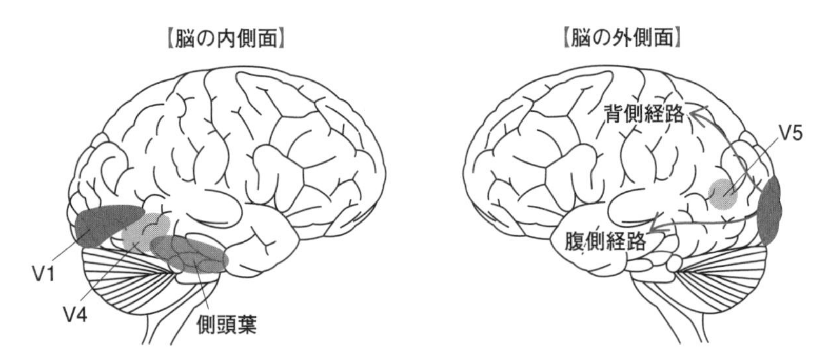

図 14-1 **視覚経路**（Zeki, 1999）
V1 は第 1 次視覚野，V4 は第 4 次視覚野，V5 は第 5 次視覚野を表します。

路の底面部には紡錘状回と呼ばれる脳部位があります。紡錘状回には顔や身体などの視覚処理に特化した脳部位があることがわかっています。また，**背側経路**では，視覚情報は第 1 次視覚野から後頭頂葉に進みます。背側経路では視覚情報の空間的な位置や動きの分析が行われていることから，その情報がどこにあるかを分析する経路（Where 経路）として考えられています。

14.1.2 視覚失認

視覚失認（visual agnosia）の患者は，視覚的に呈示された対象の認識に困難を示します。これは，基本的な視覚能力，注意能力，言語理解能力，記憶能力などは保たれている中で，対象を見ただけではそれが何かわからないという障害です。視覚失認は大きく 3 種類に分類されます。それは，統覚型視覚失認，統合型視覚失認，連合型視覚失認です。

1. 統覚型視覚失認

統覚型視覚失認の患者は，基本的な視覚情報の処理能力が保たれており，色や明るさや動きを認識することはできるのですが，形の認識に困難を示します。そのため，部分的な情報をまとめて形として認識することが難しいといわれています。統覚型視覚失認の患者は物体の認識ができず，物体の模写に困難を示します。

彼らは，形の認識に困難を示すため，物体，顔，そして風景の認知にも障害がみられます。しかし，その物体の触感や音により物体を認識することができます。また，物体が特徴的な動きをする場合には，その物体を認識することができます。

2. **統合型視覚失認**

統合型視覚失認の患者は，部分的な形を認識することはできるのですが，それが物体の全体の一部であると認識することが困難です。そのため，統覚型視覚失認の患者とは異なり，統合型視覚失認の患者は物体の模写を行うことができます。しかし，物体の全体の形を認識できず，部分的な情報を一つひとつ模写するため，全体の模写にはとても時間がかかります。

3. **連合型視覚失認**

連合型視覚失認では，視覚情報と意味情報を結びつける能力に障害がみられるといった特徴があります。つまり，物体の形などを認識することはできるのですが，その物体の名前や機能を答えることができません。そのため，物体の認識に問題が生じます。

14.1.3　視覚失認の種類

統覚型視覚失認は形の認識に障害が生じますが，物体，顔，そして街並などの特定の形において障害が生じるわけではありません。一方で，統合型視覚失認と連合型視覚失認では，特定の対象に対して障害が生じることがわかっています。次に，特定の対象の視覚失認である相貌失認と街並失認をみていきましょう

1. **相 貌 失 認**

相貌失認は，人の顔を認識することに困難を示す症状のことです。家族や友人の顔を見て，人であることはわかるのですが，それが誰なのかはわかりません。また，新しく出会う人の顔もわかりません。ただし，視覚モダリティにおける障害であるため，人の声を聞いて，それが誰なのかを認識することはできます。また，顔の部分的な特徴や全体の特徴を認識できるため，表

情やその人の年齢などはわかるといわれています。相貌失認は，腹側経路の底面部にある紡錘状回と呼ばれる脳部位の損傷により引き起こされます。

2. **街並失認**

街並失認は，建物や風景を認識することに困難を示す症状です。自分の家，自分の家の周囲にある建物や風景を見て，何の建物なのか，どこの風景なのかを答えることができません。この街並失認も視覚モダリティにおける障害です。

14.2 注意の障害

14.2.1 注意の脳内機構

注意は，特定の情報に集中してその情報を選択的に処理する働きです。注意の働きには大脳皮質と皮質下の部位が関与しています。注意の働きに重要な脳部位として，大脳皮質では上前頭葉，頭頂葉後部，側頭葉と頭頂葉の接合領域，そして内側前頭前野が，皮質下では視床枕と上丘があげられます（図14-2）。これらの脳部位のネットワークが注意の働きを支えています。そのため，いずれかの脳部位に損傷を受けると注意の障害が生じることがわかっています。

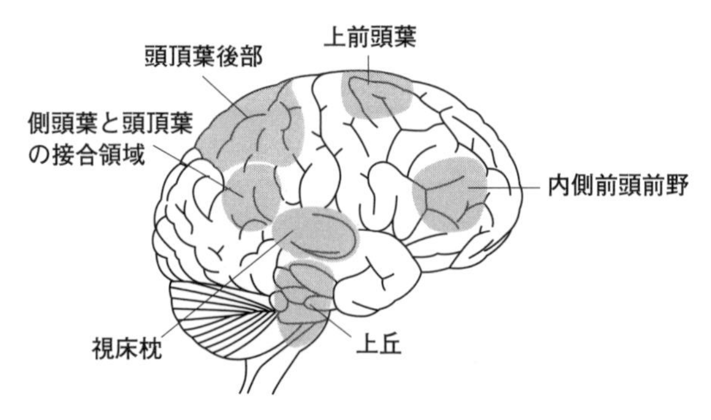

図14-2 **注意に関わる脳部位**（Gazzaniga & Mangun, 2014）

図 14-3　**半側空間無視の患者の絵**（Abdullaev & Posner, 2005）

14.2.2　半側空間無視

半側空間無視の患者には，半分の空間にある情報を無視するという症状がみられます。こうした症状は，注意に関連した脳部位の損傷により引き起こされます。図 14-3 は，半側空間無視の患者が描いた時計と家の絵です。右側の空間にある情報は描かれているのに対して，左側の空間にある情報は描かれていません（Abdullaev & Posner, 2005）。

そして，半側空間無視には**左右非対称性**がみられます。右大脳半球の注意に関連した脳部位の損傷により，左側の空間にある情報を無視することが多いといわれています。半側空間無視は特定の方向に注意を向けることが困難ですので，方向性注意障害に分類されます。

14.3　記憶の障害

14.3.1　記憶の脳内機構

記憶とは，経験した出来事に関する情報を保持し，必要に応じて取り出すための心の働きです。記憶の働きには，海馬を中心とする内側側頭葉の脳部位が深く関与することがわかっています（図 14-4）。また，図 14-4 に示した脳部位だけでなく，頭頂葉や側頭葉の他の脳部位が統合的に働くことにより，記憶の働きが実現します。そのため，いずれかの脳部位に損傷を受けると，記憶の障害が生じます。

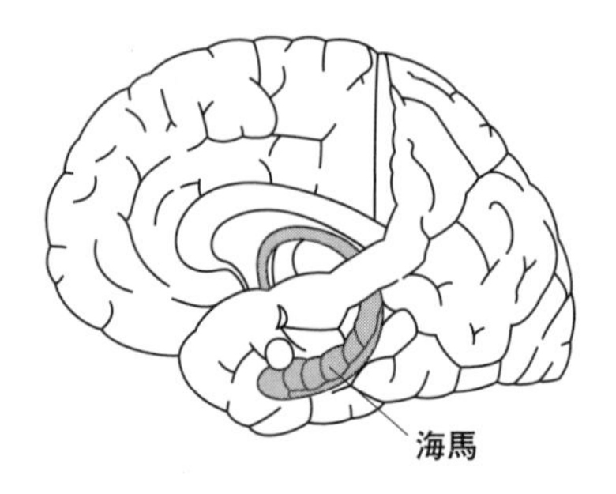

図 14-4　**記憶に関わる脳部位**（Gazzaniga & Mangun, 2014）

14.3.2　H.M. の症例研究

記憶の障害は，以前に経験した出来事に関する情報を検索できず，新しい経験や情報を符号化することができない状態です。記憶の障害に関する有名な症例研究があります。それは H.M. の症例研究です。H.M. という男性は，27 歳のときにてんかんの治療のために海馬を含む側頭葉の内側部を切除しました（図 14-4）。手術により，てんかんの発作は落ちついたのですが，H.M. の記憶には大きな影響が及びました。手術後，H.M. は数分前に経験した情報を思い出すことができなくなりました。彼は，記憶にある情報を取り出すことが困難な健忘症を発症したのです。

14.3.3　健 忘 症

健忘症（amnesia）には，大きく分けて逆向性健忘と前向性健忘があります。**逆向性健忘**（retrograde amnesia）とは，何らかの理由で脳に損傷を受けた時点より過去に経験した出来事や情報を，記憶から検索することが困難な状態をいいます。逆向性健忘の場合，新しい情報ほど検索することが困難で，より古い情報ほど検索しやすいという現象がみられます。この現象は**時間勾配**と呼ばれます。また，**前向性健忘**（anterograde amnesia）とは，脳に損傷を受けた時点よりも新しい経験や情報を符号化もしくは検索することができなくなることをいいます。

先ほど紹介したH.M.は前向性健忘を発症しました。そのため，27歳で手術を受ける前の家族の名前や出来事に関する記憶は保たれていたのですが，それ以降に経験した出来事の記憶を保持することができませんでした。

14.4 まとめ

本章では，症例研究を取り上げながら，視覚認知の障害，注意の障害，記憶の障害について紹介しました。本章で取り上げたのは，認知の障害のほんの一例ですが，症例研究をみてみると，私たちの認知の仕組みが脳の働きにより実現されていることがわかります。

確認問題

Q14-1 視覚認知の障害の説明としてもっとも適切なものを1つ選んでください。

(a) 特定の脳部位を損傷すると，特定の視覚情報の処理を行うことができなくなる。
(b) 半側空間無視は視覚認知の障害である。
(c) 連合型視覚失認の患者には，複雑な視覚情報を統合する能力に障害がみられる。
(d) 物体の動きの認識は，重要なため障害がみられることはない。
(e) 背側経路の脳部位を損傷すると，主に視覚情報が何であるか認識することができなくなる。

Q14-2 注意の障害について説明としてもっとも適切なものを1つ選んでください。

(a) 半側空間無視では，片方の空間にある情報を無視してしまう。
(b) 多くの半側空間無視の患者は，右側の空間にある情報を無視してしまう。
(c) 主な特徴として，過去に経験した出来事や情報を取り出すことが困難になる。
(d) 街並失認は，一部の空間に対して注意を向けることが困難になる。
(e) 相貌失認の患者は，建物の認識のみに障害が生じる。

Q14-3 記憶の障害についてもっとも適切なものを1つ選んでください。

(a) 逆向性健忘とは，何らかの理由で脳に損傷を受けた時点より，過去に経験した出来事や情報を取り出すことが困難な状態である。

(b) 逆向性健忘には，より新しい情報ほど記憶から取り出しやすいという特徴がある。
(c) 前向性健忘には，すべての情報を記憶から取り出すことが難しいという特徴がある。
(d) 一つの特徴として顔の認識だけができなくなる。
(e) 記憶の働きには，MT野を中心とする内側側頭葉の脳部位が深く関与するといわれている。

参考図書

藤田 一郎 (2013). 脳はなにを見ているのか　角川学芸出版

見ることの神経科学的基盤についてだけでなく，視知覚認知や注意の障害などがわかりやすく解説されています。

鈴木 匡子 (2010). 視覚性認知の神経心理学　医学書院

専門的な内容になりますが，臨床的な例を説明しながら視覚性認知の障害について紹介されています。本書で取り上げた視覚認知障害についてだけでなく，豊富な症例が取り上げられています。

山鳥 重 (2002). 記憶の神経心理学　医学書院

記憶の神経基盤とともに，記憶に関するさまざまな障害が説明されています。専門的な内容が含まれていますが，障害の仕組みがわかりやすくかつ詳細に解説されています。本書の第10章の理解を深めるためにも，参考になる図書です。

確認問題解答

第１章

Q1-1　正解：(d)

感覚器は，光や音波，化学物質などの外部刺激を神経信号に変換する働きを担います。

Q1-2　正解：(b)

さまざまな感覚情報を統合し，明るさや色といった意識体験を形成する過程が知覚です。このとき，感覚器からの情報がそのまま認識されるわけではなく，足りない情報を補ったり，不要な情報を捨てたりした結果が知覚されます。

Q1-3　正解：(e)

認知心理学における「認知」は，記憶や思考など，人の知的機能全般を指します。

第２章

Q2-1　正解：(d)

形のある部分として認識される部分を図，それ以外の背景として認識される部分を地といいます。

Q2-2　正解：(e)

知覚的群化は，図として知覚される領域が複数ある場合に，それらがばらばらにではなく，まとまりとして認識されることです。

Q2-3　正解：(a)

隠れている部分の情報を補完して全体を認識する働きをアモーダル補完といいます。この場合，対象の一部が隠されていることは認識されますが，主観的輪郭とは違い，補完されている部分に輪郭や形などの明確な知覚は伴いません。

第３章

Q3-1　正解：(b)

ある光に対して知覚される色とその光の波長の間には対応関係があり，波長の長い光は赤く，短い光は青く感じられます。なお，色彩や明度，彩度は，色の見え方，感じ方を理解するためのものであって，光の物理的特性についてのものではありません。また，色は受けとった光の情報を脳で変換して知覚するものであって，光そのものに決まった色があるわけではありません。

Q3-2　正解：(c)

色の恒常性は，さまざまに異なる光環境の中でも，対象の色が変わらず安定して知覚される現象です。

Q3-3　正解：(d)

光の波長に対する感度特性が異なる3種の視細胞の活動比率によって色の知覚を説明できる，とするのが3原色説の考え方です。なお，3種の錐体の存在だけでなく，反対色を構成する神経学的な仕組みについても存在が確認されてきており，色の認識については，現在では段階説と呼ばれる考え方が主流となっています。

第4章

Q4-1　正解：(b)・(c)

両眼視差は両眼の像の間に生じるずれのことであり，これは両眼を用いた観察の場合に利用可能な情報です。また，輻輳は対象を注視した際に両眼がやや内向きに傾く（寄り目になる）ことであり，これも両眼で対象を観察する場合に生じるものです。それ以外の奥行き手がかりは，片眼で観察する場合にも利用可能です。

Q4-2　正解：(b)

私たちは，複数の奥行き手がかりを総合して奥行きや距離，対象の大きさの知覚を行っています。

Q4-3　正解：(d)

大きさの恒常性は，観察距離の変化によって網膜像上の大きさが変化した場合でも，その対象の大きさが一定に知覚されることをいいます。

第5章

Q5-1　正解：(a)

(a) 正解　静止している刺激を適切なタイミングで継時的に呈示したときに知覚されるこの動きを仮現運動と呼びます。

(b) 誤り　実際に動いている対象から知覚される運動は実際運動と呼びます。

(c) 誤り　静止画像が適切な時間間隔を継時的に呈示されたときに，仮現運動を知覚することができます。同時に呈示したときに，仮現運動は知覚されません。

(d) 誤り　突然その運動が停止した際にも，あたかも運動しているかのような残像が残ります。これは運動残像と呼ばれる現象です。

(e) 誤り　周囲にある対象の運動により，実際には静止している対象から知覚される運動は誘導運動と呼ばれる現象です。

Q5-2　正解：(a)

(a) 正解　動きによる分化は，知覚的体制化の働きによって生じると考えられています。知覚的体制化とは，個々の要素をまとめて知覚する性質です。

(b) 誤り　人は2つの動きの事象を観察したときに，それらの事象から因果関係を認識します。人の動きの知覚の特徴を説明していますが，動きによる分化に関する説明ではありません。

(c) 誤り　連続した情報に自然に区切りを入れて，それぞれの出来事を切り出すことを分節化と呼びます。動きによる分化に関する説明ではありません。

(d) 誤り　動きによる分化は，知覚的体制化の働きによって生じると考えられています。この文章は知覚的体制化を説明していません。

(e) 誤り　動きによる分化は，図と地の境界を動きの変化より定義づけています。すべての要素が地として認識されている場合，動きによる分化は生じないことになります。

Q5-3　正解：(a)

(a) 正解　月の動きやヘリコプターのプロペラの動きを知覚することができないように，実際運動は対象の運動の速度が遅すぎても速すぎても知覚することができません。

(b) 誤り　実際運動は，対象の運動の速度が一定の範囲内にあるとき知覚することができます。どのような速度であっても知覚できるわけではありません。

(c) 誤り　運動速度だけが動きの知覚体験を引き起こすわけではありません。運動の持続時間やその動きの観察条件により異なります。

(d) 誤り　実際運動は網膜上の手がかりから知覚することができます。

(e) 誤り　視野の中心から周囲にかけて放射線状に流れる運動は，オプティカル・フローと呼ばれています。

第6章

Q6-1　正解：(a)

音波の物理的特徴のうち，周波数（周期）は音の高さ，振幅（音圧）は音の大きさ，波形（周波数成分）は音色にそれぞれ対応します。

Q6-2　正解：(e)

ソンは，その値が2倍になれば心理量も2倍になるという形で心理的な音の大きさ（ラウドネス）を単位化したものです。

Q6-3　正解：(c)

聴覚では，両耳の時間差や強度さ，音色のわずかな変化など，複数の手がかりを用いて音源の位置を判断できます。ただし，人の耳が顔の左右に位置しているということもあり，左右方向に対して前後・上下方向の判断はやや苦手です。

第7章

Q7-1　正解：(e)

人の嗅細胞は約400種類で，それらによって約40万種類のニオイ分子を感じとることができると考えられています。

Q7-2　正解：(d)

基本味と呼ばれるのは甘味，塩味，苦味，酸味，うま味の5つです。辛味や渋味などは皮膚感覚に相当するものと考えられ，味覚には含めないのが一般的です。

Q7-3　正解：(b)

対象をつついたり手に持って振ってみたりなど，対象に能動的に関わることによって，触覚では対象の大きさや形，材質などを知覚することができます。

第8章

Q8-1　正解：(d)

錯覚は，決して知覚の障害や機能不全などではありません。知覚の正常な働きによって生じる現象です。

Q8-2　正解：(c)

一見普通にありそうに見えて，実際には実現が不可能な構造を描いた図のことを不可能図形と呼びます。

Q8-3　正解：(e)

クロスモーダル知覚とは，種類（モダリティ）が異なる感覚情報が相互に影響し合ってなされる知覚のことです。クロスモーダルな知覚によって錯覚が生じることは確かにありますが，クロスモーダル知覚がすべて錯覚につながるわけではありません。また，選択肢（d）の説明内容は**共感覚**と呼ばれる知覚現象で，これについてもさまざまな研究が行われています。

第9章

Q9-1　正解：(c)

選択肢の（a）は選択的注意，（b）は集中的注意，（d）は分割的注意，（e）は自動的注意についての説明です。

Q9-2　正解：(e)

心的資源の考え方では，さまざまな認知処理に必要な処理能力を心理的な資源としてとらえます。この資源の総量は限られているため，その総量を超えないように，各処理に必要な心的資源を配分しながらさまざまな処理を行っていると説明します。

Q9-3　正解：(a)

何度も頻繁に繰り返される処理は，次第に習慣化し，ほとんど意識しなくても素早く自動的に実行できるようになります。これが自動的処理です。これに対し，処理内容や結果を逐一確認しながら進めていくのが制御的処理です。文字を読んで理解するというような処理も含め，私たちの日常行動の多くは自動的処理によって構成されています。

第10章

Q10-1　正解：(a)

(a) 正解　記憶には，符号化，貯蔵，検索の3つの過程があります。

(b) 誤り　感覚記憶，短期記憶，長期記憶は情報の保持時間により分類されています。

(c) 誤り　長期記憶は大きく宣言記憶と非宣言的記憶に分けられます。

(d) 誤り　処理水準説によれば，符号化段階で深い処理が行われた情報は浅い処理が行われた情報よりも記憶に残りやすいとされています。

(e) 誤り　目撃証言に関連した実験から，記憶が偏りやすく歪みやすいことが知られています。

Q10-2　正解：(a)

(a) 正解　符号化特定性原理によれば，符号化時の文脈と検索時の文脈が一致しているほど，その情報を検索しやすいと考えられています。

(b) 誤り　符号化特定性原理によれば，符号化時の文脈と検索時の文脈が一致しているほど，その情報を検索しやすいと考えられています。忘却するわけではありません。

(c) 誤り　情報のチャンキングと階層化は両方とも符号化を促進します。

(d) 誤り　符号化特定性原理によれば，符号化時と検索時に同じ状態であることが符号化を促進します。

(e) 誤り　処理水準説によれば，符号化段階でより深い処理が行われた情報は記憶に残りやすいとされています。変容しやすいかどうかはわかりません。

Q10-3　正解：(a)

(a) 正解　自伝的記憶には最近の出来事は想起されやすいという新近性効果がみられます。

(b) 誤り　展望記憶の特徴として，将来のすべきことの情報が保持されており，適切なタイミングで想起することが重要であることがあげられます。

(c) 誤り　自伝的記憶はエピソード記憶に分類されますので，宣言的記憶に分類されます。

(d) 誤り　生活を通して獲得した世界に関する一般的な知識や事実に関する記憶は意味記憶に分類されます。

(e) 誤り　技能や習慣は繰返し経験することにより獲得され，一度獲得されると失われることがない記憶は手続き記憶に分類されます。

第 11 章

Q11-1　正解：(d)

プロトタイプ理論では，各カテゴリーの典型例（プロトタイプ）との類似性を基準にして概念が構成されていると考えます。

Q11-2　正解：(a)

階層モデルは，より抽象的な概念ほど上位に，より具体的で個別の概念ほど下位にという形で，概念が階層的に保持されているという考え方です。

Q11-3　正解：(d)

さまざまな知識を効率的に利用するための枠組みがスキーマです。スキーマは，さまざまな知識を抽象化，一般化したものであり，幅広い場面や対象に対して応用することができます。

第 12 章

Q12-1　正解：(c)

複数の個別事例の間にある共通点や法則性を発見し，一般的な結論を導き出すのが帰納的推論です。これと対象的に，一般的な知識や法則をもとに個別の事例について判断するのが演繹的推論です。

Q12-2　正解：(d)

私たちが一度に処理できる情報の量は限られているので，問題解決場面では比較的認知負荷の低い，簡便な方法が採用される傾向にあります。現状を目標に近づけるというのも，そうした簡便法の一つです。

Q12-3　正解：(b)

正確さにはやや欠ける部分はあるものの，簡便で素早く判断できる方法をヒューリスティックと呼びます。ヒューリスティックは，多くの場合に有効な結論をもたらしてくれる思考方法であり，かつ，情報が不十分な状況でもそれなりに判断を下せるなど，人間の思考に柔軟性をもたせてくれるものです。

第13章

Q13-1　正解：(c)

期待効用理論では期待される効用が最大の選択肢が，プロスペクト理論では期待される価値が最大のものが選択されると説明されます。

Q13-2　正解：(e)

利用可能性ヒューリスティックは，ある対象の頻度や個数について判断する際，簡単にたくさん思い出せるものほど頻繁にある（たくさんある）に違いないと判断するヒューリスティックです。

Q13-3　正解：(a)

再認ヒューリスティックは，自分が知らない対象と知っている対象がある場合，自分が知っている対象に対して，知らないものよりも高い評価（有名，優秀，大規模など）を付与するヒューリスティックです。

第14章

Q14-1　正解：(a)

(a) 正解　それぞれの脳部位には特化した機能があります。そのため，特定の脳部位を損傷すると，特定の視覚情報の機能に障害が生じます。

(b) 誤り　半側空間無視は注意の障害です。

(c) 誤り　連合型視覚失認では視覚情報と意味情報を結びつける能力に障害がみられます。

(d) 誤り　両側の第5次視覚野が損傷を受けると，動きの認識に障害が生じます。

(e) 誤り　背側経路は視覚情報の空間的な位置や動きの分析が行われています。腹側経路で視覚情報が何であるか認識するための処理が行われていると考えられています。

Q14-2　正解：(a)

(a) 正解　半側空間無視の患者には，片方の空間にある情報を無視してしまうという症状がみられます。

(b) 誤り　右大脳半球の注意に関連した脳部位の損傷により，左側の空間にある情報を無視することが多いといわれています。

(c) 誤り　この文章は健忘症の説明です。健忘症の主な特徴として，過去に経験した出来事や情報を取り出すことが困難になる点があげられます。

(d) 誤り　街並失認は建物や街並を認識できなくなる視覚認知の障害です。

(e) 誤り　相貌失認は顔の認識だけができなくなる視覚認知の障害です。

Q14-3　正解：(a)

(a) 正解　逆向性健忘の患者は脳に損傷を受けた時点より過去に経験した出来事や情報を取り出すことが困難です。

(b) 誤り　逆向性健忘には，より古い情報ほど検索しやすいという現象がみられます。

(c) 誤り　前向性健忘の患者は，脳に損傷を受けた時点よりも新しい経験や情報を符号化もしくは検索することができなくなります。

(d) 誤り　顔の認識だけができなくなるという特徴は相貌失認の特徴です。

(e) 誤り　記憶の働きには海馬を中心とする内側側頭葉の脳部位が深く関与するといわれています。

引用文献

第1章

Schank, R. C., & Abelson, R. P. (1977). *Scripts, plans, goals and understanding: An inquiry into human knowledge structures*. Hillsdale, NJ: Erlbaum.

第2章

Biederman, I. (1987). Recognition-by-components: A theory of human image understanding. *Psychological Review, 94*(2), 115–47.

Kanizsa, G. (1955). Margini quasi-percettivi in campi con stimolazione omogenea. *Rivista di Psicolgia, 49*, 7–30.

Kanizsa, G. (1976). Subjective contours. *Scientific American, 234*(4), 48–52.

Palmer, S., Rosch, E., & Chase, P. (1981). Canonical perspective and the perception of objects. In J. Long, & A. Baddeley (Eds.), *International Symposium on Attention and Performance (Attention and performance IX)* (pp.135–151). Hillsdale, NJ: Lawrence Erlbaum Associates.

Rubin, E. (1921). *Visuell wahrgenommene Figuren: Studien in psychologischer Analyse*. Kobenhaven: Gyldendal.

Ullman, S. (1989). Aligning pictorial descriptions: An approach to object recognition. *Cognition, 32*(3), 193–254.

第3章

Hering, E. (1878). *Zur Lehre vom Lichtsinne: Sechs Mittheilungen an die Kaiserl.* Akademie der Wissenschaften in Wien, Vienna: Druck und Verlag von Carl Gerold's Sohn.

Katz, D. (1935). *The world of colour* (R. B. MacLeod, & C. W. Fox Trans.). London: Kegan Paul. (Original work published 1930)

Young, T. (1802). The Bakerian lecture: On the theory of light and colors. *Philosophical Transactions of the Royal Society of London, 92*, 12–48.

第4章

Haber, R. N., & Levin, C.A. (2001). The independence of size perception and distance perception. *Perception and Psychophysics, 63*(7), 1140–1152.

Higashiyama, A., & Adachi, K. (2006). Perceived size and perceived distance of targets viewed from between the legs: Evidence for proprioceptive theory. *Vision Research, 46*(23), 3961–3976.

Ittelson, W. H. (1952). *The Ames demonstrations in perception: A guide to their construction and use*. Princeton, NJ: Princeton University Press.

Kilpatrick, F. P., & Ittelson, W. H. (1953). The size-distance invariance hypothesis. *Psychological Review*, *60*(4), 223-231.

第5章

Anstis, S., Verstraten, F. A. J., & Mather, G. (1998). The motion aftereffect. *Trends in Cognitive Sciences*, *2*(3), 111-117.

Gibson, J. J. (1966). *The senses considered as perceptual systems*. Boston, MA: Houghton Mifflin.

(ギブソン, J. J. 佐々木 正人・古山 宣洋・三嶋 博之（監訳）(2011). 生態学的知覚システム――感性をとらえなおす―― 東京大学出版会)

Johansson, G. (1973). Visual perception of biological motion and a model for its analysis. *Perception and Psychophysics*, *14*(2), 201-211.

Kaufmann-Hayoz, R., Kaufmann, F., & Stucki, M. (1986). Kinetic contours in infants' visual perception. *Child Development*, *57*(2), 292-299.

Michotte, A. (1963). *The perception of causality*. London, Methuen.

Wallach, H., & O'Connell, D. N. (1953). The kinetic depth effect. *Journal of Experimental Psychology*, *45*(4), 205-217.

Wertheimer, M. (1912). Experimentelle Studien über das Sehen von Bewegung. *Zeitschrift für Psychologie*, *61*, 161-265.

山口 真美・金沢 創 (2008). 赤ちゃんの視覚と心の発達 東京大学出版会

Zacks, J. M., Speer, N. K., & Reynolds, J. R. (2009). Segmentation in reading and film comprehension. *Journal of Experimental Psychology: General*, *138*(2), 307-327.

Zeki, S. (1999). *Inner vision: An exploration of art and the brain*. Oxford, Oxford University Press.

(ゼキ, S. 河内 十郎（訳）(2002). 脳は美をいかに感じるか――ピカソやモネが見た世界―― 日本経済新聞社)

Zihl, J., von Cramon, D., & Mai, N. (1983). Selective disturbance of movement vision after bilateral brain damage. *Brain*, *106*, 313-340.

第6章

Blauert, J. (1969/70). Sound localization in the median plane. *Acustica*, *22*, 205-213.

Corballis, M. C. (2014). Left brain, right brain: Facts and fantasies. *PLoS Biology*, *12*(1), Article e1001767.

Deutsch, D. (1999). Grouping mechanisms in music. In D. Deutsch (Ed.), *The psychology of music* (pp.299-348). Academic Press.

Hofman, P. M., Van Riswick, J. G. A., & Van Opstal, A. J. (1998). Relearning sound localization with new ears. *Nature Neuroscience*, *1*(5), 417-421.

Kolarik, A. J., Moore, B. C. J., Zahorik, P., Cirstea, S., & Pardhan, S. (2016). Auditory distance perception in humans: A review of cues, development, neuronal bases, and effects of sensory loss. *Attention, Perception, and Psychophysics*, *78*(2), 373-395.

Mills, A. W. (1958). On the minimum audible angle. *Journal of Acoustical Society of America*, *30*, 237-246.

Ross, E. D., & Mesulam, M. M. (1979). Dominant language functions of the right hemisphere? Prosody and emotional gesturing. *Archives of Neurology*, *36*(3), 144-148.

第７章

de Araujo, I. E., Rolls, E. T., Velazco, M. I., Margot, C., & Cayeux, I. (2005). Cognitive modulation of olfactory processing. *Neuron*, *46*(4), 671-679.

Axel, R. (1995). The molecular logic of smell. *Scientific American*, *273*, 154-159.

綾部 早穂・小早川 達・斉藤 幸子（2003）．2歳児のニオイの選好　感情心理学研究，*10*(1), 25-33.

Ayabe-Kanamura, S., Schicker, I., Laska, M., Hudson, R., Distel, H., Kobayakawa, T., & Saito, S. (1998). Differences in perception of everyday odors: A Japanese-German cross-cultural study. *Chemical Senses*, *23*(1), 31-38.

Doty, R. L., Shaman, P., Applebaum, S. L., Giberson, R., Siksorski, L., & Rosenberg, L.(1984). Smell identification ability: Changes with age. *Science*, *226*(4681), 1441-1443.

Forestell, C. A. (2017). Flavor perception and preference development in human infants. *Annals of Nutrition and Metabolism*, *70*(suppl.3), 17-25.

Gibson, J. J. (1962). Observations on active touch. *Psychological Review*, *69*(6), 477-491.

Gibson, J. J. (1966). *The senses considered as perceptual systems*. Houghton Mifflin.

Penfield, W., & Rasmussen, T. (1950). *The cerebral cortex of man: A clinical study of localization of function*. Macmillan.

斉藤 幸子（1989）．ニオイと官能　日本醸造協会誌，*84*(5), 280-286.

Solomon, H. Y., & Turvey, M. T. (1988). Haptically perceiving the distances reachable with hand-held objects. *Journal of Experimental Psychology: Human Perception and Performance*, *14*(3), 404-427.

Stein, M., Ottenberg, P., & Roulet, N. (1958). A study of the development of olfactory preferences. *A.M.A. Archives of Neurology and Psychiatry*, *80*, 264-266.

第８章

Bertelson, P. (1999). Ventriloquism: A case of crossmodal perceptual grouping. In G. Aschersleben, T. Bachmann, & J. Musseler (Eds.), *Cognitive contributions to the perception of spatial and temporal events* (pp.347-362). North-Holland/Elsevier Science

Publishers.

Botvinick, M., & Cohen, J. (1998). Rubber hands "feel" touch that eyes see. *Nature, 391*(6669), 756.

Coren, S., & Miller, J. (1974). Size contrast as a function of figural similarity. *Perception and Psychophysics, 16*(2), 355–357.

Ehrsson, H. H. (2007). The experimental induction of out-of-body experiences. *Science, 317*, 1048.

Gillam, B. (1971). A depth processing theory of the Poggendorff illusion. *Perception and Psychophysics, 10*, 211–216.

Gillam, B. (1973). The nature of size scaling in the Ponzo and related illusions. *Perception and Psychophysics, 14*(2), 353–357.

Girgus, J. S., & Coren, S. (1975). Depth cues and constancy scaling in the horizontalvertical illusion: The bisection error. *Canadian Journal of Psychology/Revue Canadienne de Psychologie, 29*(1), 59–65.

Girgus, J. S., & Coren, S. (1982). Assimilation and contrast illusions: Differences in plasticity. *Perception and Psychophysics, 32*(6), 555–561.

Goodwin, G. M., McCloskey, D. I., & Matthews, P. B. C. (1972). Proprioceptive illusions induced by muscle vibration: Contribution by muscle spindles toperception? *Science, 175*, 1382–1384.

Gregory, R. L. (1998). *Eye and brain: The psychology of seeing* (5th ed.). McGraw-Hill.

Jack, C. E., & Thurlow, W. R. (1973). Effects of degree of visual association and angle of displacement on the "ventriloquism" effect. *Perceptual and Motor Skills, 37*(3), 967–979.

Jaeger, T. (1978). Ebbinghaus illusions: Size contrast or contour interaction phenomena? *Perception and Psychophysics, 24*(4), 337–342.

Kitaoka, A., & Ishihara, M. (2000). Three elemental illusions determine the Zöllner illusion. *Perception and Psychophysics, 62*, 569–575.

Morrot, G., Brochet, F., & Dubourdieu, D. (2001). The color of odors. *Brain and Language, 79*(2), 309–320.

Phillips, D. (1999). Constancy scaling and conflict when the Zöllner illusion is seen in three dimensions. *Perception, 28*(3), 375–386.

Spence, C., & Deroy, O. (2013). How automatic are crossmodal correspondences? *Consciousness and Cognition: An International Journal, 22*(1), 245–260.

Sugihara, K. (2015). A new type of impossible object that becomes partly invisible in a mirror. *Japan Journal of Industrial and Applied Mathematics, 33*, 525–535.

Sugihara, K. (2020). Family tree of impossible objects created by optical illusions. *Bridges 2020 Conference Proceedings*, 329–336.

Tajadura-Jiménez, A., Vakali, M., Fairhurst, M. T., Mandrigin, A., Bianchi-Berthouze, N., &

Deroy, O. (2017). Contingent sounds change the mental representation of one's finger length. *Scientific Reports*, *7*(1), 5748.

Todorović, D., & Jovanović, L. (2018). Is the Ebbinghaus illusion a size contrast illusion? *Acta Psychologica*, *185*, 180–187.

Wang, Q. J., & Spence, C. (2019). Drinking through rosé-coloured glasses: Influence of wine colour on the perception of aroma and flavour in wine experts and novices. *Food Research International*, *126*, 108678.

Westheimer, G. (2008). Illusions in the spatial sense of the eye: Geometrical-optical illusions and the neural representation of space. *Vision Research*, *48*(20), 2128–2142.

Zampini, M., & Spence, C. (2005). The role of auditory cues in modulating the perceived crispiness and staleness of potato chips. *Journal of Sensory Studies*, *19*, 347–363.

第9章

Broadbent, D. (1958). *Perception and communication*. Pergamon Press.

Cherry, E. C. (1953). Some experiments on the recognition of speech, with one and with two ears. *Journal of the Acoustical Society of America*, *25*, 975–979.

Deutsch, J., & Deutsch, D. (1963). Attention: Some theoretical considerations. *Psychological Review*, *70*, 80–90.

Eriksen, C. W., & St. James, J. D. (1986). Visual attention within and around the field of focal attention: A zoom lens model. *Perception and Psychophysics*, *40*(4), 225–240.

Kahneman, D. (1973). *Attention and effort*. Prentice-Hall.

LaBerge, D. (1983). Spatial extent of attention to letters and words. *Journal of Experimental Psychology: Human Perception and Performance*, *9*(3), 371–379.

Lavie, N. (1995). Perceptual load as a necessary condition for selective attention. *Journal of Experimental Psychology: Human Perception and Performance*, *21*(3), 451–468.

Posner, M. I. (1980). Orienting of attention. *The Quarterly Journal of Experimental Psychology*, *32*(1), 3–25.

Posner, M. I., & Snyder, C. R. R. (1975). Attention and cognitive control. In R. L. Solso (Ed.), *Information processing and cognition* (pp.55–85). Erlbaum.

Stroop, J. R. (1935). Studies of interference in serial verbal reactions. *Journal of Experimental Psychology*, *18*(6), 643–662.

Treisman, A. M. (1960). Contextual cues in selective listening. *The Quarterly Journal of Experimental Psychology*, *12*, 242–248.

第10章

Atkinson, R. C., & Shiffrin, R. M. (1968). Human memory: A proposed system and its control processes. In K. W. Spence, & J. T. Spence (Eds.), *The psychology of learning and motivation: II*. Academic Press.

Baddeley, A. D. (2000). The episodic buffer: A new component of working memory? *Trends in Cognitive Sciences, 4*, 417–423.

Baddeley, A. D., & Hitch, G. J. (1974). Working memory. In G. A. Bower (Ed.), *Recent advances in learning and motivation* (Vol. 8, pp.47–89). New York: Academic Press.

Bower, G. H., Clark, M. C., Lesgold, A. M., & Winzenz, D. (1969). Hierarchical retrieval schemes in recall of categorized word lists. *Journal of Verbal Learning and Verbal Behavior, 8*, 323–343.

Chase, W. G., & Simon, H. A. (1973). Perception in chess. *Cognitive Psychology, 4*(1), 55–81.

Conway, M. A., & Pleydell-Pearce, C. W. (2000). The construction of autobiographical memories in the self-memory system. *Psychological Review, 107*(2), 261–288.

Craik, F. I. M., & Lockhart, R. S. (1972). Levels of processing: A framework for memory research. *Journal of Verbal Learning and Verbal Behavior, 11*, 671–684.

Craik, F. I. M., & Tulving, E. (1975). Depth of processing and the retention of words in episodic memory. *Journal of Experimental Psychology: General, 104*(3), 268–294.

Dooling, D. J., & Lachman, R. (1971). Effects of comprehension on retention of prose. *Journal of Experimental Psychology, 88*(2), 216–222.

Ebbinghaus, H. (1885). *Über das Gedächtnis: Untersuchungen zur experimentelle Psychologie*. Leipzig: Duncker & Humblot.

（エビングハウス, H. 宇津木 保・望月 衛（訳）（1978）記憶について——実験心理学への貢献—— 誠信書房）

Glanzer, M., & Cunitz, A. R. (1966). Two storage mechanisms in free recall. *Journal of Verbal Learning and Verbal Behavior, 5*, 351–360.

Godden, D. R., & Baddeley, A. D. (1975). Context-dependent memory in two natural environments: On land and underwater. *British Journal of Psychology, 66*(3), 325–331.

Goodwin, D. W., Powell, B., Bremer, D., Hoine, H., & Stern, J. (1969). Alcohol and recall: State-dependent effects in man. *Science, 163*, 1358–1360.

Jenkins, J. G., & Dallenbach, K. M. (1924). Obliviscence during sleep and waking. *The American Journal of Psychology, 35*, 605–612.

Loftus, E. F., & Palmer, J. C. (1974). Reconstruction of automobile destruction: An example of the interaction between language and memory. *Journal of Verbal Learning and Verbal Behavior, 13*(5), 585–589.

Miller, G. A. (1956). The magical number seven, plus or minus two: Some limits on our capacity for processing information. *Psychological Review, 63*(2), 81–97.

Rovee-Collier, C. (1997). Dissociations in infant memory: Rethinking the development of implicit and explicit memory. *Psychological Review, 104*(3), 467–498.

Rovee-Collier, C. (1999). The development of infant memory. *Current Directions in*

Psychological Science, 8(3), 80–85.

Sperling, G. (1960). The information available in brief visual presentations. *Psychological Monographs: General and Applied, 74*(11), 1–29.

Tulving, E. (1972). Episodic and semantic memory. In E. Tulving, & W. Donaldson, *Organization of memory*. Academic Press.

Tulving, E., & Pearlstone, Z. (1966). Availability versus accessibility of information in memory for words. *Journal of Verbal Learning and Verbal Behavior, 5*(4), 381–391.

Tulving, E., & Thomson, D. M. (1973). Encoding specificity and retrieval processes in episodic memory. *Psychological Review, 80*(5), 352–373.

第11章

Barsalou, L. W. (1983). Ad hoc categories. *Memory and Cognition, 11*(3), 211–227.

Collins, A. M., & Loftus, E. F. (1975). A spreading-activation theory of semantic processing. *Psychological Review, 82*(6), 407–428.

Collins, A. M., & Quillian, M. R. (1969). Retrieval time from semantic memory. *Journal of Verbal Learning and Verbal Behavior, 8*(2), 240–247.

Ferrand, L., & New, B. (2004). Semantic and associative priming in the mental lexicon. In P. Bonin (Ed.), *Mental lexicon: "Some words to talk about words"*(pp.25–43). Nova Science Publishers.

Landauer, T. K., & Freedman, J. L. (1968). Information retrieval from long-term memory: Category size and recognition time. *Journal of Verbal Learning and Verbal Behavior, 7*(2), 291–295.

McClelland, J. L. (2000). Connectionist models of memory. In E. Tulving, & F. I. M. Craik (Eds.), *The Oxford handbook of memory* (pp.583–596). Oxford University Press.

McClelland, J. L., & Rogers, T. T. (2003). The parallel distributed processing approach to semantic cognition. *Nature Reviews Neuroscience, 4*(4), 310–322.

Medin, D. L., & Schaffer, M. M. (1978). Context theory of classification learning. *Psychological Review*, 85(3), 207–238.

Murphy, G. L. (2002). *The big book of concepts*. MIT Press.

Murphy, G. L., & Medin, D. L. (1985). The role of theories in conceptual coherence. *Psychological Review, 92*(3), 289–316.

Rosch, E., & Mervis, C. B. (1975). Family resemblances: Studies in the internal structure of categories. *Cognitive Psychology, 7*(4), 573–605.

Rosch, E., Mervis, C. B., Gray, W. D., Johnson, D. M., & Boyes-Braem, P. (2004). Basic objects in natural categories. In D. A. Balota, & E. J. Marsh (Eds.), *Cognitive psychology: Key readings* (pp.448–471). Psychology Press.

Rumelhart, D., & Norman, D. (1978). Accretion, tuning and restructuring: Three modes of learning. In. J. W. Cotton, & R. Klatzky (Eds.), *Semantic factors in cognition*. Erlbaum.

Rumelhart, D. E., & Ortony, A. (1977). The representation of knowledge in memory. In R. C. Anderson, R. J. Spiro, & W. E. Montague (Eds.), *Schooling and the acquisition of knowledge* (pp.99–135). Erlbaum.

Rumelhart, D. E., & Todd, P. M. (1993). Learning and connectionist representations. In D. E. Meyer, & S. Kornblum (Eds.), *Attention and performance 14: Synergies in experimental psychology, artificial intelligence, and cognitive neuroscience* (pp.3–30). The MIT Press.

Smith, E. E., & Medin, D. L. (1981). *Categories and concepts*. Harvard University Press.

Smith, E. E., Shoben, E. J., & Rips, L. J. (1974). Structure and process in semantic memory: A featural model for semantic decisions. *Psychological Review, 81*(3), 214–241.

第12章

Evans, J. S. (1972). Interpretation and matching bias in a reasoning task. *The Quarterly Journal of Experimental Psychology, 24*(2), 193–199.

Evans, J. S. B. T. (2006). The heuristic-analytic theory of reasoning: Extension and evaluation. *Psychonomic Bulletin and Review, 13*(3), 378–395.

Evans, J. S. B., Barston, J. L., & Pollard, P. (1983). On the conflict between logic and belief in syllogistic reasoning. *Memory and Cognition, 11*(3), 295–306.

Evans, J. S. B., & Lynch, J. S. (1973). Matching bias in the selection task. *British Journal of Psychology, 64*(3), 391–397.

Johnson-Laird, P. N. (1994). A model theory of induction. *International Studies in the Philosophy of Science, 8*(1), 5–29.

Newell, A., & Simon, H. A. (1972). *Human problem solving*. Prentice-Hall.

Simon, H. A., & Hayes, J. R. (1976). The understanding process: Problem isomorphs. *Cognitive Psychology, 8*(2), 165–190.

Wason, P. C. (1960). On the failure to eliminate hypotheses in a conceptual task. *The Quarterly Journal of Experimental Psychology, 12*, 129–140.

Wason, P. C. (1966). Reasoning. In B. Foss (Ed.), *New horizons in psychology* (pp.135–151). Harmondsworth: Penguin Books.

Wason, P. C., & Shapiro, D. (1971). Natural and contrived experience in a reasoning problem. *The Quarterly Journal of Experimental Psychology, 23*(1), 63–71.

第13章

Allais, M. (1953). Le comportement de l'homme rationnel devant le risque: Critique des postulats et axiomes de l'ecole Americaine [Rational man's behavior in the presence of risk: Critique of the postulates and axioms of the American school]. *Econometrica, 21*, 503–546.

Gigerenzer, G. (2008). Why heuristics work. *Perspectives on Psychological Science, 3*(1), 20–29.

Gigerenzer, G., & Gaissmaier, W. (2011). Heuristic decision making. *Annual Review of Psychology, 62*, 451–482.

Gigerenzer, G., Todd, P. M., & The ABC Research Group. (1999). *Simple heuristics that make us smart*. Oxford University Press.

Goldstein, D. G., & Gigerenzer, G. (2002). Models of ecological rationality: The recognition heuristic. *Psychological Review, 109*(1), 75–90.

Kahneman, D., & Tversky, A. (1973). On the psychology of prediction. *Psychological Review, 80*(4), 237–251.

Kahneman, D., & Tversky, A. (1979). Prospect theory: An analysis of decision under risk. *Econometrica, 47*, 263–291.

Manis, M., Shedler, J., Jonides, J., & Nelson, T. E. (1993). Availability heuristic in judgments of set size and frequency of occurrence. *Journal of Personality and Social Psychology, 65*(3), 448–457.

von Neumann, J., & Morgenstern, O. (1947). *Theory of games and economic behavior* (2nd rev. ed.). Princeton University Press.

Tversky, A., & Kahneman, D. (1973). Availability: A heuristic for judging frequency and probability. *Cognitive Psychology, 5*(2), 207–232.

Tversky, A., & Kahneman, D. (1981). The framing of decisions and the psychology of choice. *Science, 211*(4481), 453–458.

Tversky, A., & Kahneman, D. (1992). Advances in prospect theory: Cumulative representation of uncertainty. *Journal of Risk and Uncertainty, 5*, 297–323.

Wübben, M., & Wangenheim, F. V. (2008). Instant customer base analysis: Managerial heuristics often “get it right”. *Journal of Marketing, 72*(3), 82–93.

第14章

Abdullaev, Y., & Posner, M. I. (2005). How the brain recovers following damage. *Nature Neuroscience, 8*, 1424–1425.

Gazzaniga, M. S., & Mangun, G. R. (Eds.). (2014). *The cognitive neurosciences* (5th ed.). Boston Review.

Zeki, S. (1999). *Inner vision: An exploration of art and the brain*. Oxford, Oxford University Press.

(ゼキ, S. 河内 十郎(訳)(2002). 脳は美をいかに感じるか――ピカソやモネが見た世界―― 日本経済新聞社)

人名索引

事項索引

カ　行

サ　行

タ 行

ナ 行

ハ 行

マ　行

著者紹介

芝田 征司（しばた せいじ）（第1～4，6～9，11～13章）

1995年　同志社大学文学部卒業
2003年　同志社大学大学院文学研究科博士後期課程単位取得退学
2005年　同志社大学大学院文学研究科博士後期課程修了
　　　　博士（心理学）
現　在　相模女子大学人間社会学部教授

主要著書

『数学が苦手でもわかる心理統計法入門ワークブック』（サイエンス社，2021）
『公認心理師ベーシック講座　心理学統計法』（講談社，2021）
『数学が苦手でもわかる心理統計法入門――基礎から多変量解析まで』（サイエンス社，2017）
『環境心理学の視点――暮らしを見つめる心の科学』（サイエンス社，2016）

山本 絵里子（やまもと えりこ）（第5，10，14章）

2011年　慶應義塾大学大学院社会学研究科心理学専攻博士課程修了
　　　　博士（心理学）
現　在　相模女子大学人間社会学部講師

主要論文

「ダンスの初期発達」（共著）（体育の科学，71(4)，2021）
'Subtle temporal delays of mothers' responses affect imitation learning in children: Mother-child interaction study.'（共著）（Journal of Experimental Child Psychology, 179，2019）
'Pigeons (Columba livia) fail to connect dots in learning biological motion.'（共著）（Animal Cognition，18(5)，2015）

知覚・認知心理学入門

2024年2月10日Ⓒ　　　　　初 版 発 行

著　者　芝田征司　　　発行者　森平敏孝
　　　　山本絵里子　　印刷者　篠倉奈緒美
　　　　　　　　　　　製本者　松島克幸

発行所　　株式会社　サイエンス社
〒151-0051　東京都渋谷区千駄ヶ谷1丁目3番25号
営業☎(03)5474-8500㈹　　振替 00170-7-2387
編集☎(03)5474-8700㈹
FAX　(03)5474-8900

印刷　株式会社ディグ　　　　製本　松島製本
《検印省略》

ISBN978-4-7819-1581-4
PRINTED IN JAPAN

サイエンス社のホームページのご案内
https://www.saiensu.co.jp
ご意見・ご要望は
jinbun@saiensu.co.jp　まで